3DE
3DEqualizer4

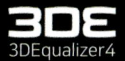

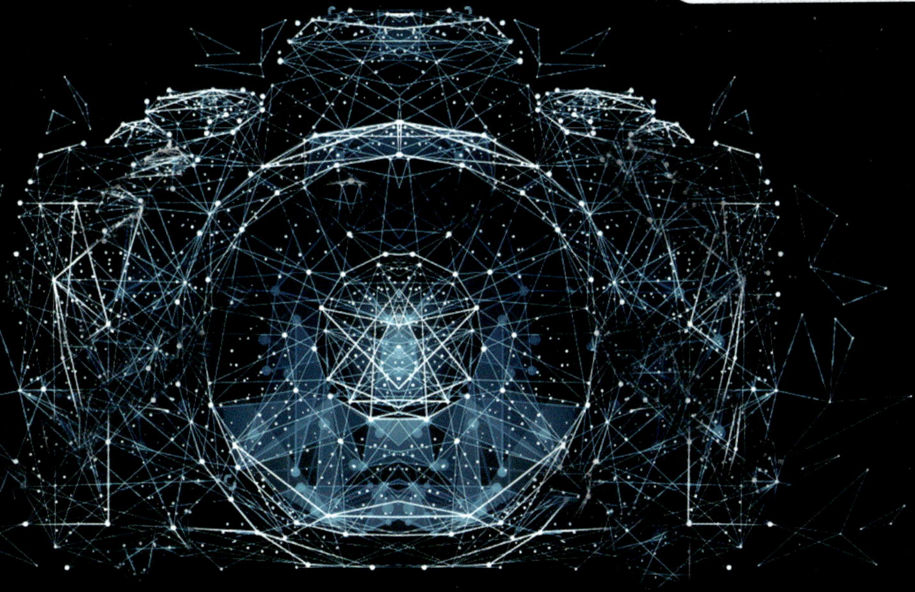

공간 재구성을 위한 VFX의 기초

매치무브

MATCH MOVE

공간 재구성을 위한 VFX의 기초

매치무브
MATCH MOVE

2023년 09월 14일 1판 1쇄 인쇄
2023년 09월 26일 1판 1쇄 발행

지은이 양흥모(Momo Yang)
펴낸이 김종원
펴낸곳 비엘북스

주소 경기도 고양시 일산동구 중앙로 1079 624호
전화 070-7613-3606
팩스 02-6455-3606
등록 2009년 5월 14일 제 313-2009-107호
출판사 홈페이지 https://vielbooks.com
저자 문의 xysters@gmail.com
도서 문의 vielbooks@vielbooks.com

ISBN 979-11-86573-65-5(13000)
정가 36,000원

이 책을 만든 사람들
기획 · 진행 비엘플래너스
교정 · 교열 비엘플래너스
북디자인 CVDESIGN

Copyright ⓒ 2023 by 양흥모. All Rights Reserved.
First edition Printed 2023, Printed in Korea.

이 책의 어느 부분도 저작권자나 비엘북스 발행인의 승인 문서 없이 일부 또는 전부를 사진 복사나 디스크 복사 및 기타 정보 재생 시스템을 비롯하여 현재 알려지거나 향후 발명될 어떤 전기적, 기계적 또는 다른 수단을 통해 복사, 재생하거나 이용할 수 없음.

공간 재구성을 위한 VFX의 기초

매치무브
MATCH MOVE

양흥모(Momo Yang) 저

VIELBooks
비엘북스

저자의 말

책을 써보고 싶다는 생각은 꽤나 오래전부터 해 왔지만, 과연 이 책이 정말 도움이 될 것인가 상당히 고민을 많이 했었습니다. VFX에서 일을 하거나 배우고 싶어 하는 사람들조차도 매치무브, 트래킹에 대한 정확한 개념과 과정을 모른 채 단순하게 "카메라를 트래킹한다"라는 정도의 지식으로 작업을 하고 있는 것을 오랫동안 봐오면서 책이나 교육의 필요성은 모두가 생각하고 있지만 워낙 작은 시장이기 때문에 아무도 먼저 시작하는 이가 없었던 것은 사실입니다.

2011년도에 잠시 한국의 스튜디오에서 일을 하면서 매치무브에 대하여 제대로 이해하는 아티스트가 다섯 명도 채 되지 않는다는 사실에 우선 아티스트 교육에 대해 고민하게 되었습니다. 10여 년이 지난 요즘은 다행스럽게도 모든 스튜디오가 해당 팀의 필요성을 크게 인식하고 운영하고 그 인원도 셀 수 없이 늘어나 있는 것을 보면 참 다행이라고 생각됩니다.

하지만 여전히도 일선의 교육 현장에서는 전문가 없이 교육이 이루어지고 회사에 들어가서야 조금씩 배울 수 있는 사실이 안타까웠습니다. 또한 동영상 시대에 책이 가지고 있는 가치를 사람들이 인정하고 공감을 해줄 것인가에서도 고민을 많이 하였습니다. 아무도 보는 사람이 없으면 책을 내놓는 의미가 없으니까요.

제 스승이었고 The Orphanage와 ILM에서 저와 같이 일을 했던 레이아웃 수퍼바이저 Tim Dobbert의 10여 년 전 책이 마지막 교재였던것을 생각하면 전세계적으로도 이 분야는 마이너 중의 마이너 분야임은 맞는 것 같습니다.

하지만 빌딩을 지을 때 기초를 다지고 뼈대를 세우는 작업이 작은 세트를 짓는 것 과는 완전히 다른 이야기인 것처럼 컴파지터가 2D 이미지를 트래킹하는 것과 3D작업을 위한 트래킹은 그 과정과 내용이 완전히 다릅니다.

이 책에서는 매치무브의 개념을 중심으로 3D Equalizer 소프트웨어를 이용한 카메라 트래킹 그리고 간단한 헤드 트래킹을 예제 중심으로 풀어드립니다. 욕심 같아서는 많은 내용을 넣고 싶었지만 난이도와 욕심 그리고 책을 쓰는 시간을 모두 고려했어야 했습니다.

이 책은 Maya와 Nuke 그리고 VFX의 공정에 대하여 어느정도 숙지 하고 있는 분들이면 충분히 따라 할 수 있게끔 하려고 노력하였지만, 만약에 이해가 되지 않는 부분이 있다면 언제든지 제가 운영하는 Facebook의 그룹으로 오셔서 질문하시면 됩니다. 아무쪼록 이 책을 통하여 여러분에게 조금이나마 궁금증을 풀 수 있는 기회가 되었으면 합니다.

Facebook Group : Korean Matchmove Society

2023.09
양흥모
Momo Yang

추천의 말

VFX 제작공정에서 중요한 기반을 이루는 매치무브는 아티스트의 책상에서 쉽게 얻을 수 있는 단순한 CG 작업이 아닙니다. 매치무브는 영화, 드라마 등의 촬영현장에서부터 포스트 프로덕션 전반에 걸쳐 심도 있는 지식과 경험이 필요한 공정입니다. 하지만, 적절한 교재나 자료들이 많이 부족한 상황이었습니다. 이 책의 저자는 해외 및 국내의 다양한 VFX를 제작했던 경험을 바탕으로, 매치무브 공정의 주력 SW인 3DEqualizer를 활용한 작업의 노하우 뿐아니라, 카메라, 렌즈, 측량 등 촬영현장 및 VFX 작업 전반에 필요한 다양한 정보와 경험을 충실히 담았습니다. 매치무버로서 기초를 다지고자 하는 학생들은 물론, VFX 아티스트로서 제작공정을 이해할 수 있는 좋은 안내서가 될 것입니다.

강윤극 / 세종대학교 창의소프트학부 교수

이 책은 해외에서 제작경험이 많은 저자의 매치무브 노하우를 최대한 정리한 전문서로, 매치무브를 시작하고 싶지만, 많은 정보가 없는 현 시점에서 좋은 가이드가 될 것입니다. 영화, 드라마 등에서 CG 작업이 늘어나고 있는 만큼, 현장의 데이터를 잘 관리해야 후반 VFX CG 작업에서 좋은 결과물이 나올 수 있습니다. VFX Supervisor를 꿈꾸거나 CG 현장에서 작업 중인 모든 스탭들에게 추천하고 싶습니다.

김형록 / 자이언트 스텝 영상제작 2사업부 본부장

베타 리더의 말

국내에서 VFX PD/코디네이터로 일할 때 처음 접하고 배웠던 3D Equalizer(3DE)를 이 책의 베타 테스팅 참여 목적으로 다시 사용해 보았습니다. 개인적으로 책의 내용을 소화할 수 있을지 걱정을 했으나, 1달 반 정도의 기간이었음에도 대부분의 내용들을 따라하며 숙지하기까지 큰 어려움은 없었던 것 같습니다.

책의 각 챕터마다 제공되는 예제 파일들을 따라해 보며 느꼈던 점은 VFX 관련 종사자분들(실무자 및 촬영현장 감독)과 해당 업계를 목표로 매진 중인 분들에게 기초적인 On-Set(촬영 현장) 이론 부분부터 실질적으로 3DE를 중급 수준의 응용까지 배울 수 있도록 잘 구성되었다는 것입니다. (개인적으로 예제들을 모두 따라했을 때 걸렸던 시간은 물리적으로 3-4주 정도의 시간이었습니다.)

이 책에서는 각 챕터마다 트래킹 실무작업의 섬세함의 필요성을 일깨워주는 내용이 많아서 CF(광고 영상), VFX 업계에서 사용하는 3DE 툴의 중요성을 정확하게 부각시켜 줍니다. 특히, 툴을 사용하며 각 메뉴들을 클릭하기 전, 사전에 숙지해야 할 카메라와 렌즈에 대한 원리와, 3DE와 Maya 그리고 Nuke와의 연동성까지 최대한 알기 쉽게 알려주고 구성한 점이 매우 좋았던 것 같습니다. 기본적으로 Maya 기반의 모델링과 Nuke 사용법을 숙지하고 예제를 따라하며 책을 처음부터 끝까지 읽어보시는 것을 권합니다. 예제 난이도는 전반적으로 각 Maya와 Nuke 툴을 배운 분들이라면 큰 어려움은 없을 것입니다.

끝으로, 이런 역사적인 베타테스터로 참여할 수 있게 되어서 큰 영광이었습니다. 이 책을 공부하시려는 분들도 제가 배운 것들보다 더 많은 정보와 경험을 얻으셨으면 좋겠습니다. 감사합니다.

이재용 / 메가스터디 컴퓨터 아카데미 강남캠퍼스_마야 & 모션그래픽 강사

저자를 만나다

매치무브(MatchMove)는
단순히 카메라를 트래킹하는 과정이 아닌,

촬영된 정보를 이용하여
공간을 재구성하는 것.

양흥모 | The Mill / Tracking & Integration Supervisor

[주요 참여 작품]

- [아쿠아맨2] / Senior Matchmove Artist : Scanline VFX
- [플래시] / Senior Matchmove Artist : Scanline VFX
- [샤잠! 신들의 분노] / Senior Matchmove Artist : Scanline VFX
- [블랙 아담] / Senior Matchmove Artist : Scanline VFX
- [타이탄] / Senior tracker: Encore VFX (TV Series)
- [아수라] / Senior Matchmove Artist : Lola VFX
- [앤트맨과 와스프] / Senior Matchmove Artist : Lola VFX
- [어벤져스 : 인피니티 워] / Senior Matchmove Artist : Lola VFX
- [혹성 탈출 : 종의 전쟁] / Layout Technical Director: Weta Digital
- [인디펜던스데이 : 리써전스] / Layout TD : Weta Digital
- [워크래프트] / Layout Artist: ILM
- [정글북] / Layout Technical Director: Weta Digital
- [호빗 : 다섯 군대의 전투] Layout TD : Weta Digital
- [호빗 : 스마우그의 폐허] Layout TD: Weta Digital
- [지.아이.조 2] / Layout Artist: ILM
- [도둑들] / Layout Supervisor: Digital Idea
- [어벤져스] / Layout Artist : ILM
- [원더우먼] / Digital Compositor : Zoic (TV Show)
- [미션 임파서블 : 고스트 프로토콜] / Layout Artist: ILM
- [캐리비안의 해적 : 세상의 끝에서] / Layout Artist: ILM
- [아이언맨] / Matchmove Artist: The Orphanage
- 그 외 다수...

간단한 소개를 부탁합니다

안녕하세요. 양흥모입니다. 현재 LA에 위치한 [The Mill]이라는 회사에서 Tracking & Integration Supervisor로 일하고 있습니다. 미국에서는 2001년 샌프란시스코로 유학을 온 후 2005년부터 각종 할리우드 영화, 광고 및 티비 시리즈에서 매치무브와 레이아웃 아티스트로 20여 년 정도 일을 해오고 있습니다.

주로 참여해 오신 프로젝트와 담당하셨던 포지션에 대해서 알고 싶습니다

주로 할리우드 영화, 광고 또는 티비 시리즈 들을 작업해 오고 있으며, 한국에서도 중간에 잠시 일을 하기도 했습니다. 미국 LA, 샌프란시스코, 뉴질랜드, 싱가폴 등 여러 스튜디오를 경험했으며 매치무브 아티스트와 레이아웃 아티스트로 주로 일을 해 오고 있습니다. 요즘은 부서 수퍼바이저로서 매치무브 워크플로우와 다른 부서와의 유기적인 파이프라인을 좀 더 효율적으로 만드는 작업을 하고 있습니다.

이 책을 집필하시게 된 동기가 궁금합니다

이 책은 개인적으로 세 번째 책입니다. 첫 번째와 두 번째 책은 어도비 프리미어에 관한 메뉴얼을 1997년 1999년에 출간했었습니다. 사실 이번 매치무브 책은 잘 팔리는 책은 아닙니다. 실제 VFX를 하는 사람들 중 매치무브 분야에 종사하는 사람들이 적을 뿐만 아니라 메뉴얼 및 교육도 제대로 되고 있지 않은 것이 현실입니다. 가장 최근에 나온 관련 서적은 10여 년 전에 출판된 Tim Dobbert(현 ILM Supervisor)의 책이 유일합니다. 몇 번의 관련 교육 동영상이 나오기는 했지만, 대부분 단순하게 카메라 트래킹을 소프트웨어로 어떻게 하는가를 기술적으로만 보여주고 있습니다.

이러한 단편적 지식이 매치무버들이 해야 할 일과 할 수 있는 일들을 모두 단순화 시켜버리고 있는 것이 안타까웠습니다. 또한 배우고 싶어도 교육을 할 수 있는 분들이 교육기관에 존재하지 않고 회사내에서만 간신히 배울 수 있는 현실에 페이스북 그룹도 만들어

저자를 만나다

보았지만 결국 문제는 한국에서 VFX를 준비하시는 분들이 이 분야에 대해서 존재조차 모르고 일을 시작한다는 것입니다. 첫 번째는 이 분야에 대해서 알리는 것이고, 두 번째는 이 분야가 단순히 카메라를 트래킹하는 일이 아니라는 것을 알리는 것입니다. 이미 첫 번째 목표는 10여 년 전에 한국에서 일할 때 전국에서 5명도 안 되던 매치무브 아티스트들을 늘려보고자 교육하며 알렸었는데, 현재는 외주업체까지 나올 만큼 인원이 많아져서 어느 정도는 만족스러운 결과를 이룬 것 같습니다. 하지만 여전히 이 분야의 자세한 사항에 대해서는 단편적으로만 알고 있는 분들이 많아서, 실무적으로 매치무브 아티스트들이 어떤 일을 하는지를 자세히 알려드리고 싶은 목적 때문에 집필하게 됐습니다.

매치무브라고 하면 단순히 카메라 트래킹 기술이라고 생각하는 분들이 많습니다. 전문가 입장에서 매치무브의 정확한 의미를 알려주시겠어요?
앞서 질문에서도 원론적인 대답은 해 드렸지만 좀 더 알려드리자면, 매치무버(Match Mover) 포지션은 대부분의 3D 그래픽 하는 분들께서 카메라를 트래킹하는 포지션으로 알고 계십니다. 맞는 말이지만 카메라를 트래킹하는 일은 많은 일 중에 한 가지 일 뿐입니다. 정확히 말하면, 장면을 촬영한 세트장을 그대로 옮겨서 컴퓨터에 재구축을 해 주는 일을 하는 것입니다. 이 경우 카메라뿐만 아니라 세트장의 장면에 필요한 모든 움직이는 것들을 트래킹해 주며 그 배경이 되는 공간을 크기와 비율 그대로 만들어 줍니다. 이러한 촬영된 공간을 똑같이 재구축하는 것이 매치무브 작업에서 가장 중요한 일입니다. 용어로써의 매치무브는 스튜디오마다 부르는 방식이 조금씩 다른 경우도 있지만 결국 그 의미는 공간 재구축으로 귀결됩니다. 또한 스튜디오마다 일의 양과 종류에 따라서 매치무브 아티스트와 레이아웃 아티스트로 구분하여 일하기도 합니다.

매치무브 작업이 영화/영상제작에서 중요한 이유는 무엇이라고 생각하십니까?

영화에서 CG를 넣는다는 것은 단순히 2D 이미지에 컴퓨터로 만든 이미지를 '얹는다'는 개념을 벗어버린지 오래입니다. 3D 개념이 생기면서 정확한 공간에 CG를 넣었을 때 공간에서도 움직임이 자연스러워야 합니다. 그런 의미에서 2D 트래킹부터 시작된 VFX는 실제 카메라로 촬영한 실제 공간을 3D 공간으로 바꿔주고 그 안에서 움직이는 모든 배우 및 물체의 움직임을 그대로 만들어주어야만, 그 후에 애니메이터들이 CG의 움직임을 정확하게 만들어낼 수 있는 것입니다. 건축물로 예를 들자면 건물의 뼈대, 즉 기초공사를 정확히 해 놓아야 멋진 인테리어가 가능한 것입니다. 기초공사가 잘못된 장면이라면 다음 단계로 갈수록 오류가 걷잡을 수 없이 커지고 마지막 합성 아티스트들이 그 오류를 모두 해결해야 하는 상황이 됩니다. 만약 주문이 바뀐다면 모든 것을 다 부수고 다시 만들어야하는 "세트장"의 건물처럼 됩니다. 이처럼 첫 기초공사에서 시간과 비용을 투자하여 잘 만드는 것이 오류의 수정은 물론이고 전반적인 제작비용과 시간을 줄이는 일이라고 생각합니다.

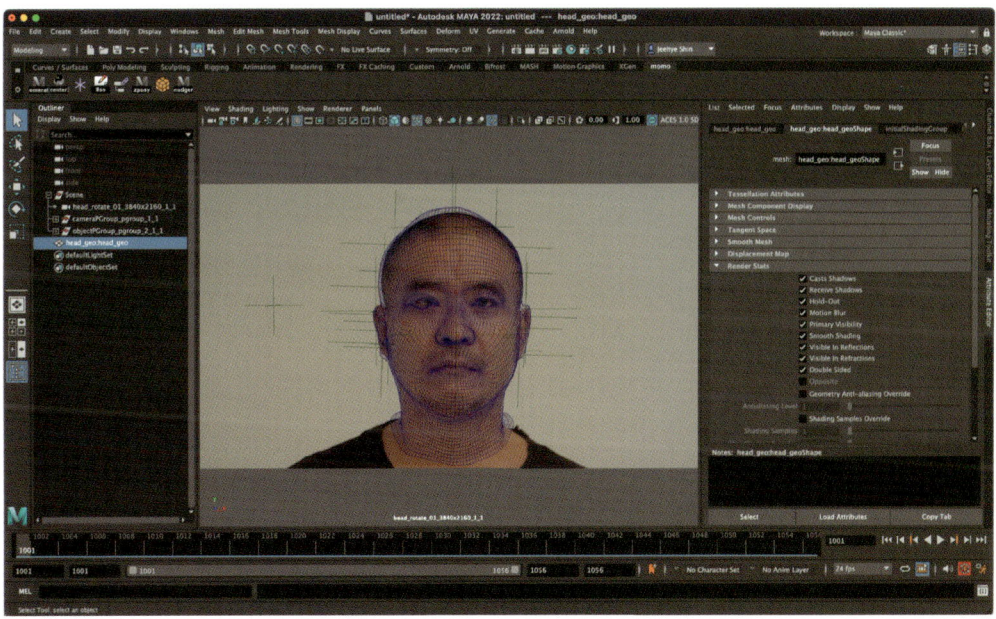

촬영장에서 매치무브 작업의 어려운 점과 주의할 점이 있다면?

촬영장에서 어떠한 정보를 갖고 오는가에 따라서 해당 장면의 난이도와 작업시간이 달라집니다. 실제로 대부분의 VFX 스튜디오들이 행하는 가장 큰 오류는 전혀 다른 분야의 사람을 촬영장에 보내서 정보를 가지고 오는 것입니다. 현대의 VFX 작업은

저자를 만나다

전문적인 분야로 세세하게 나눠져 있어서 수퍼바이저라도 모든 분야를 다 알지는 못합니다. 특히 매치무브 분야는 대부분이 한 번 스쳐지나가면서 본 것이 전부인 경우가 많습니다. 이는 요즘 여러 할리우드의 스튜디오들도 겪고 있는 문제이기도 합니다. 단, ILM이나 Weta 같은 빅 스튜디오들은 전문 인원을 촬영장에 보내기 때문에 이러한 오류들이 상당히 줄어듭니다. 비전문가를 촬영장에 보내는 것이 매치무브의 작업에 더 많은 시간과 비용을 들이게 만드는 것이죠. 그래서 매치무브의 전문적 지식을 가진 아티스트가 직접 촬영장에 가서 정보를 수집해 오는 것이 가장 중요합니다.

이 책은 어떤 특징을 가지고 있나요?

이 책은 튜토리얼 위주로 되어 있습니다. 3DEqualizer라는 소프트웨어를 기본으로 다루고 있으며 단순히 '카메라를 트래킹한다'라는 개념보다는 촬영장에서 어떤 정보를 가져와서 응용하면 촬영장의 공간을 재구축 할 수 있는지에 초점이 맞춰져 있습니다. 보통 튜토리얼이라고 하면 소프트웨어에서 절대 오류가 나지 않는 특징이 있지만 분야의 특성상 직접 촬영된 영상을 바탕으로 오류를 줄여가며 만들어가는 방식인 만큼 서로 다른 결과물이 나올 가능성도 있습니다. 하지만 실제 작업의 경우는 책의 내용보다 훨씬 복잡하고 어려운 상황에 놓여서 작업하게 되지요. 이 책에서는 작업 방식의 중요성을 깨닫고 응용을 할 수 있는 훈련을 하는 목적이 더욱 큽니다.

이 책에서 매치무브 툴로 다루는 3DE(3D Equalizer)는 어떤 장점이 있나요?

3DE는 기존의 매치무브 툴과는 다르게 주어진 정보를 가지고 공간을 훨씬 더 수월하게 이용하여 카메라의 움직임을 만들 수 있도록 해 줍니다. 조금 설명을 드리면 기존의 트래킹 툴이 아티스트가 만들어 놓은 포인트를 이용하여 공간을 계산하고 그 결과를 바탕으로 카메라 및 오브젝의 움직임을 만들어냅니다. 하지만 3DE는 현장에서 가져온 서베이(정보, 사진, 스캔데이터 등) 데이터를 이용하여 만들어진 모델링을 기준으로 포인트를 그 위에 추가하여 공간에 카메라 및 오브젝트의 움직임을 만들어냅니다.

이 책은 어떤 분들에게 추천하고 싶으신가요?

이 책은 매치무브를 공부하고 싶지만 그동안 어디서 무엇으로 배워야할 지 모르는 분께 우선 권해드리지만, CG일을 오래하고 수퍼바이징을 하시는 분들께도 똑같이 권해드리고 싶습니다. 그 이유는 과거에 한국에서 아티스트만 교육을 했을 때 수퍼바이저들이 과거의 경험으로만 매치무브 분야를 매니징 하면서 발생했던 오류가 굉장히 크다는 것을 느꼈었고, 그 문제를 바로잡고 싶어서 입니다.

급변하고 있는 인공지능 시대에 살고 있는 영상 아티스트들에게 한 말씀!
항상 빠르게 변화하는 시대에 살고 있지만, 인공지능 시대는 실제로 많은 아티스트들에게 긴장감을 주고 있는 것이 확실합니다. 매치무브 분야 역시 AR의 인공지능에서 기본이 되는 분야이다보니, 사람이 하는 일을 컴퓨터가 대체하는 것은 언젠가는 올 것 같습니다. 하지만 모든 예술의 세심한 마무리는 반드시 사람의 손을 거쳐야 한다고 생각됩니다. 이제는 단순히 툴의 메뉴와 버튼을 이용하는 시대가 아닌 툴의 이론과 방식을 깊이 알면서 응용하는 방식으로 접근해야 하지 않을까 합니다. 감사합니다.

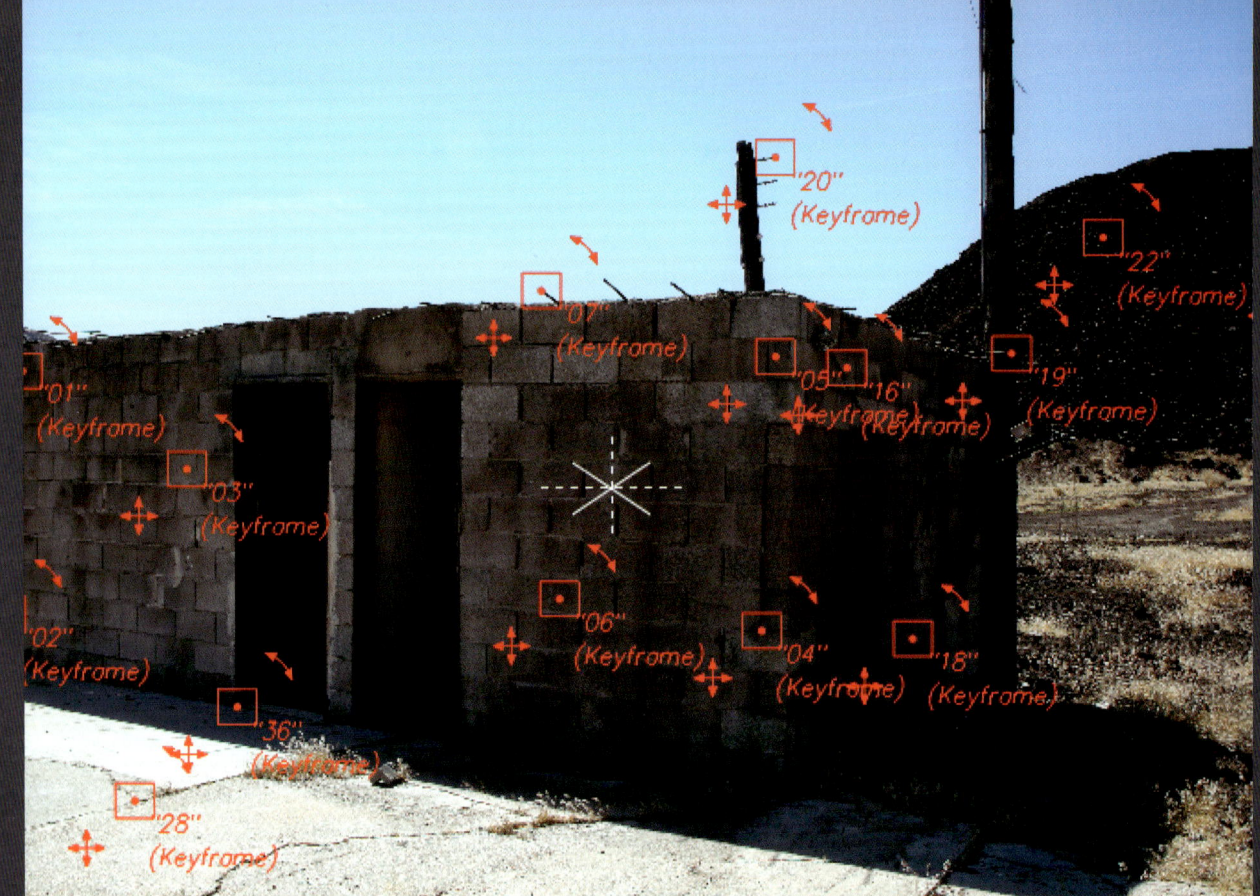

이 책의 특징

[공간 재구성을 위한 VFX의 기초, 매치무브]

매치무브(Match Move)는 단순히 SW로 카메라 트래킹을 하는 과정이 아닌, 공간을 재구성하는 것입니다. 즉, 카메라 트래킹은 매치무브의 작업 중 일부이며, 장면을 촬영한 세트장 환경을 그대로 옮겨서 컴퓨터에 재구축하는 것이 매치무브의 핵심입니다.

[3D Equalizer를 이용한 공간 재구성]

이 책은 3D Equalizer(이하 3DE) 툴을 사용하여 (단순히 '카메라를 트래킹한다'는 개념보다는) 촬영장에서 어떤 정보를 가져와서 응용하면 촬영장의 공간을 재구축할 수 있는지에 대해 설명의 초점을 맞추었습니다. 즉, 기존 트래킹 툴은 아티스트가 만들어 놓은 포인트로 공간을 계산한 후 그 결과를 기반으로 카메라 및 오브젝트의 움직임을 만들지만, 3DE 툴은 촬영 현장에서 가져온 서베이(정보, 사진, 스캔데이터 등)로 만들어진 모델링을 기준으로 포인트를 추가하여 공간에서의 카메라 및 오브젝트의 움직임을 만드는 방식입니다. 따라서 쉽고 정확하며 강력한 결과물을 얻을 수 있는 장점이 있어서 수많은 헐리웃 VFX 스튜디오에서 자주 활용하고 있는 방식입니다.

이 책을 보면 카메라 렌즈 세팅부터 오버스캔까지, 매치무브 초보자부터 촬영현장의 수퍼바이저들까지, 매치무브의 개념을 잘 이해하면서 현장정보를 활용하는데 많은 도움이 될 것입니다.

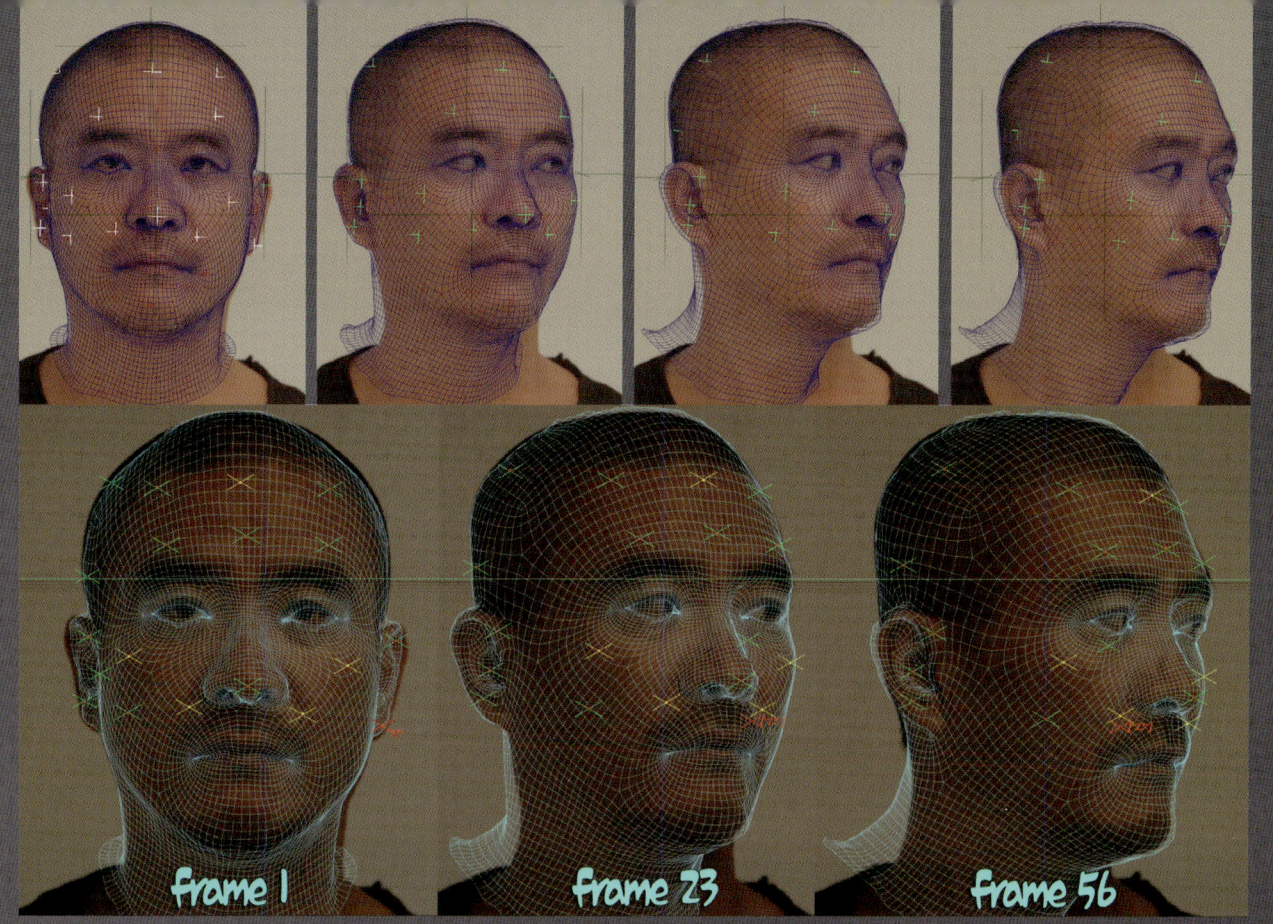

"매치무브(MatchMove)는
단순히 카메라를 트래킹하는 과정이 아닌,
촬영된 정보를 이용하여
공간을 재구성하는 것"

· 카메라렌즈의 기초부터 트래킹과 오버스캔까지,
매치무브의 개념과 활용을 확실하게 다져주는
최고의 영상&VFX 입문서

· 현장의 서베이 데이터를 기준으로
새로운 디지털 공간을 재구성하는
3D Equalizer 툴 활용법 공개!

예제데이터 & 튜토리얼

이 책에서는 3DE(3D 이퀄라이저)에서 매치무브를 배워볼 수 있는 5개의 튜토리얼과 필요한 예제데이터를 제공합니다. 튜토리얼 페이지의 우측에서 예제데이터를 참고하세요.

예제데이터 제공 : Tut04_헤드 트래킹 시작하기.zip

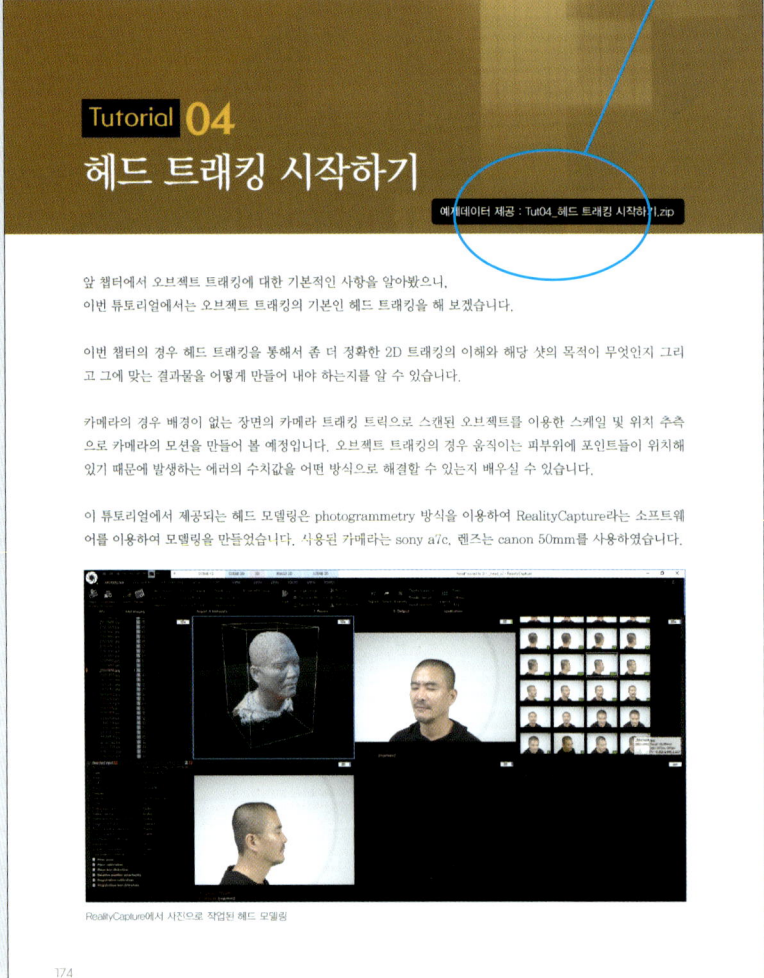

Part 1. 매치무브 시작하기

[Tutorial 01] Lock Off / Pan & Tilt Shot

3DEqualizer에서 2D 트래킹과 라인업 작업을 배우기

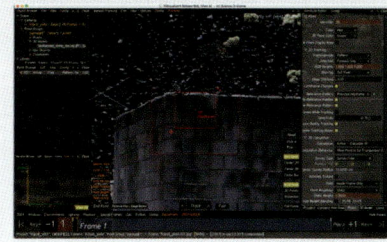

Part 2. 포토모델링

[Tutorial 02] 포토모델링(Photomodeling)

3DE에서 Reference camera를 이용하여 포토모델링하기

Part 3. Lens Grid / Distortion

[Tutorial 03] 렌즈만들기

촬영해 온 렌즈그리드 플레이트를 이용하여
3DE에서 렌즈 파일을 만들기

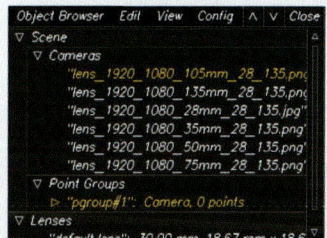

Part 6. 오브젝트 트래킹

[Tutorial 04] 헤드 트래킹 시작하기

오브젝트 트래킹의 기본, 헤드 트래킹해 보기

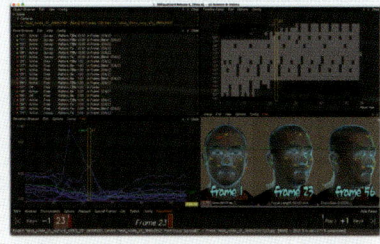

Part 7. Export와 오버스캔(Overscan)

[Tutorial 05] Export 그리고 Nuke

Maya와 Nuke에서 Export 활용하기

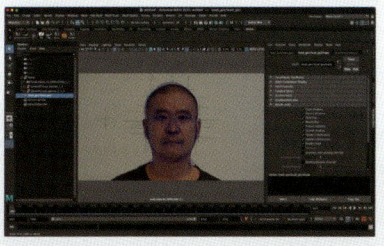

예제데이터에 대하여

이 책에서 소개하는 예제들을 원활하게 진행하려면 예제데이터가 필요합니다.
아래 예제데이터 다운로드 방법을 참고하셔서 예제데이터를 미리 준비해주세요.

이 책을 구입하신 후 반드시 해야 할 2가지!

1. 예제데이터 다운로드 하기

비엘북스 홈페이지에서 예제데이터를 다운로드 합니다.
네이버나 구글에서 비엘북스를 검색하시거나 아래 주소를 입력하시면 됩니다.
· 비엘북스 | https://vielbooks.com

2. 예제데이터 비밀번호 해제하기

예제데이터는 암호화 압축되어 있습니다.
· 비밀번호 [matchmv232]을 입력하면 압축 해제됩니다.
압축해제는 윈도우 OS 환경에서 '알집' 또는 '반디집'을 이용해주세요.

문의사항

예제데이터의 다운로드 및 압축해제 오류 등의 문제는 아래 연락처로 문의해주세요.
· 전 화 | 070-7613-3606
· 메 일 | vielbooks@vielbooks.com / xsi2maya@naver.com
· 블로그 | http://blog.naver.com/xsi2maya

목 차

들어가며 24

3DEqualizer의 설치 26
- 3DE 다운로드 26
- 회원 가입 및 다운로드 27
- 3DE Release 7 30

1. 매치무브 시작하기 32

1. 매치무브 소개 32
- 매치무브란 무엇인가요? 34
- 어떤 프로그램을 사용하나요? 35
- 매치무브에 대한 오해 36

2. 매치무버가 할 일 37
- 촬영장에서 37
- 스튜디오에서 42

[Tutorial 01] Lock Off / Pan & Tilt Shot　　44

2. 포토모델링　　　　　　　　　　　　　　　　58

1. 포토그래메트리(Photogrammetry)　　　　60
　　패럴랙스(Parallax; 시차)　　　　　　　　60
　　사진 촬영　　　　　　　　　　　　　　　62
　　카메라 및 렌즈　　　　　　　　　　　　62
　　세트 측량　　　　　　　　　　　　　　63
　　준비물　　　　　　　　　　　　　　　　65
　　[Tutorial 02] 포토모델링(Photomodeling)　　66

3. Lens Grid / Distortion　　　　　　　　　86

1. 렌즈 디스토션이란(Lens Distortion)?　　　88
2. 렌즈 디스토션의 종류　　　　　　　　　89
　　Barrel Distortion(배럴 디스토션)　　　　　89
　　Pincushion Distortion(핀쿠션 디스토션)　　89
　　Mustache Distortion(무스타쉬 디스토션)　89
3. 렌즈 디스토션 작업의 이유　　　　　　90
4. 렌즈 그리드 촬영　　　　　　　　　　　91
　　렌즈 그리드　　　　　　　　　　　　　　91
　　렌즈 그리드 촬영　　　　　　　　　　　91
5. 3DE의 렌즈 디스토션 종류　　　　　　97
　　[Tutorial 03] 렌즈 만들기　　　　　　　101

4. 2D 트래킹 포인트 작업하기　　　122

1. 2D 트래킹 포인트　　　124
2. 2D 트래킹 포인트 작업하기　　　125
　　이것만은 꼭!　　　125
　　2D 트랙 포인트의 적절한 위치　　　126
　　2D 트랙 포인트의 한계　　　128
3. 2D 트랙 포인트 구성　　　129
　　2D 트랙 포인트　　　129
4. 2D 트래킹 시작하기　　　133
　　2D 트래킹 시작하기　　　133
　　2D 트래킹 기능 사용하기　　　135
5. Attribite Editor Window : Point　　　139

5. Calc / Parameter Adjustment　　　142

1. 3DE의 Calc 종류　　　144
　　Main Menu Bar　　　144
　　Curve Editor Menu　　　146
2. Calc에 관하여　　　148
　　Camera Constraints　　　149
　　Positional Camera Constraint　　　149
　　Lock Position Channel　　　150

3. Zoom / Focus Lens Calc   150
   Lens Setting   152
   줌 렌즈 계산   153

4. Calc LSF   155

5. Parameter Adjustment Window   156
   사용법   157

6. Focal Length와 Distortion 계산   158
   Focal Length은 알지만 Distortion 값을 모르는 경우   159

7. Dynamic Distortion 값 계산   164

6. 오브젝트 트래킹   168

1. 오브젝트 트래킹   168
   캐릭터와 오브젝트   170
   Point Group   170
   오브젝트의 모양과 크기   170
   트래킹 포인트   172
   오브젝트 트래킹 계산   172
   [Tutorial 04] 헤드 트래킹 시작하기   **174**

7. Export와 Overscan(오버스캔)   208

1. Export Workflow   210

    Export 종류   210

    Maya Camera Export   212

    Nuke 노드 Export   213

    언디스토트 플레이트 익스포트(Undistort plate)   214

    오버스캔(Overscan)   218

    [Tutorial 05] Export 그리고 Nuke   **222**

들어가며

3DEqualizer의 설치

3DEqualizer의 설치

3DE 다운로드

3DEqualizer(3DE, 3D 이퀄라이저)는 개인적으로 공부하고자 하는 사용자를 위해 PLE(Personal Learning Edition) 버전을 제공합니다. 하지만 이 버전은 오렌지색으로 된 메뉴 즉 파이썬으로 만들어진 스크립트를 사용할 수 없습니다.

Export나 Import 같은 중요한 기능을 사용할 수가 없기 때문에 단순히 사용방법을 익히는 데 문제가 없지만 Maya와 Nuke를 연계하여 사용하기 위해서는 정식 구독을 해야 합니다. 다행인 것은 최소 일주일 단위로 구독이 가능하여 아주 비싼 가격을 주고 구입을 할 필요는 없습니다. 여기서는 PLE 버전과 정식 버전을 비교하면서 인스톨하고 사용하는 법을 알려드리겠습니다.

회원 가입 및 다운로드

3DEqualizer 웹사이트 https://3dequalizer.com에서 우측 상단의 Login/Signup 버튼을 눌러서 회원 가입을 합니다.

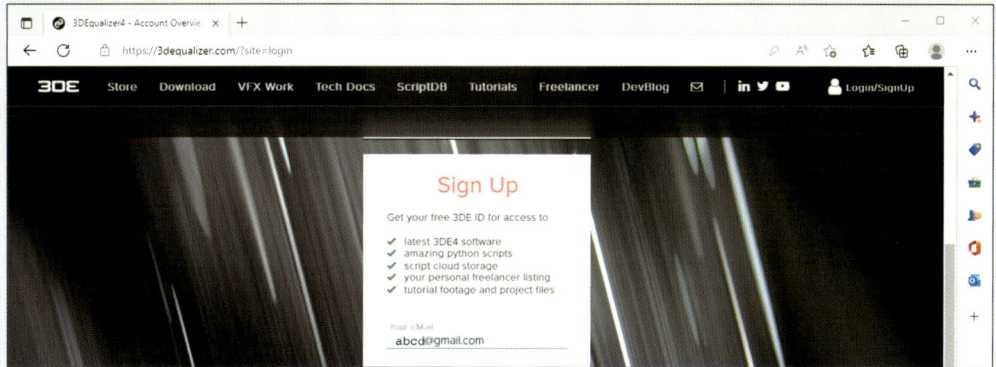

웹사이트의 상단에서 Download를 선택하고 다운로드 페이지에서 3DEqualizer 4 Release 6를 선택합니다.

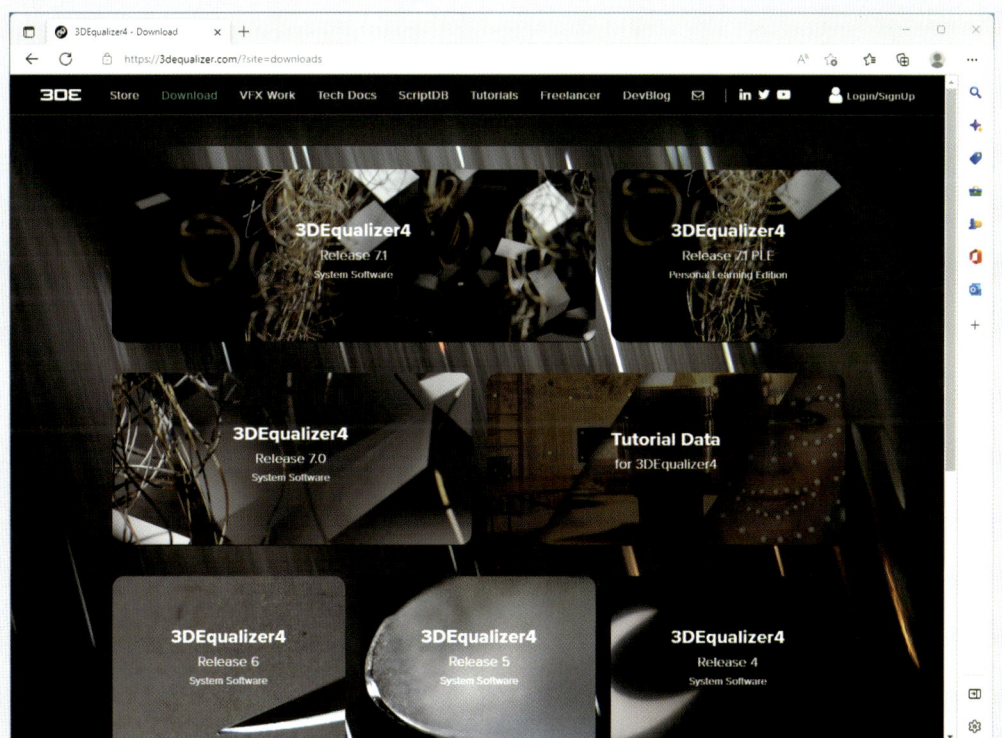

> 현재 최신 버전은 Release 7.1이지만 버전 7부터는 파이썬 스크립트 3.7만을 지원합니다. 아직까지 많은 스튜디오들이 파이썬 버전 2.7를 이용하고 있고 맥 OS의 경우 버전 7 이상이 인텔 칩을 지원하지 않는 관계로, 이 책에서는 좀 더 범용적인 Release 6를 기반으로 작성되었습니다. Release 7.1 버전은 따로 다루고 있습니다.

다운로드는 리눅스, 윈도우즈 그리고 맥 OS를 지원합니다.

[윈도우즈 버전]

윈도우즈 버전의 인스톨 방식은 다른 윈도우즈 소프트웨어와는 조금 다릅니다. 처음에 3DEqualizer 소개되었을 때 리눅스 버전만 있었기 때문에 윈도우즈 버전의 인스톨 방식을 만들지 않고 압축 해제 방식을 사용하고 있습니다.

윈도우즈 버전을 다운로드 합니다. 다운로드된 파일은 tar.gz로 압축되어 있는 상태인데 압축만 풀어주면 바로 사용이 가능합니다.

[Tar.gz 압축 풀기]

압축을 푸는 방법은 간단합니다. 여러가지 앱을 사용하는 방식도 있으나,
여기서는 '명령 프롬프트' terminal에서 압축을 풀어보겠습니다.

- 시작 프로그램에서 '명령 프롬프트' 또는 검색에서 cmd.exe를 실행시킵니다.
- 다운로드한 tar.gz 파일이 있는 폴더로 이동합니다.
- 다음과 같이 타이핑하고 엔터를 누릅니다.
- C:\Users\myPC\matchmove> tar -xvzf 3DE4_win64_r7.1v2.tar.gz
- 압축이 해제 되면 3DE4_win64_r7.1v2 폴더가 만들어지면서 인스톨이 끝나게 됩니다.

[실행]

❶ 3DE의 실행은 3DE4_win64_r7.1v2 폴더 안에 bin 폴더에 있는 3DE4.exe를 더블 클릭하여 실행합니다.

❷ 라이선스를 구입하였다면 실행 후 나타나는 3DEqualizer4 License Manager에서 Send License Request를 클릭하여 회사에 라이선스를 요구합니다. 회사에서 System ID에 맞추어 라이선스가 활성화되었다면 다음으로 넘어갑니다.

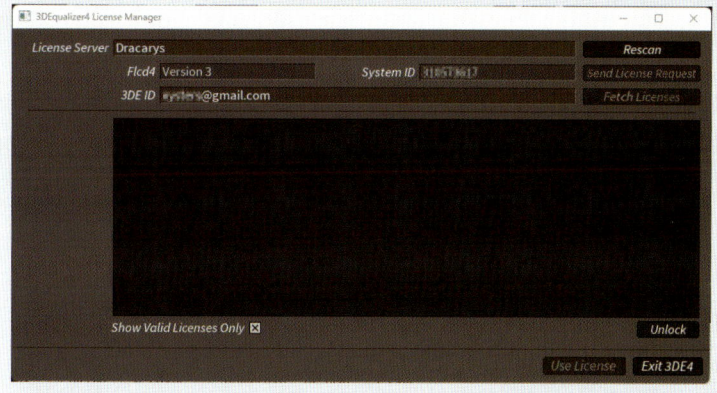

licenseWin : 라이선스

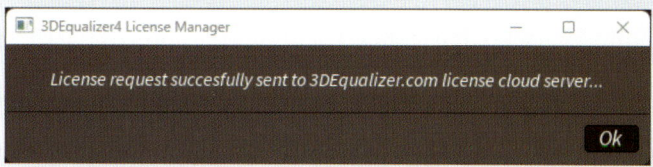

requestLIC : 라이선스 요구 확인

❸ 3DE ID에 자신의 이메일을 넣고 엔터를 누른 후 비밀번호를 넣고 엔터를 누르면 라이선스가 성공적으로 활성화되었다는 윈도우가 나오고 활성화된 라이선스가 나타납니다.

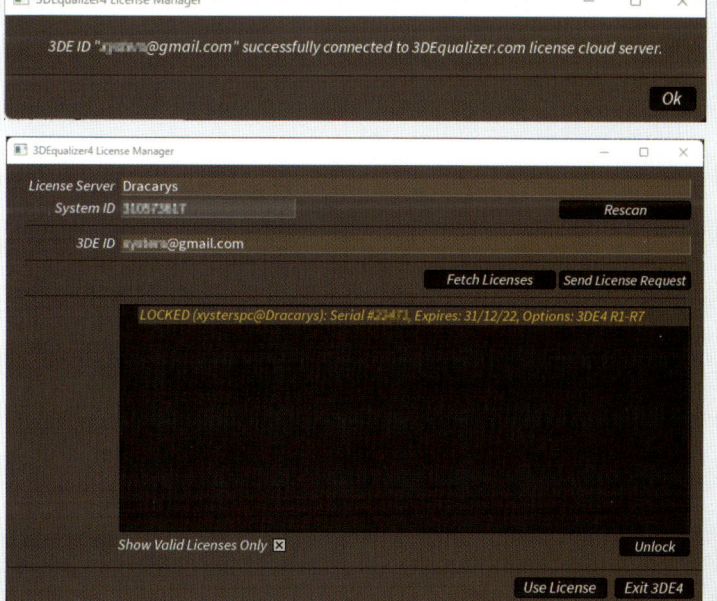

licenseConfirm : 라이선스 연결 확인

licenseWinValid : 활성화 된 라이선스 목록

❹ 활성화된 라이선스를 선택한 후 Use License를 클릭하면 3DE가 실행됩니다.

❺ 설치에 대한 자세한 내용은 웹사이트 https://3dequalizer.com 내용을 참고해주세요.(QR 참고)

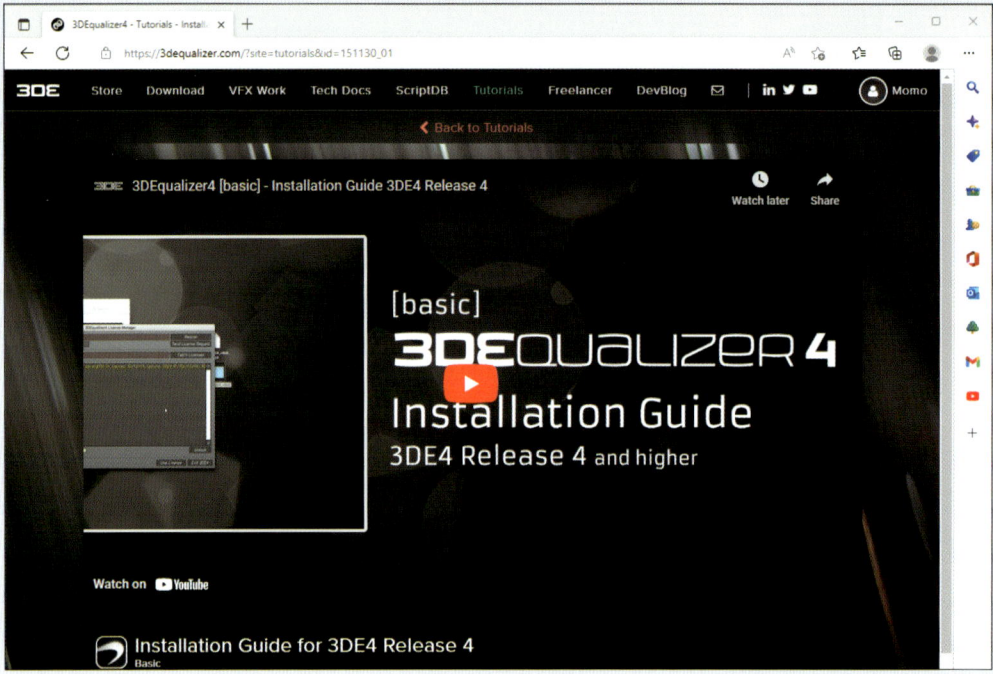

3DE Release 7

[파이썬 3.7 지원]

3DE 버전이 R7으로 업그레이드되면서 보여준 가장 큰 변화는 파이썬 3.7의 지원입니다. 겉으로 보기에는 상당히 오랜만에 GUI가 바뀐 것이 있지만 그동안 지원했던 파이썬 2.7을 버리고 3.7을 지원하면서 대대적인 스크립트들도 업데이트가 되었습니다. 하지만 아직까지는 대부분의 스튜디오들이 보수적인 업그레이드 정책을 가지고 있어서 R7 대신 R6를 사용하는 곳이 많이 있습니다. 맥 버전의 경우는 파이썬 버전을 옮기면서 인텔 CPU 사용 맥을 버리고 애플 실리콘 CPU만을 지원하고 있습니다. 시간이 지나면서 스튜디오들이 파이썬 3.7을 더 많이 사용하게 된다면 3DE도 R7 이상을 사용하게 되겠죠.

[기타 기능]

그밖의 R7의 기능적 업그레이드는 눈에 보이는 것보다는 프로그램 뼈대의 업그레이드 부분이 많습니다. 추가로 기존 기능향상에 더 초점을 맞춘 듯 보입니다. 눈에 띄는 새 기능은 R7보다는 R7.1에서 추가가 되었으며, 우선 R7에서의 변화된 부분들을 정리해 보면 다음과 같습니다.

- 최근에 작업했던 프로젝트 파일을 바로 열 수 있는 Open recent 메뉴 추가
- 강제 백업 저장 옵션
- rotomation editor 또는 z-distance 툴의 커브데이터를 일반 curve editor 와 서로 복사 및 붙이기 가능
- UV 텍스처(알파채널 포함) 임포트
- 기존의 warp4툴 제거

버전이 크게 바뀐 것 치고는 많은 변화가 있는 편은 아닙니다. 이 책에서 새로운 버전을 위주로 소개하는 것보다 R6를 이용한 이유이기도 합니다. 게다가 필자가 책을 쓰고 있는 현재는 파이썬 2.7이 스튜디오에서 더 안정적으로 사용되고 있기도 합니다. 이 밖에도 꽤 많은 버그들이 수정되었습니다. 더 자세한 업데이트에 대한 내용은 3DE 웹사이트에서 확인하실 수 있습니다.

1 매치무브 시작하기

매치무브 소개
매치무버가 할 일

1 매치무브 소개

매치무브란 무엇인가요?

먼저, 용어를 정리해 보겠습니다.
Camera Track : 트래킹을 간단히 설명하면, 움직이고 있는 것을 따라가는 것을 말합니다. 즉, 카메라 트래킹이란 실제 카메라의 움직임을 따라간다는 뜻입니다. 우리는 이것을 3D 공간에서 하게 되므로 XYZ의 3D 공간에서 카메라의 움직임을 그대로 만들어 주는 것을 의미합니다.

Matchmove : 움직임을 맞춰준다는 의미로 통칭해서 사용합니다. 자세히는 캐릭터의 움직임을 맞춰 줄 때 사용되기도 하며 이는 roto anim, rotomation 또는 matchmation이라는 용어의 의미를 포함하고 있습니다. 해당 샷에서 카메라 이외에 움직이는 모든 움직임을 실제 크기와 모양의 3D 오브젝트를 이용해서 움직임을 똑같이 맞추어 줍니다. 캐릭터의 경우 rigging된 모델을 이용해서 배우의 움직임을 매 프레임마다 맞춰주어야 합니다.

Layout : 2000년 초중반 이후에 걸쳐서 Matchmove 부서가 Layout 작업까지 맡는 경우가 많아지고 (따로 구분되어 있는 회사들도 있습니다) 촬영된 실사의 비중보다 3D의 비중이 많아지면서 Camera Tracking, Digi-double을 위한 배우의 Matchmove 뿐만 아니라 다양한 Asset들을 이용해서 배경의 완성 및 드레싱 작업까지 같이 하는 경우를 말합니다. 카메라의 경우 멀티카메라 연결 및 익스텐션 작업까지도 하게 됩니다.

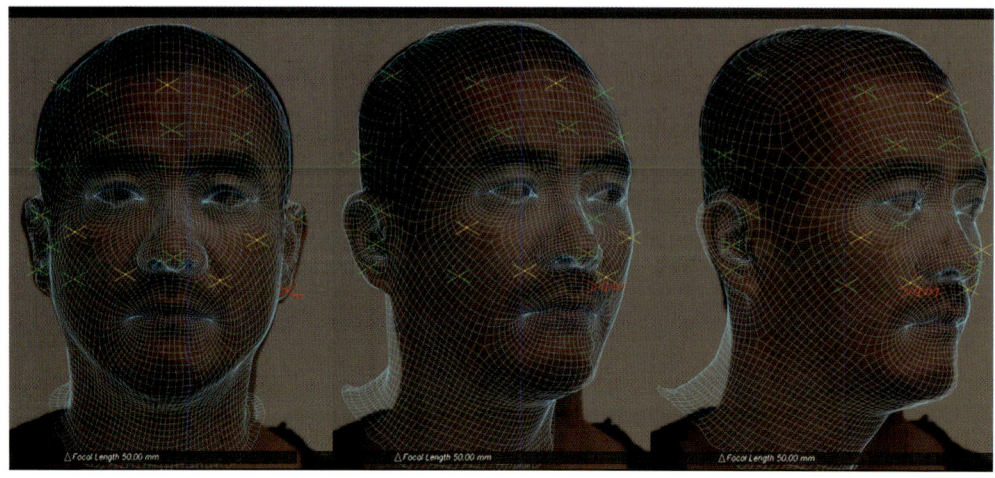

어떤 프로그램을 사용하나요?

현재 출시되어 있는 커머셜 소프트웨어는 이 책에서 다루게 될 Science-D-Visions의 3DEqualizer를 비롯해서, Anderson Technologies의 Syntheyes, Pixel Farm사의 PFTrack이 가장 널리 알려진 소프트웨어들이며, ILM의 인하우스 툴인 Zeno에 속한 Mars, Digital Domain의 Track, 과거 Rhythm & Hues의 Voodoo 등 대형 Studio에서는 인하우스 툴을 사용하는 경우도 있습니다.

커머셜 소프트웨어들과 인하우스 툴들의 가장 큰 다른 점이라면 커머셜 소프트웨어들은 엔지니어 관점에서 출발하여 트래킹 포인트들을 만들고 그 결과로써 움직임을 계산하는데 반해, 인하우스 툴들은 아티스트 관점에서 출발해서 트래킹 포인트들을 세트에 맞춰가며 계산하는 방식이라고 설명해도 무방합니다.

이 책에서는 Science-D-Visions의 3DEqualizer를 이용하여 모든 튜토리얼을 제작하고 설명해 볼 것입니다.

3D Equalizer의 웹사이트는 다음과 같습니다.

https://www.3dequalizer.com

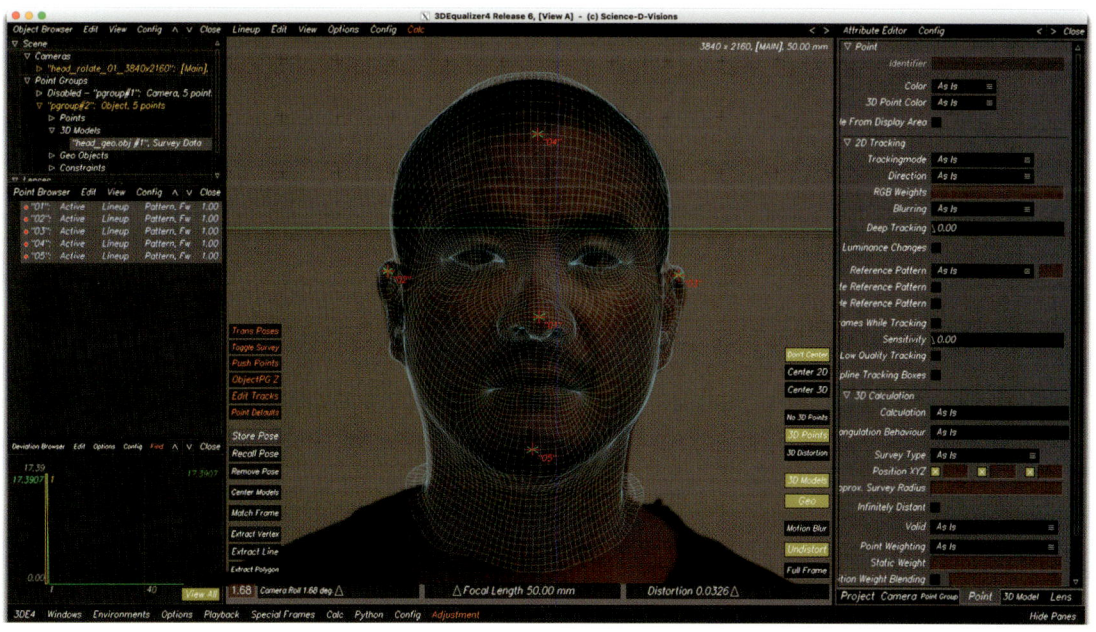

매치무브에 대한 오해

VFX를 하고자 하는 대부분의 사람들은 3D 모델링부터 시작하게 됩니다. 이렇게 공부를 하다 보면 텍스쳐링, 라이팅, 렌더링 그리고 합성하는 단계로 VFX를 접하게 되는데, 여기에서 항상 그냥 지나치는 단계가 바로 카메라 트래킹입니다. 따로 가르쳐 주는 곳도 별로 없을 뿐더러 교재도 없고 유튜브에 튜토리얼들만 몇 개 있을 뿐입니다.

이러한 문제는 처음 시작하는 CG 아티스트 지망생들만 겪는 것은 아니었습니다. 대부분의 국내 굴지의 스튜디오들 조차 카메라 트래킹이나 매치무브 작업은 애니메이터가 메뉴얼 방식으로 하거나, 소프트웨어의 오토트래킹 기능만으로 간신히 비슷한 카메라의 움직임을 트래킹하는 것에 만족했어야 했습니다.

하지만 매치무브란 단순히 카메라를 트래킹하는 것에서 벗어나서 실제 촬영장의 모든 공간에 있는 것들을 3D 공간에 복원(reconstruction)해 주는 것을 의미합니다. 그러기 위해서는 촬영장의 모든 세트, 프랍, 배우, 움직임 등에 대한 자세한 기록과 측량이 필요합니다.

이 책에서는 단순히 소프트웨어의 사용법이 아닌 촬영장에서의 준비, 기록, 측량 등을 이용하여 3D 복원(3D Reconstruction)을 중심으로 간단한 카메라 트래킹부터 배우 얼굴의 매치무브 등 초급 단계부터 고급 단계까지 튜토리얼을 중심으로 매치무브의 깊이 있는 이야기를 알려드리고자 합니다.

2 매치무버가 할 일

매치무브 작업을 하기 전에는 촬영장에서 반드시 가져와야 할 정보들이 있습니다.
가장 중요한 4가지는 기록, 측량, 현장촬영, 렌즈그리드입니다.

촬영장에서

[기록]

촬영장에서는 여러가지 기록이 이루어집니다.
촬영장소, 슬레이트 번호, 카메라 종류, 렌즈 종류, 포커스 거리, 배우들의 동선, 카메라의 동선, 배우가 촬영할 때 입었던 의상 등 촬영장에서 이루어지고 있는 모든 것들이 기록으로 남겨진다고 해도 과언이 아닙니다. 각 부서는 하는 일에 맞게 각자 기록을 하게 됩니다.

[촬영 현장에서 사용하는 현장 스크립트의 예]

현장에서 사용되는 스크립트 기록은 일반적으로 현재 촬영하고 있는 장면을 최대한으로 설명을 하기 위하여 만들어져 있습니다. 이는 나중에 CG 작업을 위함보다는 영화 특성상 장면과 장면을 연속적으로 촬영하지 않기 때문에, 다음 촬영 때 동일한 장소와 배우의 동선, 환경 등의 연속성을 위하여 작성되고 있다고 보는 것이 맞습니다.

이러한 정보들도 CG 작업을 할 때 특히 카메라의 동선, 배우의 움직임 등은 카메라 트래킹과 로토메이션을 할 때 중요하게 사용될 수도 있습니다.

다음 페이지의 스크립트 용지에 트래킹을 위한 부분만을 추가해 주면 더욱 완벽한 기록 양식이 될 수도 있지만 이러한 현장 기록은 대부분 촬영 스태프들이 작성하고 있습니다. CG를 위한 부분은 현장에 있던 CG 팀에서 따로 작성을 하고 나중에 촬영 스태프들이 작성한 기록지를 받아서 같이 살펴보아야 합니다.

< > 스크립트 용지 / SCRIP PAPER

PAGE NO .

감독 /
스크립터 /

20   년   월   일   촬영시작 :   끝 :   촬영장소 :

S#		C#				날씨 / 광선		M D E N
								S O L
Film			Lens		Filter	Exp		Roll

연결 / Continuity   지문과 대사 / Action & Dialogue

카메라 위치 <Tracking / Fix / Pan>

사운드

동시녹음

				F.I	W.I	O.L	Cut->cut	O.L	W.O	F.O
T#	OK/NG	TIME	내용							Slate
1										
2										
3										
4										
5										
6										
7										
8										
9										
10										
11										

스크립트 양식
(https://tami-film.tistory.com/22)

그러면 매치무버에게 필요한 기록들은 무엇이 있을까요.

가장 중요한 것들부터 살펴보자면 아래와 같습니다.

- 카메라 종류
- 사용되고 있는 렌즈
- 촬영 레졸루션
- 측량
- 촬영되고 있는 주요 프랍들의 사이즈
- 포토모델 제작을 위한 사진
- 촬영현장의 사진

[카메라 종류]

필름 카메라에서 디지털 카메라로 넘어오면서 굉장히 많은 종류의 카메라들이 생겼습니다. 이 카메라들은 각각 다른 종류의 센서들을 사용하며 그 센서에 기록되는 화면 영역 또한 각각 다릅니다. 카메라 종류(정확한 모델명)와 촬영 레졸루션을 기록하는 것이 중요한 이유는 이러한 각 센서마다 기술적인 촬영 방식 때문입니다.

[사용된 렌즈]

카메라의 종류와 레졸루션으로 필름백 사이즈를 알았으니 다음으로 중요한 것은 렌즈입니다. 사실 렌즈 정보는 할리우드의 촬영장에서 조차 빼먹고 기록하는 경우가 허다합니다. 하지만 보통 LiDAR 스캔을 해 오거나 다른 정보가 있기 때문에 이 부분을 보완해서 알아내기도 합니다만, 그래도 역시나 카메라 렌즈 정보가 없으면 꽤나 시간낭비를 하는 경우가 많이 있습니다.
일례로 카메라가 움직이지 않는 LOCK OFF 샷을 아무 정보 없이 set reconstruction(세트 복원)과 카메라 위치를 찾으려 한다면 카메라가 움직이는 난이도 높은 샷보다 더 힘들게 작업하게 될 수도 있습니다.

과거 한국에서 매치무빙에 관한 기술과 경험이 부족했을 당시에는 카메라를 움직이면 무조건 힘들 것이라 생각하고 고정된 카메라 장면을 찍어온 후 CG를 넣어 달라는 주문이 많았었는데 이러한 경우가 가장 힘든 작업일 거라고 그 당시 많은 사람들이 생각하지 못했습니다. 사실 아직도 그러한 생각을 하는 경우가 많이 있는데, 그 이유는 카메라 트래킹을 세트 복원의 관점이 아닌 눈에 보이는 데로만 맞추려고 하기 때문입니다. 렌즈 정보의 경우 단순히 몇 밀리의 렌즈로 촬영이 되었는지 외에 해당 렌즈의 시리얼 번호까지 적어오는 것이 가장 이상적입니다. 같은 수치 값을 가진 렌즈라고 모두 똑같은 왜곡을 가지고 있지 않기 때문입니다.

[촬영 레졸루션]

촬영된 레졸루션은 앞서 카메라의 종류와 같이 언급을 했기에 앞의 카메라 종류를 참고하시면 됩니다. https://vfxcamdb.com 에서 다양한 카메라와 레졸루션 그리고 그에 따른 필름백 사이즈의 정보를 얻을 수 있습니다.

[측량]

촬영장에서 가장 쉽게 잊기 쉬운 부분입니다. 만약에 LiDAR 스캐너를 이용해서 모든 세트장을 스캔해 오지 않는다면 중요한 프랍들의 사이즈를 기록해옴으로서 CG 작업을 할 때 스케일에 대한 레퍼런스로 사용할 수 있습니다. 또한 매치무브 작업 시에도 굉장히 도움됩니다. 사이즈를 재는 팁을 소개하자면 투명한 손바닥만한 크기의 투명 아크릴판을 준비한 후, 해당 프랍의 사이즈를 재고 투명 아크릴판에 내용을 적고 해당 프랍과 겹쳐서 촬영해 오면 됩니다.

대부분 매치무브 작업 시 작업자들은 촬영장에서 찍어온 사진들을 찾아보게 되는 경우가 많습니다. 일일이 글로 기록하는 것보다는 사진으로 보여주는 것이 모두에게 가장 편하기 때문이죠. 요즘은 핸드폰 카메라와 여러 어플들이 잘 나와있으므로 그러한 것들을 이용하셔도 편합니다.

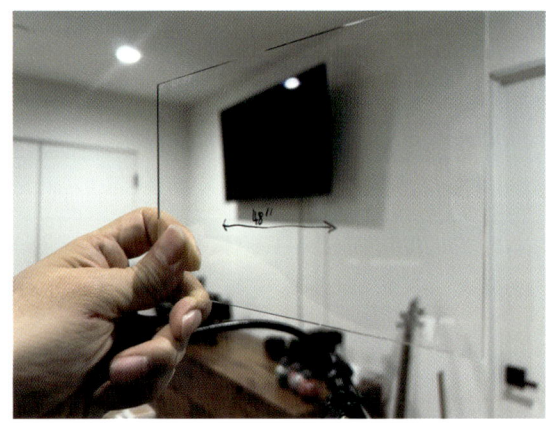

[현장촬영]

위에서 언급했던 부분들은 정말로 가장 중요한 것들이라 별도로 설명하고 있지만 그렇다고 다른 것들이 덜 중요하다는 것은 아닙니다. 기본적인 정보 뿐만 아니라 작업을 위해서는 촬영장을 모델링 할 수 있도록 찍어온 사진들도 그만큼 중요합니다.

이 역시 촬영장에서 잘 기록되지 않는 부분 중 하나입니다. 만약 촬영장에 나가 있는 수퍼바이저가 컴파지팅이나 3D(모델링, 텍스처, 라이팅) 분야로만 전문적이라면 매치무버가 촬영장을 reconstruction 해야 한다는 사실을 잘 인지하지 못할 수 있는데 대부분 촬영해온 사진들이 촬영장 스케치나 텍스처나 라이팅에 관한 사진 위주인 경우가 많습니다. 할리우드 역시 이러한 일이 비일비재합니다. 그래서 촬영장에는 on-set surveyor라는 일을 하는 아티스트가 반드시 가서 사진 촬영, 측량 등의 일을 전문적으로 해 오게 됩니다.

보통 요즘은 LiDAR스캐너를 사용하는 것이 일반적입니다. 그만큼 사용비용이 싸졌고 여러가지의 제품이 나오면서 접근성이 아주 좋아졌죠. 하지만 그래도 모든 촬영장에서 이러한 고가의 장비를 사용하는 것이 아닙니다. 그래서 대체로 이용할 수 있는 기술이 photogrammetry입니다. 이 기술은 요즘 VR/AR이 발전하면서 더 많이 사용되고 있는데요. 간단히 말하면 많은 사진을 이용하여 모델링을 하는 방식입니다. 하지만 정확한 모양의 모델링을 만들기 위해서는 정말 많은 사진들이 필요합니다.
일례로 첫 번째 Avengers를 ILM에서 작업할 당시 뉴욕 시티를 모델링하기 위해 수십만 장의 사진들을 찍어온 후 포토모델링을 진행했었습니다. 그때만 해도 완벽한 자동화를 지원하는 소프트웨어 개발이 완벽하지 않았기 때문에 꽤 많은 부분의 작업이 메뉴얼 방식을 거쳐서 진행되었습니다.

요즘은 Agisoft (https://www.agisoft.com) 또는 RealityCapture (https://www.capturingreality.com) 같은 자동화 프로그램들이 많이 있어서 사진만 많이 있다면 꽤 정교한 모델링이 가능합니다.
포토모델링을 위한 사진 촬영방법과 툴 사용방법에 대해서는 비엘북스의 [리얼리티 캡쳐를 이용한 포토스캔 시작하기]를 참고하기 바랍니다.

[렌즈그리드]

렌즈그리드는 각 렌즈가 가지고 있는 왜곡값을 계산할 수 있도록 도와주는 체크무늬를 프린트합니다. 각 렌즈마다의 화각에 꼭차게 촬영해야 하기에 크기가 꽤 큽니다. 대략 4피트(1,219mm) × 8피트(2,438mm) 규격의 합판에 붙여 놓는 것이 일반적이고 더 크거나 작을 수도 있습니다. 렌즈그리드 촬영은 현장 스케줄과는 다르게 진행이 가능합니다. 모든 촬영이 마친 후 사용된 렌즈들과 카메라들을 모아서 한꺼번에 촬영하는게 효율적일 수 있습니다. 렌즈그리드의 제작 및 촬영 방법에 대해서는 뒤에 자세히 설명하겠습니다.

스튜디오에서

- 분류 및 정리
- LiDAR 데이터 정리 및 포토모델 작업
- 렌즈 DB 작업

촬영장에서 모든 정보들을 기록하고 촬영을 했다면 이제 스튜디오에서 정리하고 작업을 시작하기 전에 만들어 놓아야 할 것들이 있습니다. 이러한 정보들이 기록만 되어 있고 정리되어 있지 않으면 작업자들은 정작 사용하기가 힘들어지기 때문입니다.

[분류 및 정리]

우선 분류 및 정리를 합니다. 보통 촬영은 영화의 흐름 순서와는 상관없이 세트 및 장소별로 촬영되기 때문에 날짜별로 정리하는 것이 가장 수월하고 장소별로도 가능합니다. 이러한 날짜나 장소별 디렉토리 안에는 슬레이트 넘버별로 사진 및 촬영기록지 카피가 정리될 수 있습니다.

정리하는 방식은 각자의 방식과 각 스튜디오의 파이프라인에 맞게 정리되기 때문에 무엇을 찾고 보아야 하는지 대신합니다.

보통 작업자는 작업을 시작할 때 다음과 같은 것을 찾습니다.

- 촬영 시 세트 현장 사진
- 슬레이트 넘버와 현재 샷의 take 번호
- 카메라 렌즈
- 현장에서 카메라, 배우, 주요 프랍들의 위치, 동선

[LiDAR 데이터 정리 및 포토모델 작업]

현장에서 LiDAR 데이터와 사진들이 충분히 넘어왔다면 스튜디오에서는 이것들을 활용하기 쉽도록 정리하거나 미리 작업을 해 놓아야 합니다. LiDAR의 경우 원본데이터 자체가 너무 크기 때문에 보통 low resolution 폴리곤 데이터로 바꿔서 사용합니다. 3DE에서는 LiDAR의 raw 데이터를 읽을 수 있으나 적절한 파이프라인이 없이는 보통 폴리곤을 사용하는 것이 편합니다.

LiDAR를 사용하지 않았다면 촬영된 사진으로 포토모델링을 해놓아야 합니다. 이렇게 미리 만들어진 포토모델링은 정보가 부족한 샷을 작업할 때 아주 유용하게 사용됩니다.

[렌즈 DB 작업하기]

현장에서 렌즈그리드를 촬영해 왔다면 각각의 렌즈를 3DE에서 사용할 수 있도록 작업을 해 놓아야 합니다. 현재 사용되고 있는 렌즈들은 각각 그 왜곡 값이 살짝 다르기 때문에 현장에서 시리얼 넘버별로 구분을 해 오는 것이고 3DE에서 작업할 때에도 네이밍에 시리얼 넘버를 사용하는 편이 좋습니다.

예) ProjectName_Seq_Shot_Camera_Anamorphic_LensName_SerialNumber_Resolution.txt

**다시 한번 언급하자면,
매치무브/레이아웃 작업은
단순히 대략의 카메라 움직임을 얻어내는 것이 아니라,
전체 세트를 정확히 재구축을 하고,
그에 맞추어 정확한 카메라 동선을 만들어 내는 것입니다.**

Tutorial 01
Lock Off / Pan & Tilt Shot

예제데이터 제공 : Tut01_LockOff.zip

카메라를 트라이 포드에 고정시켜 놓고 움직임이 없는 상태에서 촬영하게 됩니다.
보통 잘못 알려진 사실이 이렇게 고정된 샷이 트래킹하기 가장 쉽다고 하지만 아무 정보 없이 "현장의 모든 것을 그대로 복제한다"라는 개념을 가지고 작업을 한다면 가장 작업하기 어려운 샷이 됩니다. 이러한 말이 나오게 된 이유는 "트래킹"이라는 단어의 개념이 포인트들을 찍은 후 솔빙(계산) 단계를 거쳐서 평균값을 낮게 만들어야 하는 방식에 있어서 복잡한 카메라의 움직임보다는 간단한 움직임이 포인트를 추가하기도 쉽고 계산이 잘 되었기 때문이라고 생각됩니다.

하지만 이제는 다음과 같이 개념을 좀 바꾸어 보죠.

'매치무빙을 한다'의 의미는 촬영 현장의 모든 것을 그대로 복제한다는 것'

위의 말을 항상 잊지 말아야 합니다.

매치무빙 작업을 하다 보면 보통 두 가지 경우로 나눠집니다.
첫 번째, 아주 친절하게도 모든 촬영정보를 다 받아온 경우,
두 번째, 촬영한 카메라의 종류 조차 없는 아무런 정보가 없는 경우

하지만, 세상에 완벽한 것은 존재하지 않듯이 할리우드 영화들도 많은 정보들이 누락된 채로 아티스트한테 넘겨집니다. 결국 대부분의 프로젝트들은 첫 번째 경우가 아니면 두 번째 경우에 가까운 정도로 나눠진다고 할 수 있습니다. 예산이 많든적든 금전적인 문제보다는 시간과 지식의 부족에서 정보들이 전해지지 않는다고 보면 됩니다.

이번 튜토리얼에서는 3DEqualizer에서 2D 트래킹과 라인업 작업을 배우기 위해서 모든 정보가 다 있다는 가정하에 진행하도록 하겠습니다.

작업 준비

준비된 정보는 다음과 같습니다.

> · 촬영된 플레이트
> · 렌즈그리드 촬영 데이터
> · 카메라 모델
> · 사용된 렌즈 종류 (예. Angenieux 사의 optimo 렌즈 12x 24-290mm, 시리얼# xxxxxxxxx)
> · 촬영된 레졸루션
> · 카메라의 동선
> · 카메라의 포커스 변화
> · 포토 모델용으로 촬영된 세트 이미지들
> · LiDAR scan data
> · 세트장의 스케일을 알 수 있는 레퍼런스 사이즈
> · 중요한 프랍들의 사이즈

저 위에 나열된 정보들이 어떠한 것들인지 지금 이해되지 않아도 괜찮습니다. 이번 튜토리얼의 목적은 소프트웨어를 통해서 매치무빙을 하려면 어떤 방식으로 작업하는지를 이해만 하면 되는 것입니다.

1 플레이트, 오브젝트, 렌즈 불러오기

❶ 3DE를 실행합니다.

❷ 하단의 Environments 메뉴에서 Basic을 선택합니다.

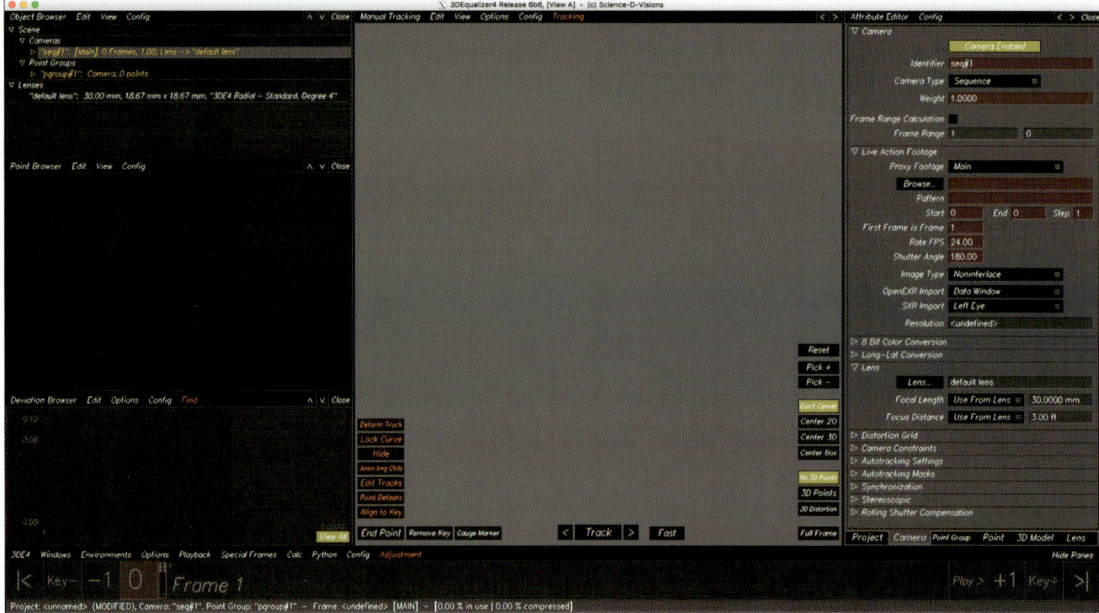

❸ 카메라를 선택한 후 프로퍼티 윈도우에서 작업할 플레이트를 선택합니다.

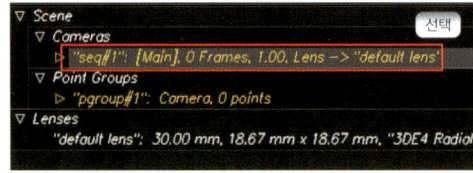

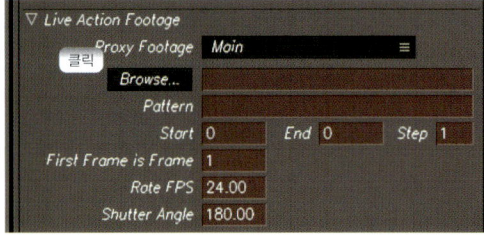

❹ 렌즈그리드로 솔빙된 렌즈를 임포트합니다.

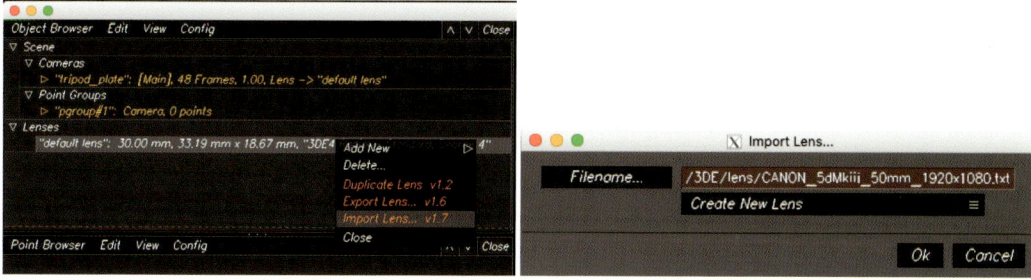

❺ 포토모델로 작업된 오브젝트 파일을 임포트합니다.

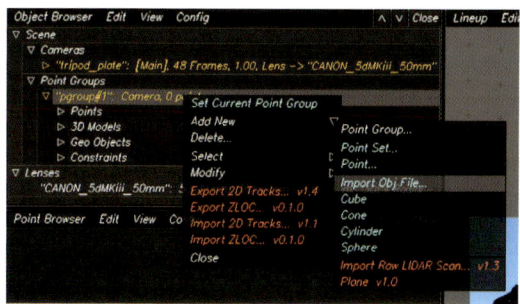

❻ Attribute Editor 패널의 Is Reference Only 체크박스를 체크해 줍니다.

보통 무거운 모델을 임포트 하면 저장 시간이나 로딩 시간이 굉장히 길어지는데 이 체크박스를 체크해 줌으로써 Maya의 레퍼런스와 비슷한 형식으로 바꿔주는 역할을 합니다.

❼ 1단계 준비는 끝났습니다. 이제 파일을 저장(ctrl+S) 한 후 플레이트 이미지의 버퍼를 Export 해 놓습니다. 이렇게 버퍼를 하드디스크에 Export 해 놓으면 실시간으로 재생을 할 수 있습니다.

1 카메라 라인업

실제 작업을 시작해 보겠습니다. 우선 한 프레임을 라인업 해 보겠습니다. 그냥 따라하면 됩니다.

> **마우스 Tip**
> - 포인트 선택 : alt + LMB
> - 포인트 선택풀기 : alt + LMB 포인트가 아닌 다른 위치
> - 화면 줌 : RMB
> - 트랙포인트 찍는 포인트, 방법,

❶ F5로 모드를 바꾼 후 Shift와 마우스 버튼으로 카메라의 대략의 위치를 오브젝트에 맞춥니다.

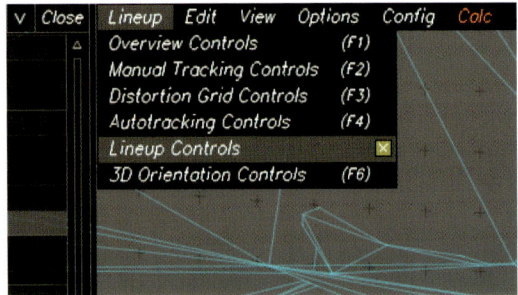

a) Shift + LMB : Tumble Camera, (Maya의 Alt + LMB)

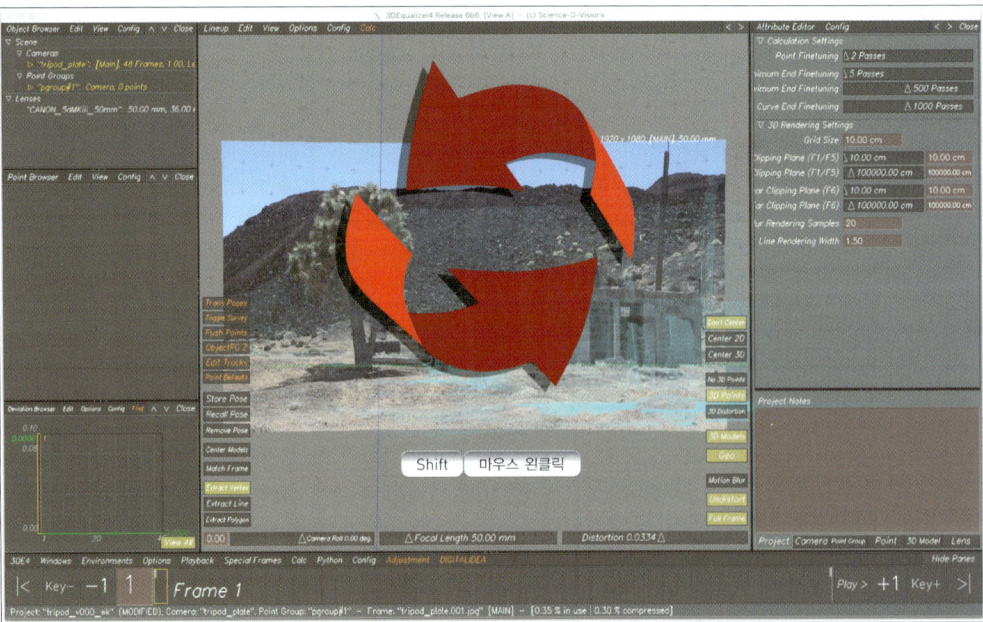

b) Shift + MMB : Track Camera, (Maya의 Alt + MMB)

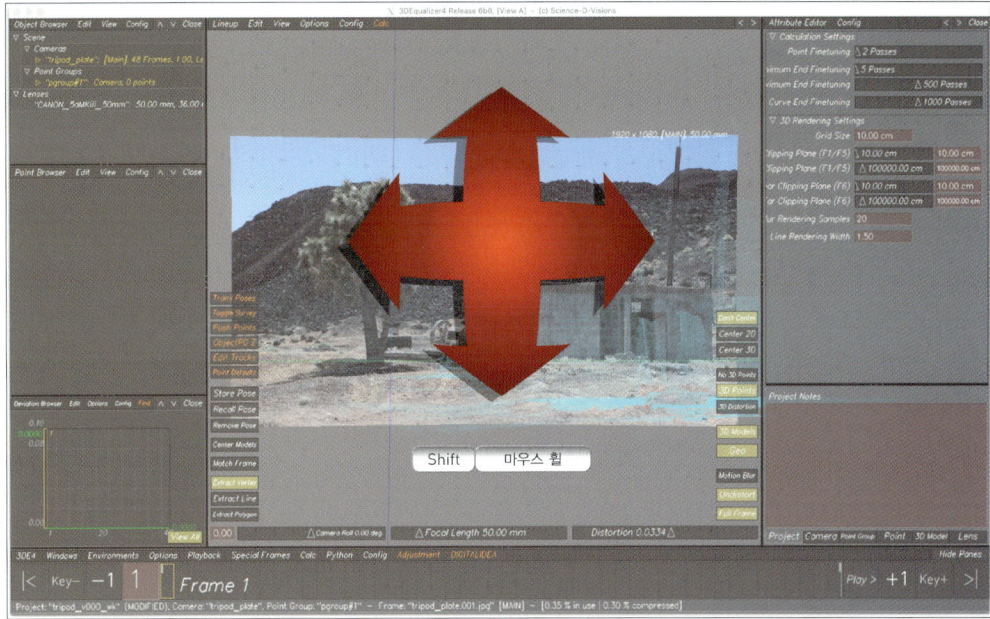

c) Shift + RMB : Dolly Camera, (Maya의 Alt + RMB)

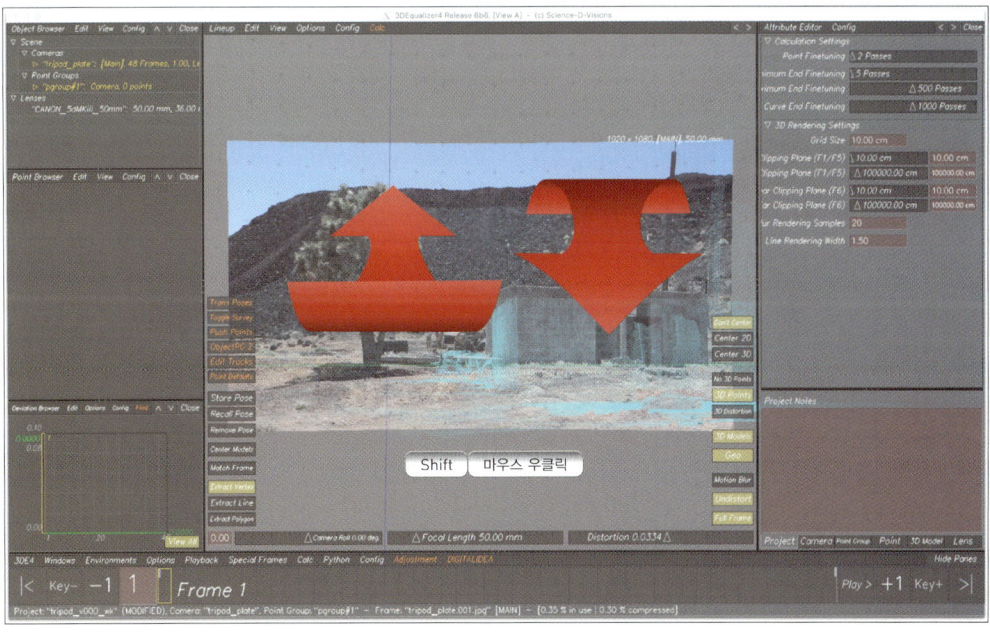

❷ 적당히 위치를 맞추었다면 키보드에서 V를 눌러서 Extract Vertex 버튼을 켜 놓은 후, ctrl+LMB 으로 오브젝트 위에 LineUp 포인트를 추가한 후 그 포인트를 움직여서 카메라를 이동합니다.
[Info – 오브젝트가 움직이는 것이 아니라 카메라가 움직이는 겁니다.]

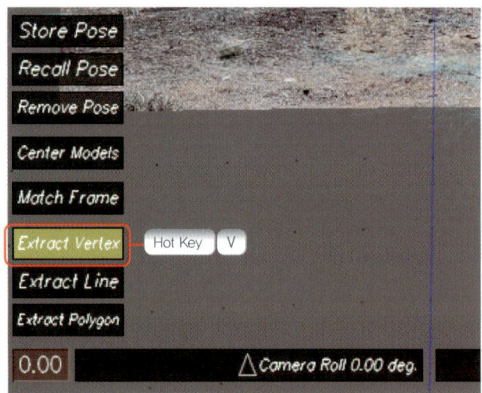

녹색 : 3D 포인트
빨간색 : 2D LineUp 포인트

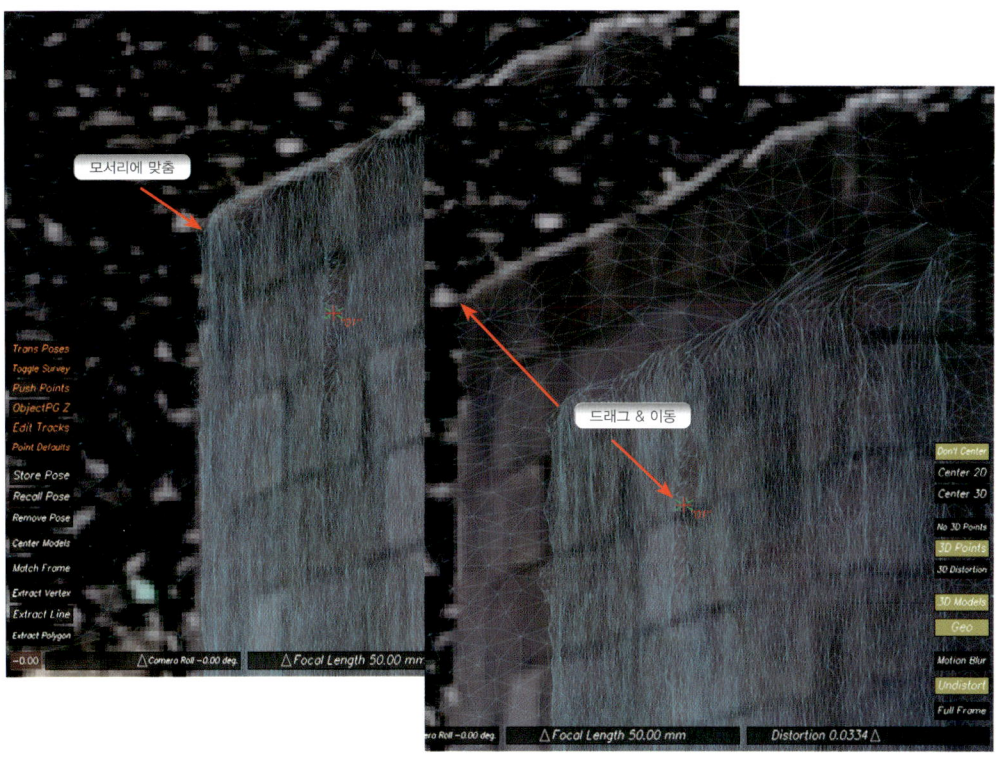

❸ 몇 개의 LineUp 포인트를 더 만든 후 오브젝트와 플레이트를 맞춥니다.
(3차원 공간에 골고루 포인트를 만들어주면 더 적은 포인트로 라인업이 가능합니다.)

❹ Store pose로 현재 카메라 위치를 저장합니다. 저장을 하는 이유는 이퀄라이저 특성상 Undo가 다른 소프트웨어처럼 자유롭지 못해서 라인업이 바뀌었을 때 다시 현재의 라인업을 불러오기 위함입니다. 저장된 프레임에는 빨간색 바가 생기게 됩니다.

이제 여러분은 가장 중요한 싱글 프레임 라인업 단계를 끝냈습니다.

플레이트와 오브젝트가 정확히 맞아 보인다면 성공입니다. Lock Off 장면(움직이지 않는 트라이 포드 샷)의 경우, 이론적으로는 지금 끝낸 라인업 작업만으로도 트래킹 작업을 끝낸 셈입니다. 하지만 사실상 카메라 모터의 움직임이나 다른 환경으로 인해서 촬영을 할 때 아주 미세한 움직임이 발생합니다. 그래서 항상 2D 트랙 포인트의 트래킹 작업을 해 주어야 합니다. 예제의 경우 카메라가 살짝 패닝(회전)을 하기 때문에 2D 트랙포인트를 추가해 주어야 합니다.

2 2D 트래킹

이제 2D 트랙 포인트를 추가해 봅시다.

❶ F2 모드로 바꿉니다.

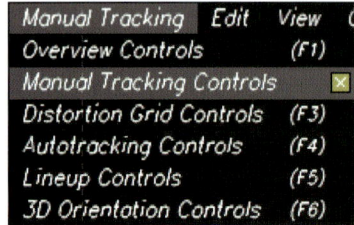

❷ 적당한 위치에 트랙 포인트를 ctrl + LMB 로 추가합니다.

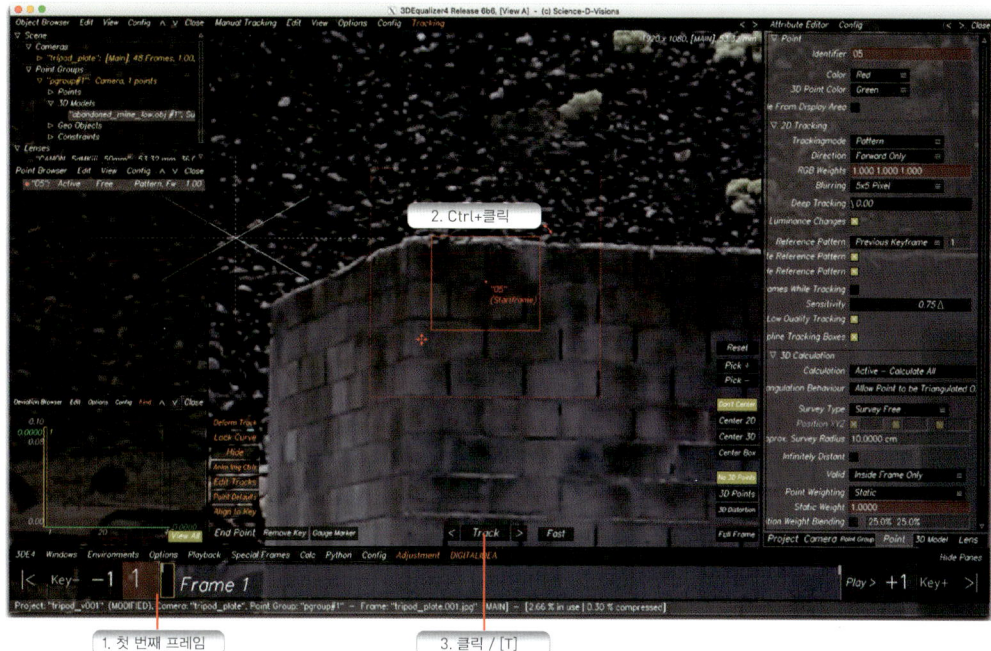

❸ 키보드의 T를 누르거나 뷰포트의 Track 버튼을 클릭하여 트래킹을 시작합니다.

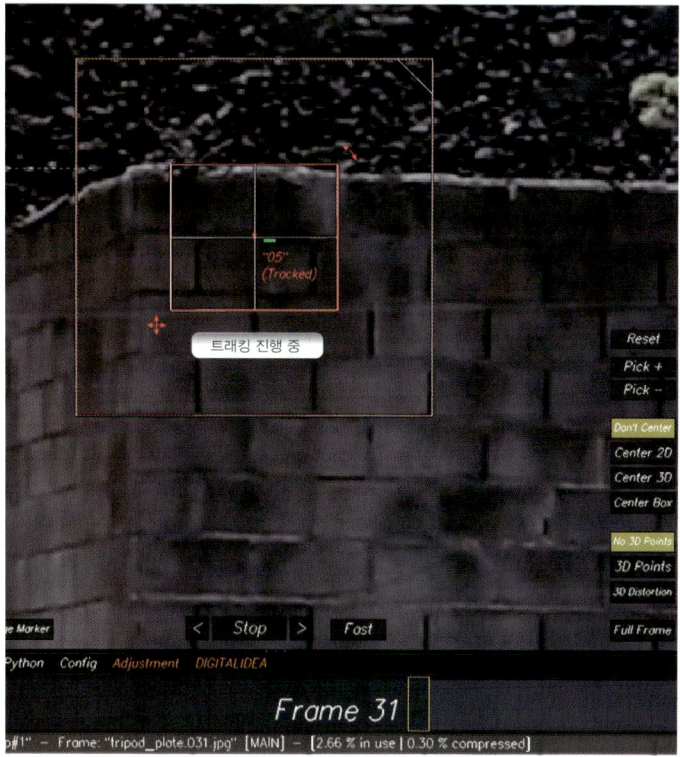

3 프로젝션

트래킹된 포인트는 2D 이미지의 픽셀 패턴을 인식하여 계산된 평면적인 포인트입니다. 이 포인트는 결국 3D 상에서 그 위치가 계산되어야 합니다. 이 예제에서는 서베이된 오브젝트가 있기 때문에 쉽게 2D 포인트를 3D 상에서 위치를 찾아서 바꿔 놓을 수 있습니다.

❶ 카메라의 위치가 저장된 프레임으로 돌아와서 F5 모드로 변환합니다.

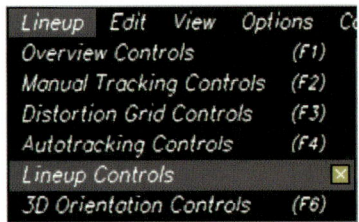

❷ 좀 전에 만든 2D 트랙 포인트가 선택된 상태로 뷰포트의 Edit 메뉴에서 Project Points on 3D Models를 선택하여 트래킹 한 2D 포인트를 오브젝트에 붙여줍니다.

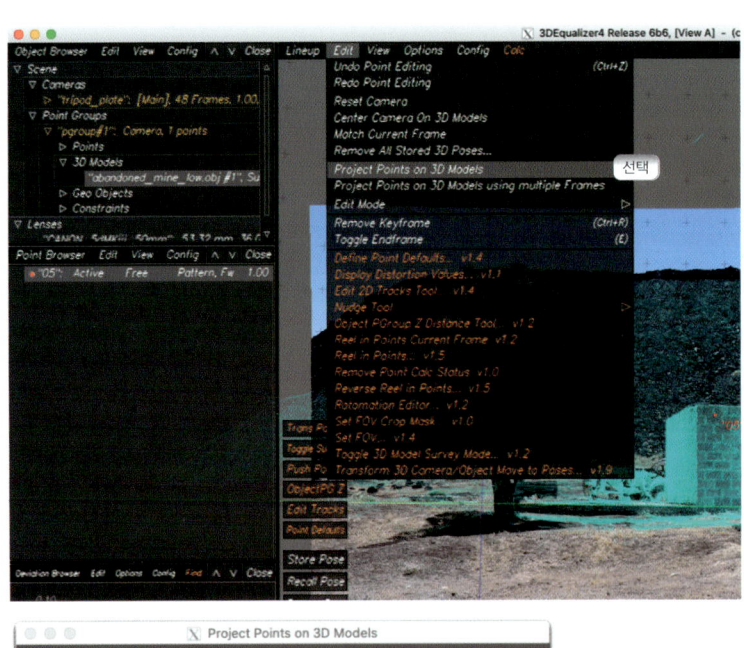

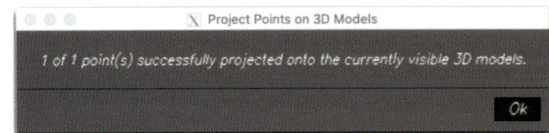

[Tutorial 01] Lock Off / Pan & Tilt Shot

이 방식은 현재 트래킹된 2D 포인트를 강제로 라인업 된 오브젝트에 그대로 붙혀줌으로써, 3D 공간에서의 오브젝트 위에 포인트를 만들어줍니다. 3D 포인트는 녹색의 x모양으로 나타납니다.

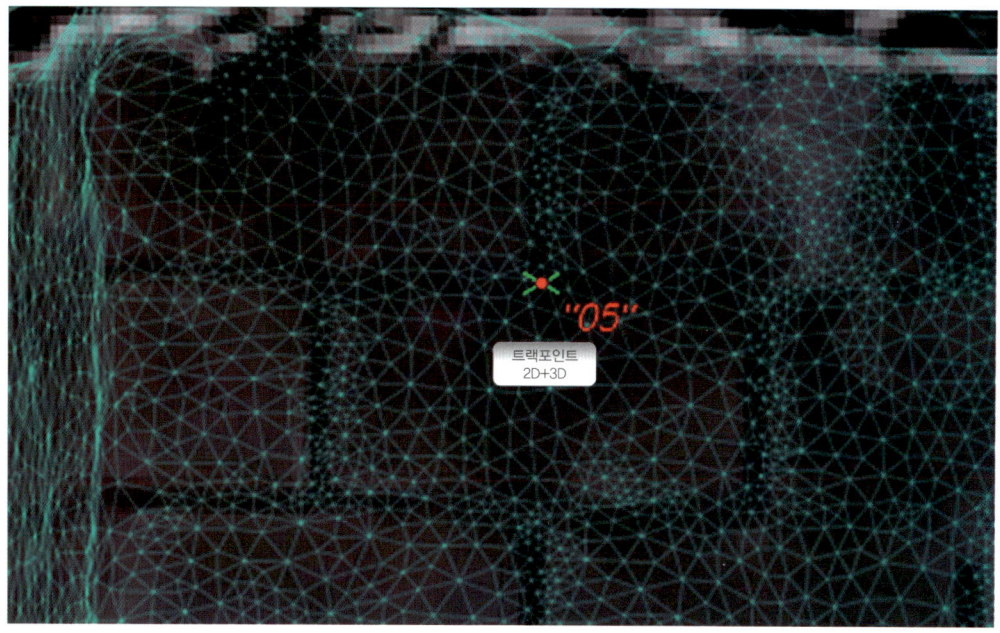

4 카메라 솔빙(Calc)

3DEqualizer의 경우 2D 트래킹 포인트가 최소 6개 있어야 카메라의 움직임을 계산합니다. 하지만 Lock Off 샷이나 Pan/Tilt 샷인 경우, 카메라 움직임이 없는 정지상태이거나 움직이더라도 패럴랙스가 전혀 없기 때문에, 6개 이상이 있더라도 제대로 된 계산이 불가능합니다. 원래는 메인메뉴바에 있는 Calc > Calc All From Scratch 메뉴로 솔빙하지만 여기에서는 여러 개의 포인트를 이용하여 솔빙하는 방식이 아닌 싱글 트랙 포인트로만 카메라를 솔빙해 보겠습니다.

❶ Windows 메뉴에서 curve editor를 선택합니다.

 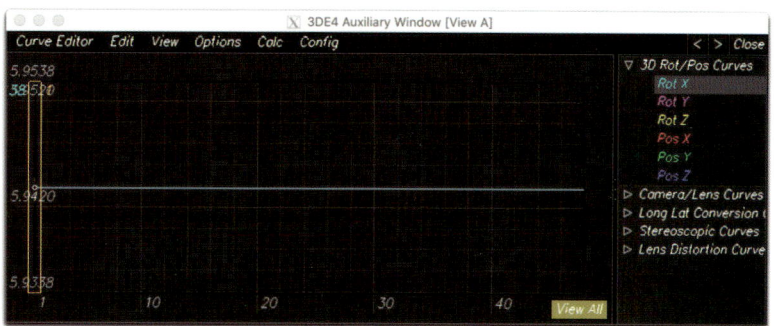

❷ Calc 메뉴에서 Make Rotation Consistency ….를 선택합니다.

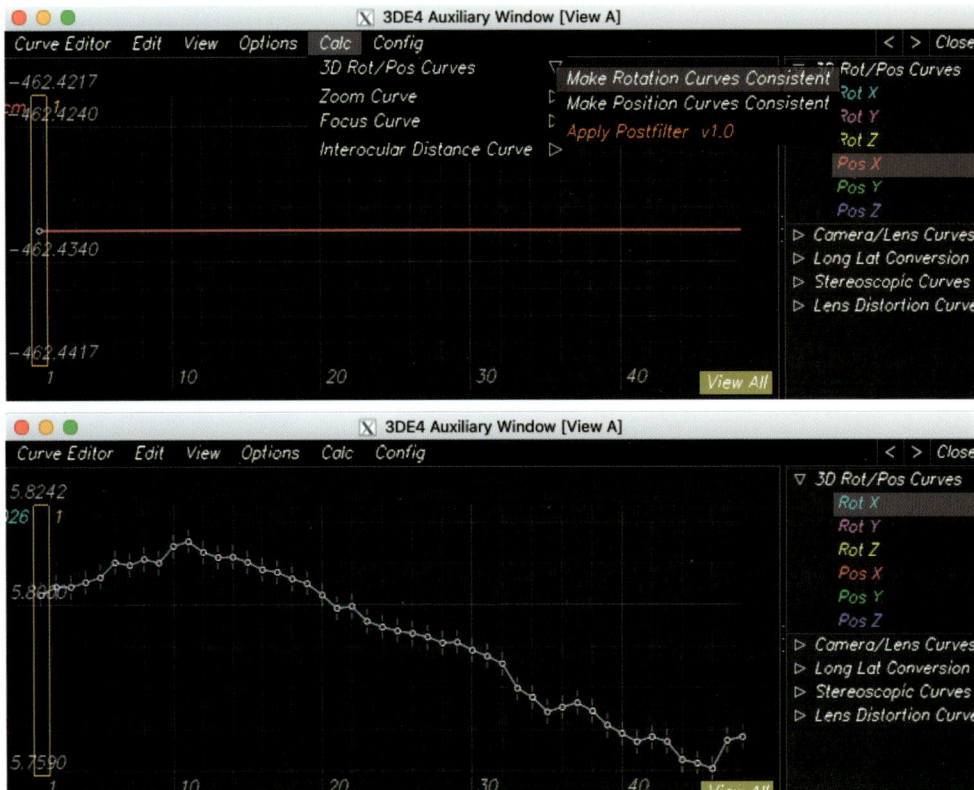

calc 후 Rot X의 그래프

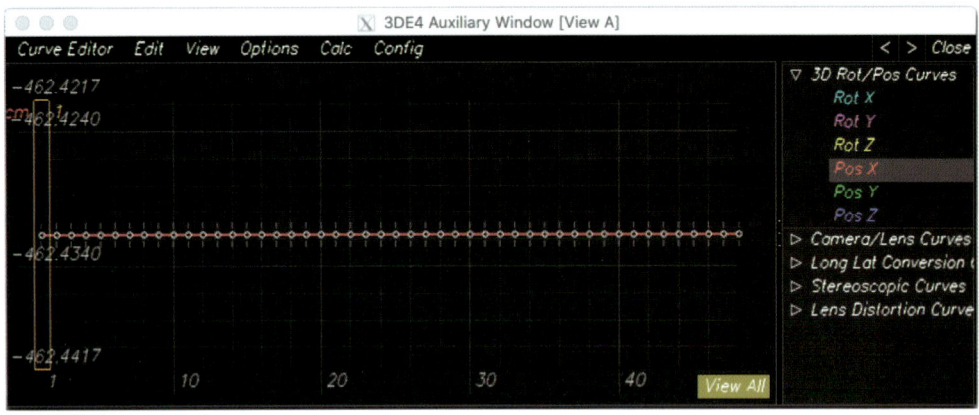

calc 후 Pos X 의 그래프

❸ 끝났습니다.

정말로 끝났습니다.
첫 번째 카메라 트래킹을 끝내셨습니다. curve editor의 Rot X를 선택했을 때 로테이션 값이 들어가 있는 키프레임들이 보입니다. 반면에 Pos X에는 값의 변화가 없는 키프레임들이 생겨 있습니다.

모르시겠다고요.? 다시 한 번 설명 해 보도록 하죠.

3DE는 적절한 카메라의 움직임으로 발생하는 패럴랙스와 최소한 6개의 2D 트랙 포인트들이 전경 중경 그리고 원경에 트래킹되어 카메라 움직임을 솔빙하게 됩니다. 하지만 움직이지 않는 카메라나 고정되어서 로테이션만 하는 카메라의 움직임에는 패럴랙스(시차)가 없으므로 기술적으로 완벽한 계산이 불가능합니다. 그런 경우 일종의 트릭으로 카메라의 움직임이 패럴랙스가 없는 Lock off 나 Pan & Tilt의 경우 이론적으로 로테이션 값만 존재하므로 트래킹 포인트 하나의 움직임만으로 카메라를 움직여 주면 되는 거죠. 하지만 이 경우에는 아주 정확하게 트래킹된 2D 포인트가 필요합니다. 이 한 개의 포인트로 로테이션이 흔들릴 수도 있으니 말입니다.

이번 첫 튜토리얼에서는 완벽하게 트래킹을 마치는 것보다는 이론적으로 이러한 접근도 가능하다는 것을 배워보았습니다.

앞에서도 계속 언급했지만 매치무빙(트래킹)은 단순히 카메라의 움직임만 만드는 것이 목적이 아닙니다. 촬영장에서 촬영된 카메라가 어느 지점부터 어느 지점까지 움직이며 해당 촬영현장은 정확히 어떻게 구성되어 있는지, 촬영장의 모든 것을 고스란히 3D 소프트웨어 안으로 가져오는 것이 목적입니다. 이러한 촬영 현장의 재구축(reconstruction)이 얼마나 정확하게 완성되는지가 가장 중요합니다.

일반적인 트래킹 소프트웨어의 튜토리얼은 여러 개의 포인트를 계산해서 카메라의 움직임까지만 구해주는 것을 보여주는데, 그 결과로 나오는 삼차원 포인트들이 정확히 현실과 같은 곳에 위치하는 것인지, 카메라의 높이나 위치가 촬영장의 세트에서 어느 곳에 있는지를 전혀 보여주지 않습니다. 하지만 현장 전체의 모델링 데이터를 가지고 있다면 내가 만든 2D 트랙포인트들을 강제로 해당 위치에 맞춰줌으로써 카메라를 계산할 때 실제 현장의 위치에서의 실제 움직임을 훨씬 수월하고 정확하게 만들어 낼 수 있게 됩니다.

처음 매치무빙(트래킹)을 접하거나 카메라를 먼저 솔빙한 후 3D 소프트웨어에서 나중에 공간을 맞추는 방식으로 작업해 왔던 분들에게는 조금 불편하고 카메라를 계산할 때 더 시간이 걸릴 수도 있겠지만, 앞에서 언급한 매치무빙의 정의를 항상 기억하면서 작업하면 쉽게 이해할 수 있을 것입니다.

매치무브
MATCHMOVE

2

포토 모델링

패럴랙스(Parallax)
사진촬영
카메라 및 렌즈
세트 측량
준비물

앞 챕터에서 매치무브가 어떤 의미를 갖고 있는지 알아보고 간단한 카메라 트래킹도 3DE를 이용하여 작업을 해보았습니다. 이번 챕터에서는 카메라 트래킹이 어떠한 방식을 이용하여 계산이 되는지 그 기초가 되는 포토그래메트리에 대하여 가볍게 알아보고자 합니다.
포토그래메트리를 위한 사진 촬영방법과 툴 사용방법에 대한 자세한 내용에 대해서는 비엘북스의 [리얼리티 캡쳐를 이용한 포토스캔 시작하기]를 참고하시기 바랍니다.

1 포토그래메트리(Photogrammetry)

포토그래메트리(Photogrammetry)를 간단히 설명하면, 여러 각도의 2D 이미지들이 가지고 있는 패럴랙스(Parallax)를 이용하여 3D 좌표 및 오브젝트를 추출해 내는 기술이라고 설명할 수 있습니다. 현재는 프리 소프트웨어를 포함한 다양한 포토그래메트리 소프트웨어들이 출시되어 있습니다.

매치무브 소프트웨어들도 촬영된 시퀀스 이미지 속에서 이러한 패럴랙스 차이를 계산하는 기술을 이용하여 포인트의 위치를 공간 속에서 추출하고 계산하여 카메라의 위치와 움직임을 만들어냅니다. 그래서 대부분의 매치무브 소프트웨어들은 여러 각도에서 촬영된 이미지들로부터 포인트의 3차원적 위치를 찾아내어 모델링을 할 수 있도록 만들어줍니다. 이 챕터에서는 포토그래메트리를 이용하여 어떻게 모델링을 하는지 그리고 그 모델링을 이용한 작업을 해보도록 하겠습니다.

패럴랙스(Parallax; 시차)

촬영에 앞서 용어를 하나 알아보겠습니다.
패럴랙스(Parallax)란 문자적 의미로는 "시차(視差) 즉 관측 위치의 차이에서 생기는 물체의 시각상(視覺像)이나 방향의 차이"라고 사전에는 나와 있습니다.

쉽게 설명하면, 패럴랙스는 그림의 A 카메라와 B 카메라에서처럼 내가 보는 위치에 따라 가까운 물체와 먼 물체의 보이는 위치가 다르게 보이는 것을 말합니다. 사람의 두 눈도 그 위치가 다르기 때문에 패럴랙스로 인하여 우리의 뇌가 3차원적 공간에서의 거리 위치 등을 볼 수 있게 해 주는 것입니다.

또 다른 예로는 스테레오 영화를 촬영할 때에도 2대의 카메라를 (사람의 눈처럼) 약간 다른 위치에 놓고 촬영함으로 발생되는 패럴랙스를 이용하여 관객들이 3D 영화를 볼 수 있도록 하는 것입니다.

패럴랙스 예제

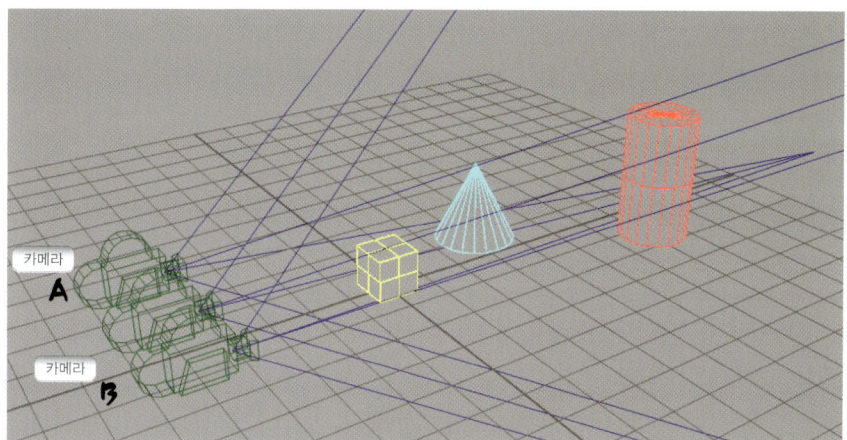

(perspective view)

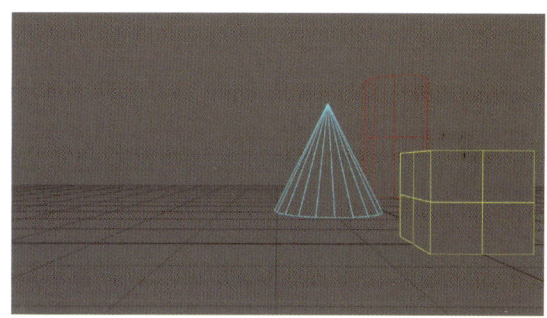

(A 카메라 뷰)

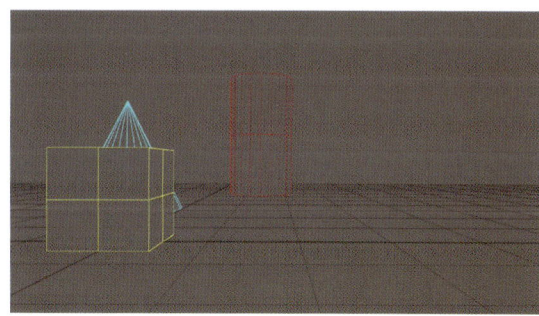

(B 카메라 뷰)

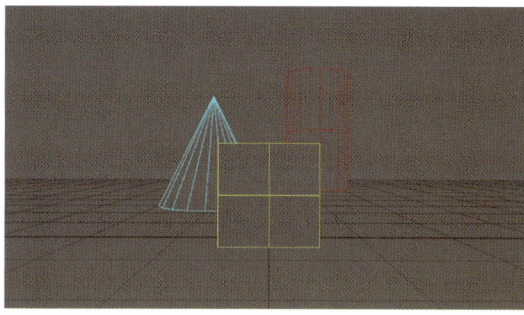

(센터 카메라 뷰)

사진 촬영

현장에서 사진 촬영은 기본적으로 다양한 위치와 앵글로 사진을 찍는다는 것을 항상 염두해두어야 합니다. 만약 동일한 위치에서 주변을 둘러가며 사진을 찍게 되면, 패럴랙스가 생기지 않는 트라이 포드 위에서 카메라를 회전하면서 찍는 것과 다를 바 없기 때문에 계산이 되지 않습니다. 이 경우는 파노라마 형식의 마치 길게 연결된 한 장의 사진과 같습니다.

다음 그림은 AliceVision사의 Meshroom이라는 프로그램으로 촬영된 여러 각도의 사진들을 이용해 photomodeling을 추출한 결과물입니다. 보시는 바와 같이 촬영하고자 하는 오브젝트를 중심으로 그 주변을 한바퀴 돌면서 꽤 많은 촬영을 하였습니다. 이때 또 하나 중요한 것은 장소를 무작위로 옮겨가며 찍기보다는 일정한 패턴을 가지고 옆으로 옮겨가며 찍는 것이 좀 더 정확한 계산을 할 수 있는 방법이기도 합니다. 또한 촬영된 사진 개수가 많을 수록 더욱 정확한 결과물이 나오게 됩니다.

- 최대한 많이 촬영합니다.
- 최대한 순차적으로 촬영을 합니다.
- 최대한 다양한 거리에서 촬영합니다.

카메라 및 렌즈

현장에서 포토모델링용으로 촬영할 카메라는 풀-프레임(Full Frame) 센서를 사용하는 DSLR 카메라와 와이드 단렌즈를 추천합니다. 풀-프레임을 사용하는 이유는 사용하는 렌즈의 전체 FOV를 사용할 수 있으므로 크롭 바디보다 한번에 더욱 넓은 화각으로 더욱 넓은 영역을 촬영할 수 있기 때문입니다. 50mm를 사용할 경우, 그대로 50mm의 FOV(47도)를 촬영 할 수 있는 것입니다. 만약 와이드 24mm를 크롭 바디로 촬영할 경우, 24mm가 촬영할 수 있는 영역보다 훨씬 좁은 영역을 촬영하기도 하지만 나중에 작업 시 다시 크롭 비율에 따라 필름백을 다시 계산해야 할 수도 있기 때문입니다.

렌즈의 경우는 단렌즈를 선호하는데 그 이유는 3DE에서 포토모델 작업 시 여러 개의 렌즈 디스토션을 계산해 놓고 사용해야 하는 번거로움을 줄이고자 하는 것입니다. 24mm 단 렌즈 사용 시 렌즈그리드를 24mm용 1장만 찍어서 계산해 놓으면 모든 사진에 하나의 계산된 렌즈를 3DE에서 사용할 수 있지만, 24-70mm 줌 렌즈 사용 시에는 일일이 각 사진의 메타데이터를 보고 렌즈별로 분리한 후 렌즈그리드를 각각 사용된 렌즈에 따라서 일일이 따로 만들어서 사용해야 하는 번거로움이 있습니다. 촬영자가 실수로 조금씩 줌을 돌려서 사용하게 된다면, 각 줌에 따른 렌즈그리드를 촬영하여 이퀄라이저용 렌즈를 모두 만들어 놓아야 합니다. 단, 너무 넓은 단렌즈(대략 16mm미만)는 왜곡이 너무 심하므로 개인적으로 추천하지 않습니다.

보통 세트 현장에서는 24-70mm를 선호하는데 그 이유는 포토모델링보다는 현장기록 및 텍스쳐나 라이팅 레퍼런스를 촬영해 오는 목적이 많기 때문에 다양한 화각을 확보할 수 있는 줌렌즈를 사용하는 것입니다. 물론 24mm로 맞추어 놓고 포토모델링용 사진을 찍어도 문제가 되지는 않습니다만, 좁은 화각 때문에 좀 더 많은 사진 촬영이 필요하고 깜박 잊고 24mm로 세팅하지 못했다면 해당 렌즈의 렌즈그리드 촬영을 다시 해야 하는 번거로움이 있습니다. 시간 절약과 작업의 효율성에 따라서 풀-프레임 바디와 단렌즈를 추천합니다.

- 카메라는 Full size sensor 인 DSLR
- 렌즈는 광각단 렌즈 (대략 20mm 전후 정도)

세트 측량

사진을 모두 찍었다면 촬영 현장에서 중요한 부분이 될 곳들을 측량해야 합니다. LiDAR 스캐너를 이용하여 세트 전체를 스캔 했다면, 전체 세트를 재구축함에 있어서 이 단계가 굳이 필요 없다고 할 수 있으나 현장에서 사용된 여러 프랍들을 모델링하여 사용해야 한다면 사이즈를 모두 기록해서 가져와야 합니다. 포토모델링은 단지 전체 세트만을 위해 필요한 것이라기보다 각 프랍에 대한 자료확보에도 반드시 필요하기 때문입니다. 요즘은 세트를 지을 때 3D 프로그램인 SketchUp을 이용하여 구축을 하는 경우가 많으므로 해당 자료를 세트팀에게 받아오는 것도 좋은 방법입니다. 하지만 시시각각 바뀌는 촬영현장과 똑같이 지어지지 않는 경우도 많아서 촬영 당시의 세트에서 측량을 해 오는 것이 가장 좋은 방법이라 할 수 있습니다.

다른 방식으로는 기준 사이즈를 가진 구조물을 같이 찍는 것입니다. 이 방식은 크고 복잡한 프랍에 적합한데, 자로 하나씩 길이를 재는 번거로움 없이 사진을 함께 찍고 포토모델링을 할 때 해당 구조물의 레퍼런스 모델에서 사이즈를 가져오는 방식입니다. 이러한 구조물은 다양한 모양으로 만들 수 있으며 실제 스튜디오들도 사용하는 전통적인 방식입니다.

아래 그림은 스케일 레퍼런스 구조물의 샘플이며, 이 모양은 실제로 한 스튜디오에서 사용했던 구조물과 똑같은 모양입니다. 연결점인 구와 구사이를 일정한 길이로 정해놓고 3D 모델링으로도 같은 스케일과 모양으로 만들어서 사용할 수 있습니다. 오래된 방식이지만 꽤나 쓸만합니다. 하지만 요즘은 LiDAR 스캔이 워낙 보편화 되어 있으므로 점점 사용하고 있지 않습니다.

필자가 주로 이용하는 측량방법은 손바닥만한 사이즈의 투명 아크릴판 위에 측정한 길이를 적고 카메라 앞에 아크릴판을 놓고 그 뒤에 측정된 오브젝트를 촬영하는 방식입니다. 촬영현장이 매우 바쁘게 움직이기 때문에 최대한 방해되지 않고 신속하게 측량을 해야 하기 때문입니다.

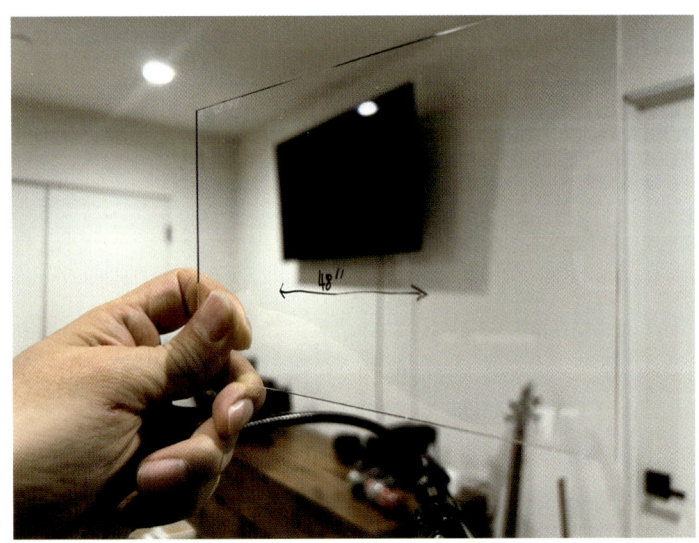

준비물

다시 한번 카메라와 렌즈이외에 준비할 것들을 알아보겠습니다.

포토모델링만을 위한 준비물이 대부분의 매치무버가 촬영현장에서 필요한 준비물과 중복되므로, 매치무버가 현장에서 무엇을 준비할 것인가에 대해서 적어보겠습니다.

카메라
풀-프레임 센서 디지털 카메라 (예, Canon 5D Mk IV)

렌즈
Wide Prime Lens – 대략 20mm 전후 렌즈 (24-70mm도 가능합니다)

삼각대
카메라용 삼각대

아크릴판
투명하고 손바닥만하고 휴대하기 간편한 크기

아크릴판용 수성 매직
쓰고 지울 수 있는 펜

줄자, 레이저 자
각각 사용하는 편의성이 다르기 때문에 둘 다 가지고 있으면 편리합니다.

마스킹 테잎
빠르게 트래킹 마커로 사용 가능하기도 합니다.

트래킹 마커
다양한 방식의 마커가 있지만, 개인적으로는 흑백의 원과 십자형태로 이루어진 마커를 선호합니다.

색깔이 있는 탁구공(빨간색 또는 오렌지색)
작은 공들로도 마커 사용이 가능한 데 주로 빈 공간에 막대 위에 올려놓거나 바닥에 놓거나 하는 방식으로 사용합니다.

Led Light
야간 장면에서 사용될 수 있습니다. 촬영팀과 소통을 잘 해야 하는 부분이 밝게 빛나기 때문에 자칫하다 보면 촬영에 방해를 줄 수 있는 가능성이 있으나, 야간 야외 장면에서 트래킹 마커로 사용하기 좋습니다.

렌즈그리드 (8'x4', 4'x2')
사용된 모든 렌즈들은 렌즈그리드 촬영이 필요합니다. 두 가지 사이즈 모두가 필요하지 않을 수 있지만, 와이드 렌즈와 롱 렌즈일 경우를 모두 대비하기 위해서입니다. 그리고 현장의 상황마다 너무 큰 사이즈들은 가지고 갈 수 없는 경우가 있기도 합니다. 일반적으로는 모든 촬영이 끝난 후 한 번에 모아서 촬영합니다.

사이즈 레퍼런스
포토모델링이나 촬영현장에서 사이즈를 재기 힘든 경우나 또는 복잡한 구조물의 포토모델링 등 사이즈를 빠르게 측정하고자 할 때 함께 놓고 촬영하기도 합니다. 이 레퍼런스 구조물은 아주 다양한 방식으로 만들어 질 수 있습니다.

Tutorial 02
포토모델링(Photomodeling)

예제데이터 제공 : Tut02_포토모델링.zip

이번 챕터에서는 앞 튜토리얼에서 사용했던 모델을 사진을 이용하여 만들어 보겠습니다.
Tutorial 1에서 사용된 모델링 데이터는 여러 장의 이미지들을 이용하여 AliveVision사의 Meshroom이라는 소프트웨어로 만들어진 데이터입니다. 만약 촬영해 온 사진자료가 모델을 자동으로 만들 수 있을 정도로 많다면 Photogrammetry 툴을 이용하여 자동으로 만들 수 있지만, 사진자료가 그다지 많지 않은 상황에서는 현재 확보한 자료만 가지고 수동으로 포토모델링을 해야 합니다. 3DE에서는 여러 개의 Reference camera를 이용하여 포토모델링 작업을 할 수 있습니다.

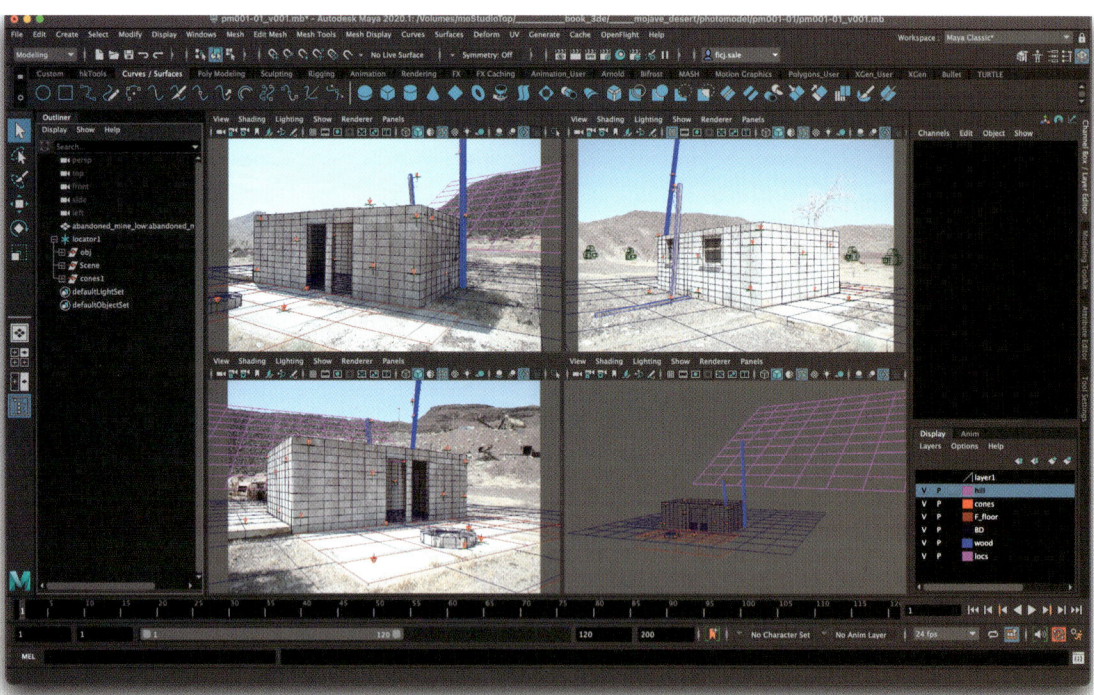

여기에서는 많지 않은 사진들을 이용하여 수동으로 3DE에서 포토모델링을 해 보겠습니다.
3DE를 실행한 후 프로그램의 UI가 아래의 그림처럼 3분할로 되어 있지 않다면, 하단의 메뉴에서 Environments > Basic을 선택하여 화면을 3분할해 주세요.

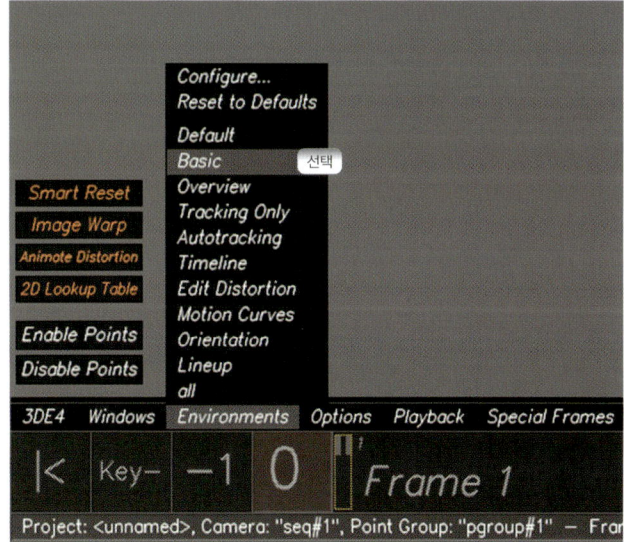

3DE에서의 포토모델링

[사진정리]
우선 사용할 사진자료들을 정리해서 한 폴더에 넣습니다.
여기서 작업할 모델링은 사각형의 간단한 구조물이라서 구조물 주위를 돌면서 촬영된 사진자료 28장을 추려서 폴더 안에 정리해 놓았습니다.

[사진 불러오기]
하단에 위치한 메뉴에서 File 〉 Import 〉 Import Multiple Reference Frames…를 선택하고 다이얼로그 박스에서 해당 디렉토리를 선택하여 그 안에 있는 사진들을 모두 불러 옵니다.

이미지들은 ~/Tutorials/Tut02/plate/reference_photos에 있습니다.
(제공하는 예제데이터 참고)

이미지를 선택하는 게 아니라 디렉토리를 선택해야 합니다.

불러온 이미지들은 프로그램 상단 왼쪽에 위치한 Object Browser의 Cameras 안에 들어 있습니다.

메뉴에서 Playback 〉 Import Reference Camera Footage…를 선택하여 불러온 사진들의 캐쉬를 저장합니다.

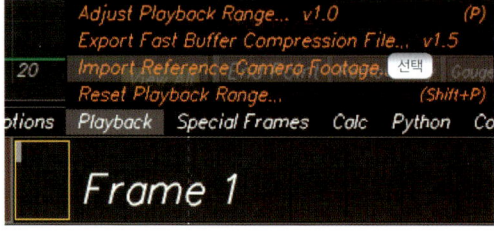

[렌즈 불러오기]

이제 렌즈를 가져오겠습니다.

이 사진들은 Canon 5D Mk iii와 28-135mm 렌즈를 28mm에 세팅하고 촬영한 이미지들입니다.

렌즈를 임포트하는 방식은 2가지입니다.

❶ 프로그램 하단에 위치한 메뉴에서 Import Lens…를 선택하여 저장되어 있는 렌즈를 임포트합니다.

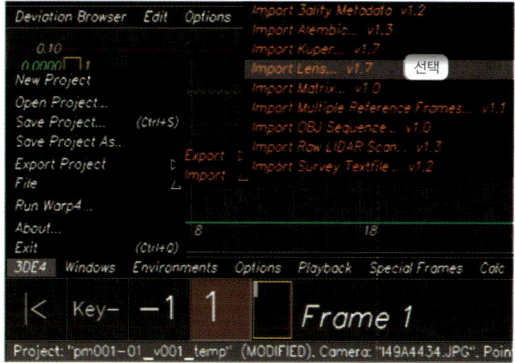

❷ 프로그램 왼쪽 상단에 위치한 Object Browser에서 렌즈를 선택한 후 마우스 우클릭하여 나오는 풀다운 메뉴에서 Import Lens를 선택합니다.

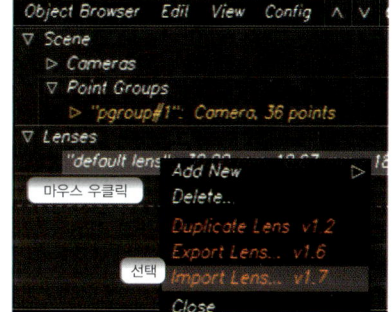

❸ Object Browser에서 기존의 렌즈를 선택한 후 마우스 우클릭한 후 delete 메뉴를 선택하여 기존 렌즈는 지워주고 방금 불러온 렌즈를 모든 카메라에 연결시켜 줍니다.

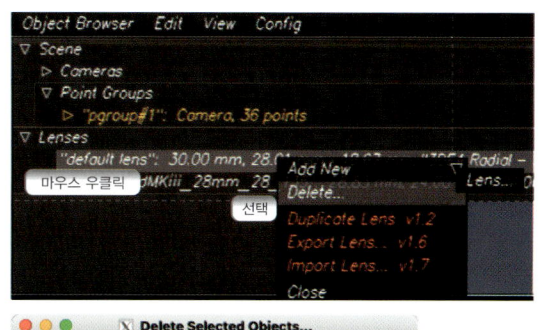

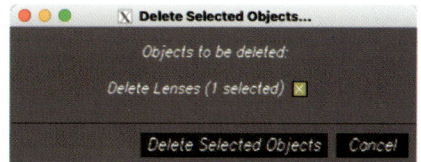

[2D 포인트 트래킹]

사진과 렌즈를 모두 불러왔으니 준비는 다 되었습니다. 저장하고 이제 트래킹을 시작해봅시다.

❶ Object Browser의 Camera에서 첫 번째 이미지를 더블클릭하여 선택하거나 메뉴바 아래 타임라인에서 첫 번째 프레임을 선택합니다.

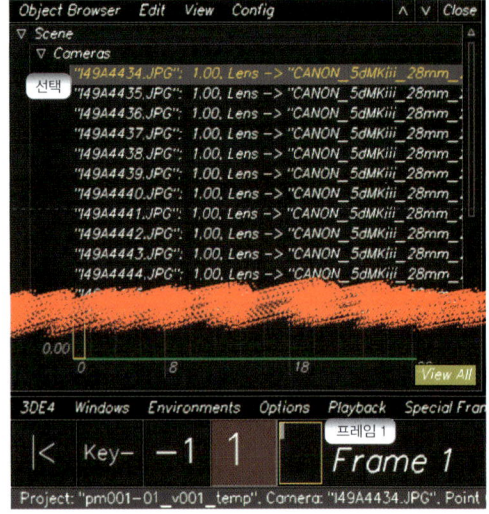

포토모델링의 트래킹 포인트는 모든 공간에 고르게 퍼져 있어야 합니다. 또한 모델링을 수월하게 하기 위해 모서리나 평면 등에 포인트를 추가해 주면 훨씬 좋습니다. 여기서 작업할 포토모델은 사각형의 구조물이기 때문에 각면에 고르게 포인트를 추가하고 바닥과 특징이 있는 곳에 추가로 트래킹 포인트를 추가합니다.

[Tutorial 02] 포토모델링(Photomodeling)

❷ 뷰포트를 Manual Tracking 모드로 놓은 후 (F2) 이미지의 원하는 곳 위에 Ctrl + 클릭하여 트래킹 포인트를 추가합니다.

작업 방식 1

a) 이미지를 확대하여 원하는 위치에 정확하게 포인트를 추가한 후 View port의 Track 버튼을 클릭하거나, 키 > 를 이용하여 한 프레임씩 자동 트래킹을 합니다. 이 방식은 사진촬영이 앵글별로 시퀀스처럼 촬영이 되어 있는 경우 편합니다.

매치무브

작업 방식 2

a) 각 프레임마다 원하는 곳에 대략의 포인트를 추가하고 나중에 다시 한번 키패드를 이용하여 자세하게 조정합니다. 이 방식의 장점은 사진이 순차적인 앵글로 촬영되어 있지 않아서 Track 기능이 제대로 작동되지 않을 때 사용하면 좋습니다. 필자는 이 방식에 익숙해져 있기도 하고 보통 촬영장에서 온 사진자료들이 원하는 방식으로 촬영된 자료가 아닌 경우가 많아서 이 방식을 많이 이용합니다.

b) 키패드를 이용하여 트랙포인트를 이동할 때는 기본 값이 0.1 픽셀이고, Edit 〉 Nudge Tool 〉 Nudge Tool Settings… 에서 픽셀의 범위를 정할 수 있습니다.

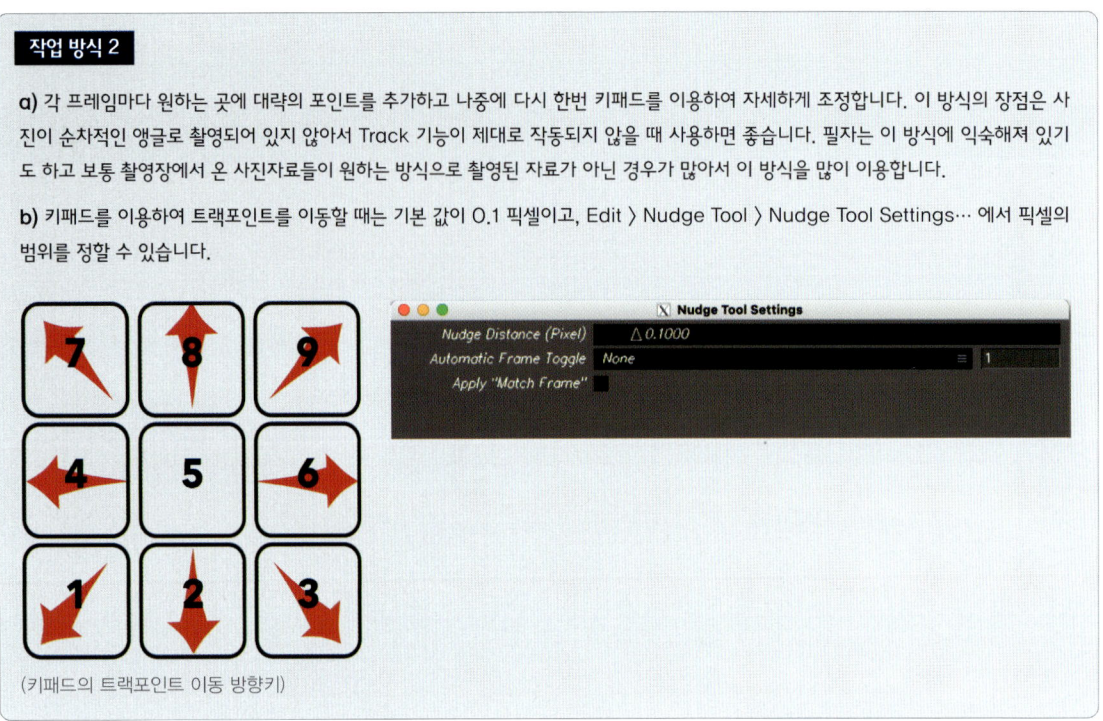

(키패드의 트랙포인트 이동 방향키)

다음은 트래킹 포인트 추가 작업이 모두 끝난 이미지입니다.

[솔빙(SOLVING, CALC)]

2D 트래킹 포인트가 적당히 만들어졌다면 이제는 카메라를 솔빙해 보겠습니다.

솔빙(Solving)은 매치무브 소프트웨어에서 범용적으로 사용되는 용어인데, 3DE에서는 솔빙 대신 Calc(Calculate)라는 단어를 사용합니다.

❶ 메뉴에서 Calc 〉 Calc All From Scratch…를 선택합니다.

❷ 새로운 윈도우가 나타나면서 여러 점들과 선들이 보이는 데 빨간 점은 카메라의 위치이며 노란 점들은 트래킹 포인트들로 계산된 3차원 상의 포인트들입니다. 마우스의 세 버튼을 이용하여 드래그하면서 여러 각도에서 살펴 볼 수 있습니다. Use Result 버튼을 클릭합니다.

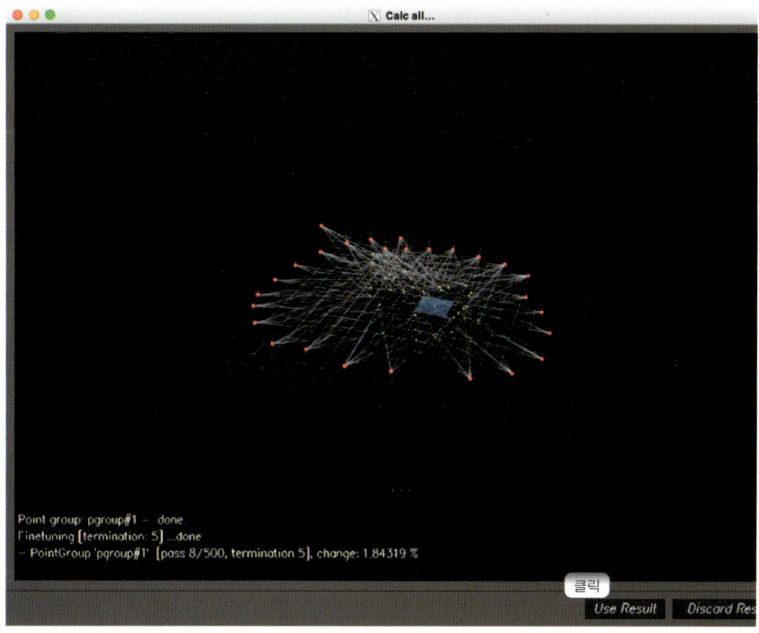

[렌즈의 Focal Length와 Distortion의 재조정]

제공한 렌즈 파일의 왜곡값은 렌즈그리드를 이용해서 만들어졌지만 포토모델에 적합하게 다시 한번 왜곡값이 조정되어 있는 렌즈입니다. 왜 다시 렌즈값이 조정되었을까요. 이 부분은 여러가지 상황에 따라서 맞기도 하고 틀리기도 합니다. 같은 렌즈와 같은 곳에 추가된 2D 포인트라도 사람의 손에 의해 추가되기 때문에 솔빙된 값은 제각각 다르게 나올 수 밖에 없습니다. 모든 조건을 조합하여 평균값을 내는 방식이기 때문이죠. 아나몰픽 렌즈로 촬영된 샷의 경우는 거의 모든 샷에 대해서 렌즈 재조정을 합니다. 이미 계산된 렌즈를 사용해도 왜곡 자체가 복잡하고 다양한 방식으로 나오기 때문입니다.

이렇게 첫 번째 솔빙을 한 후에는 그래서 다시한번 렌즈의 Focal Length와 왜곡값들을 조정해 줘야 하는 이유입니다. 자세한 렌즈 왜곡 값의 조정은 다른 챕터에서 자세하게 다루도록 하고, 이 튜토리얼 에서는 간단하게 Focal Length만 재조정하는 방법을 알아보도록 하죠.

[FOCAL LENGTH 재조정]

❶ Attribute Editor의 Lens 탭에서 Focal Length를 Fixed에서 Adjust로 바꿉니다.

❷ Menu > Windows > Parameter Adjustment를 선택합니다.

❸ 메뉴선택 후 열린 창에서 Adaptive All 버튼을 클릭한 후 Adjust…버튼을 클릭합니다.

Parameter Adjustment 윈도우의 상반부에서 점들이 나타나면서 추가된 2D 트랙포인트들을 기반으로 Focal Length가 재조정됩니다. 계산이 끝나면 Deviation 값을 사용할 것인가를 묻는 다이알로그 박스가 나타납니다. Transfer Parameters 버튼을 클릭합니다.

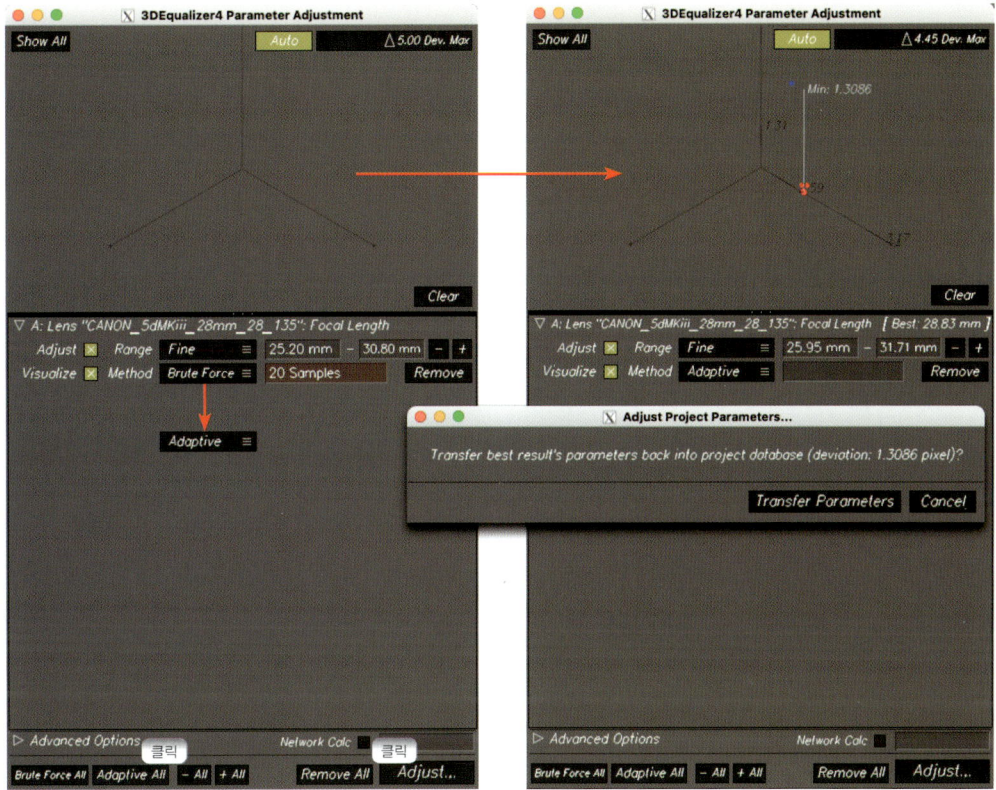

❹ Attribute Editor의 Focal Length를 보면 재조정된 값으로 바뀐 것을 알 수 있습니다.

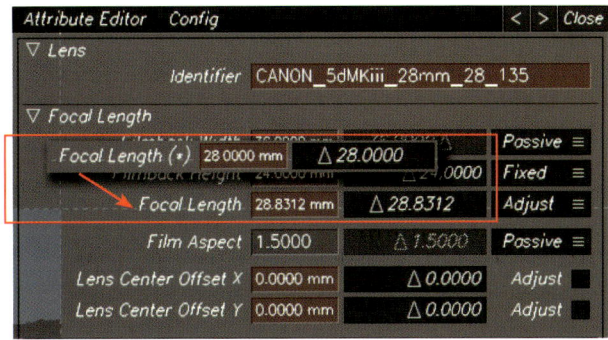

❺ Menu 〉 Calc 〉 Calc All From Scratch…를 선택해서 다시한번 카메라를 솔빙해 줍니다.

이로써 포토모델링을 위한 3DE에서의 작업을 모두 마쳤습니다. 작업한 각 포인트별, 사진 별 에러율을 확인하고 문제없다면 Maya로 Export한 후 각 로케이터들을 이용하여 모델링해 주면 됩니다.

[DEVIATION BROWSER(편차 브라우저)]

만약에 Deviation Browser에 녹색선(평균값)만 보인다면 메뉴에서 Show Point Deviation Curves 〉 All Points를 선택하여 브라우져에서 평균값 뿐만 아니라 모든 포인트의 값을 볼 수 있도록 합니다.

이곳에서는 솔빙된 카메라에 대한 평균 에러에 대한 값들이 그래프로 보여집니다. 녹색으로 표시된 선이 각 프레임마다의 평균값이고 파란색은 각 포인트의 해당 프레임에서의 에러 값입니다. 보통 카메라 트래킹의 평균 에러는 전체적으로 1미만이 나오면 아주 잘 된 결과라고 말 할 수 있습니다. 이는 에러율이 1 픽셀 크기 미만이라는 뜻으로 요즘은 영화 뿐만 아니라 핸드폰 조차 4K의 레졸루션이 지원되는 상황에서 1픽셀 미만의 에러율은 굉장히 적은 에러율인 셈이죠.

카메라의 다양한 움직임을 솔빙을 하다보면 다양한 그래프 모양이 나옵니다. 낮은 에러율과 더불어 좋은 형식의 그래프는 일정한 노이즈를 고르게 가지고 있는 형식입니다.

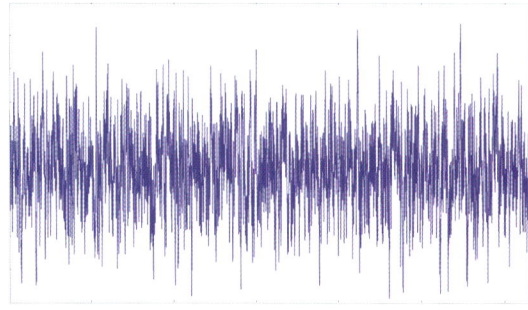

하지만, 이런 형식의 노이즈는 카메라의 움직임이 상당히 제어된 상태이거나 천천히 움직이는 상태에서 나 가능합니다. 결국 평균값을 최대 한도로 고르게 분포하게 하면서 에러율을 1이하 또는 1에 가깝게 만드는 게 중요합니다.

현재 샷의 에러값을 보면 최저 평균 0.5에서 최고 평균 3.0 정도로 각 프레임마다의 평균값이 틀립니다. 값이 높은 프레임(3번째)에서 alt(option) + 드래그를 하여 해당 그래프(트래킹 포인트)를 선택할 수 있는데, 뷰포트 이미지에서 2D 포인트들을 확인해 보면 같은 위치에 정확히 찍힌 것을 알 수 있습니다.

포인트를 선택하고 오른쪽 마우스 버튼을 드래그하여 확대한 후 Center 2D 버튼을 클릭하거나 키보드에서 C를 누릅니다. 선택한 포인트를 계속 센터에서 보여줌으로써 트랙포인트가 프레임마다의 위치를 볼 수 있게 해줍니다.

그럼에도 불구하고 에러값이 올라간다는 것은 왜곡값이나 focal length에 오류가 있을 수 있다는 뜻입니다. 이러한 결과값은 1. 내가 추가한 포인트, 2. focal length, 3. 왜곡값 등 이러한 조건들이 모여서 평균을 내는 방식이기 때문에 포인트의 위치가 문제 없다면 조건 중에 한 가지에 오류가 생긴 샘입니다. 현재 사용하고 있는 렌즈 왜곡의 옵션을 모두 재조정 할 수도 있지만 그것보다는 더 많은 포인트들의 오류를 낮출 수 있는 확률이 높습니다. 하지만 그만큼 많은 포인트들을 손으로 일일이 찍어준다는 것은 오히려 시간낭비일 수 있으므로 대략 중간에서 타협하는 것이 더 나을 수도 있다는 의미입니다.

이렇듯이 작업하고 있는 샷의 목적마다 deviation browser에서 보여주는 그래프를 보면서 작업자가 무엇을 조정해야 하는지 판단하는 것이 노하우일 것입니다.

여기에서는 이 정도로 마무리하고 Maya에서 모델링을 해 보겠습니다.

[Maya로 내보내기 (Exporting to Maya)]

3DE에서의 작업이 마무리 되면 Maya로 작업하기 위해서 Export 해야 할 것들이 있습니다.

❶ Maya Mel script – 3DE에서는 Maya로 보내기 위해 mel script 형식의 파일을 사용합니다. Maya에서 import 메뉴로 간단히 불러올 수 있죠.

❷ Overscan image – 렌즈의 왜곡을 사용했다는 것은 이미지가 변형되었다는 의미입니다. 그렇다면 원래 사용하던 오리지널 이미지들은 왜곡값을 지원해 주지 않는 Maya에서 사용이 불가능합니다. 그래서 왜곡을 핀 이미지들을 같이 Export 해 주어야 합니다.

a) 3DE 〉 Export Project 〉 Maya …를 선택하여 다이얼로그 박스를 오픈합니다.
b) 열린 expot maya (Mel-Script)… 윈도우에서 Exportfile…버튼을 클릭하여 원하는 곳에 원하는 이름으로 Export 할 파일을 지정합니다.
c) Start frame : 1
d) Export : All Cameras 모든 카메라들을 Export 합니다.
e) Overscan Width %, Overscan Height % : Maya로 Export 될 필름백의 Overscan을 정하는 옵션으로 100%로 합니다.
f) 다른 모든 옵션들은 다음의 그림과 같습니다.

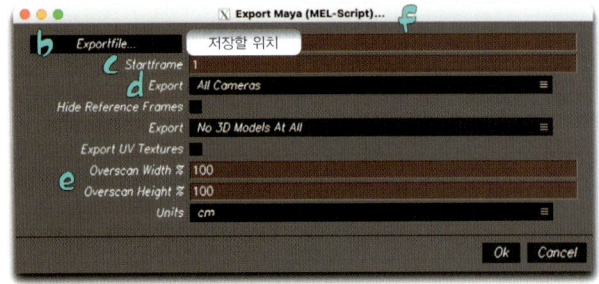

[Image Export]

Image를 Export 하는 방법은 Warp4 를 사용하거나 Image Warp를 사용하는 것입니다. 3DE의 특성상 메뉴들이 여기저기에 중복되어 있기도 한데 Warp4가 기존의 Image Export 툴이었다면 Image Warp는 STMap까지도 Export 해 주는 3DE의 새로운 툴입니다. 이번 튜토리얼에서는 새로운 툴인 Image Warp를 이용한 방식으로 설명하겠습니다. 이외에도 Nuke를 이용하는 방법도 있지만 여기에서는 3DE에서 제공하는 툴 만을 사용하겠습니다.

R6 이전 버전에서는 3DE 〉 Run Warp4… 를 이용합니다.

R6이후 버전에서는 Distortion Grid(F3) 모드에서 Image Warp 버튼을 클릭하여 툴 윈도우를 엽니다.

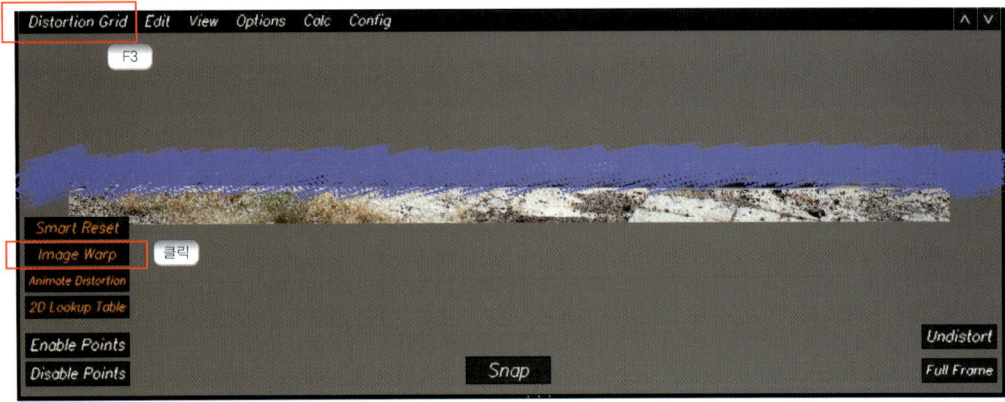

또는 Config > Add Horizantal Pane > Image Warp를 선택합니다. 뷰포트 위에 Image Warp 윈도우가 나타납니다.

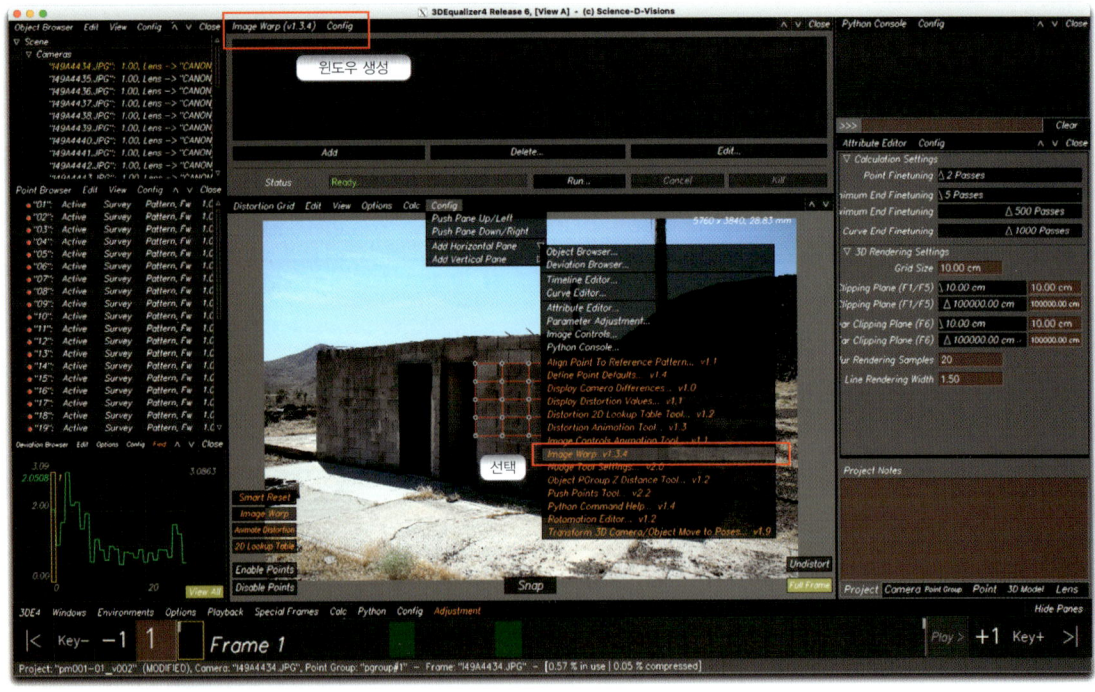

카메라가 선택되어 있다면 Image Warp 윈도우에 나타나게 됩니다. 선택하지 않았다면 비어 있는 윈도우가 열립니다

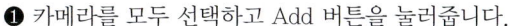

❶ 카메라를 모두 선택하고 Add 버튼을 눌러줍니다.

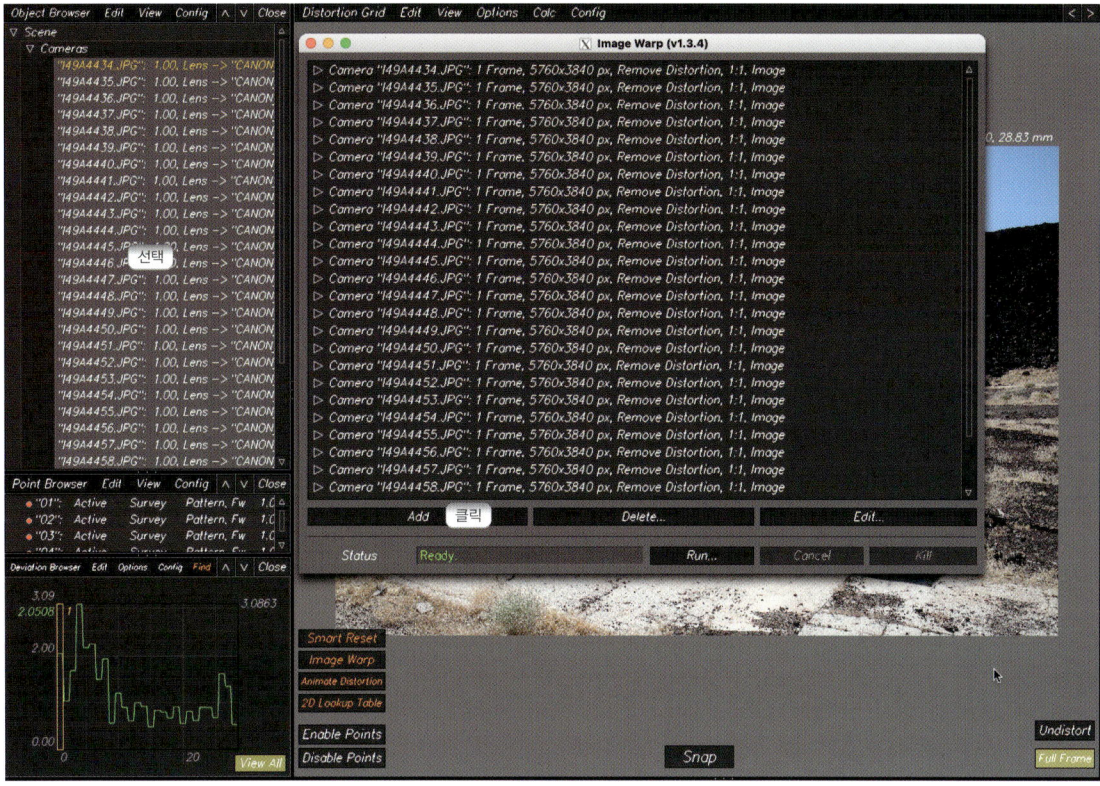

❷ 목록 중 하나의 카메라를 선택한 후 Edit 버튼을 눌러서 옵션 윈도우를 엽니다.

❸ 왜곡이 퍼진 이미지들은 현재 이미지가 있는 폴더에 "undistort"라는 이름이 덧붙혀져서 저장됩니다. 이번 튜토리얼에서는 오버스캔을 사용하지 않기 때문에 모든 옵션을 그대로 두고 OK 버튼을 클릭한 후 윈도우를 닫습니다.

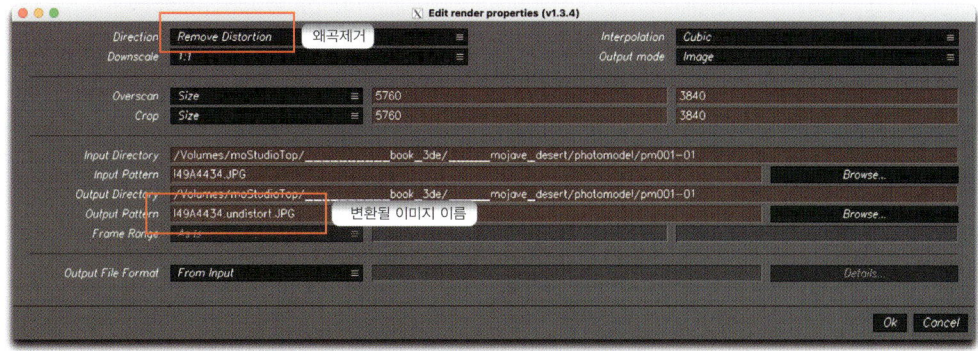

❹ Image Warp 윈도우에서 Run 버튼을 눌러서 이미지 변환을 실행합니다. 목록의 모든 이미지들이 기본 옵션에 맞춰져 저장됩니다.

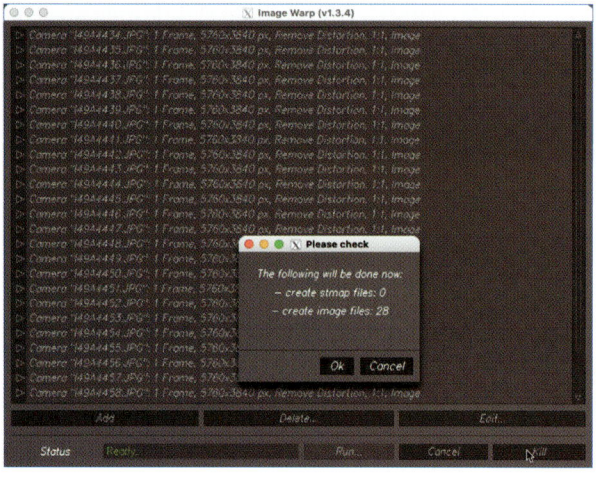

이미지의 왜곡값을 펴면 그 형식에 따라서 원래의 이미지보다 레졸루션이 커지는 경우가 있습니다. 이러한 것을 보통 오버스캔이라고 하는데 3DE에서의 오버스캔 계산은 FOV와 연관되어 있으며 필름백 또는 Focal Length와도 서로서로 연관되어 있습니다.

이번 튜토리얼에서는 Maya로 Export 되는 카메라와 왜곡이 펴져서 다시 Export되는 undistort 이미지 역시 기존의 값을 그대로 사용하였습니다. Maya에서 사용되는 카메라의 오버스캔에 대한 계산은 좀 더 복잡하게 이루어지고 후에 Nuke에서 합성 시 reformat 노드와의 연관까지 생각하면 좀 더 복잡한 부분이므로 이번 튜토리얼에서는 현재 이미지와 undistort 이미지의 차이 정도만 보여드리고 후반부에서 좀 더 자세히 다루도록 하겠습니다.

[MAYA에서 모델링하기]

여기서는 3DE 튜토리얼이니 만큼 Maya에서 꼭 알아야만 하는 부분만 살펴보겠습니다. Maya를 이용한 자세한 모델링 방법은 다른 Maya의 튜토리얼을 참고하시길 바랍니다.

❶ 카메라 불러오기

Maya에서 불러오는 방법은 File 메뉴에서 Import를 이용하거나 Script Editor의 File 메뉴에서 Source Script을 선택해 주면 됩니다.

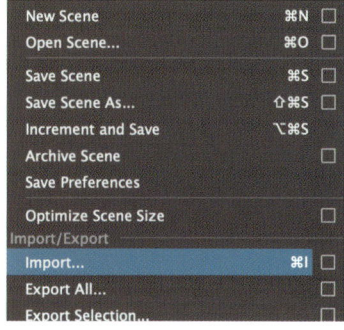

❷ 이미지 플래인 교체하기

카메라를 불러 온 후에는 각 카메라의 이미지 플레인들을 왜곡을 펴준 이미지로 교체시켜 줍니다.

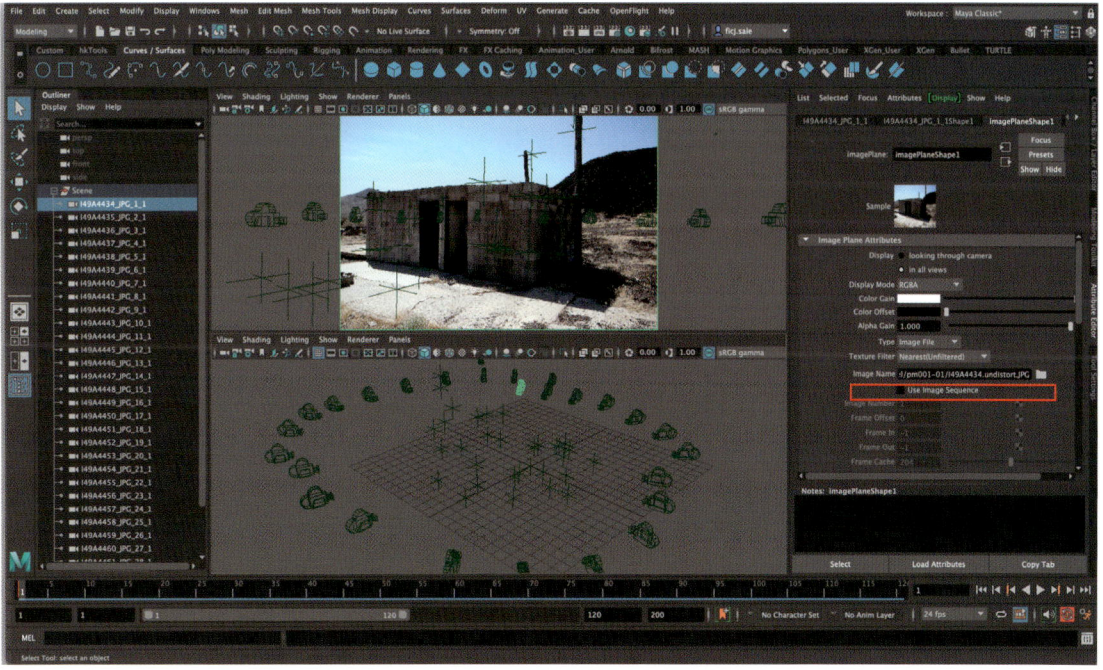

❸ 모델링

불러온 카메라와 로케이터들을 이용하여 모델링하고 전체 스케일과 위치를 재조정하여 마무리합니다.

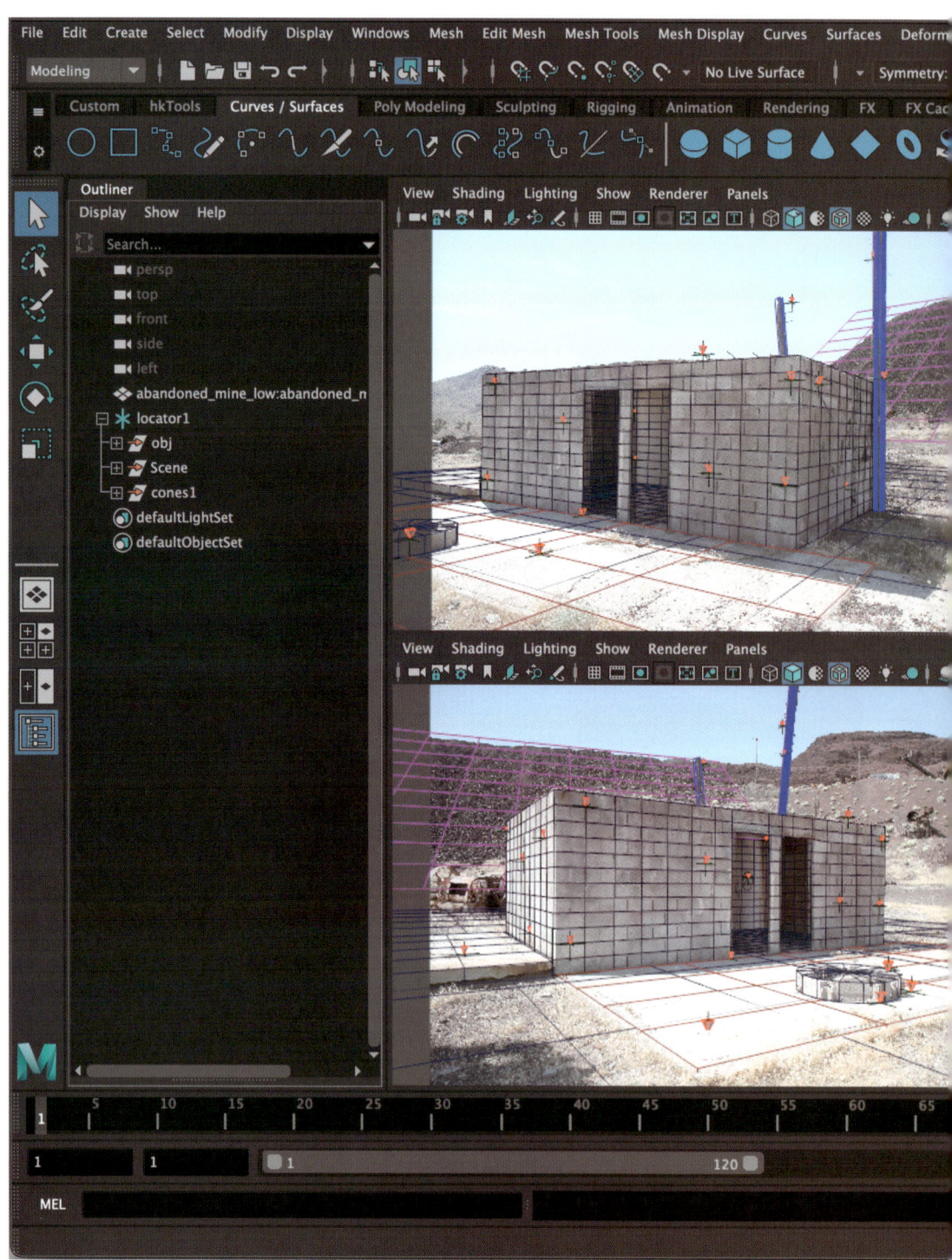

[Tutorial 02] 포토모델링(Photomodeling)

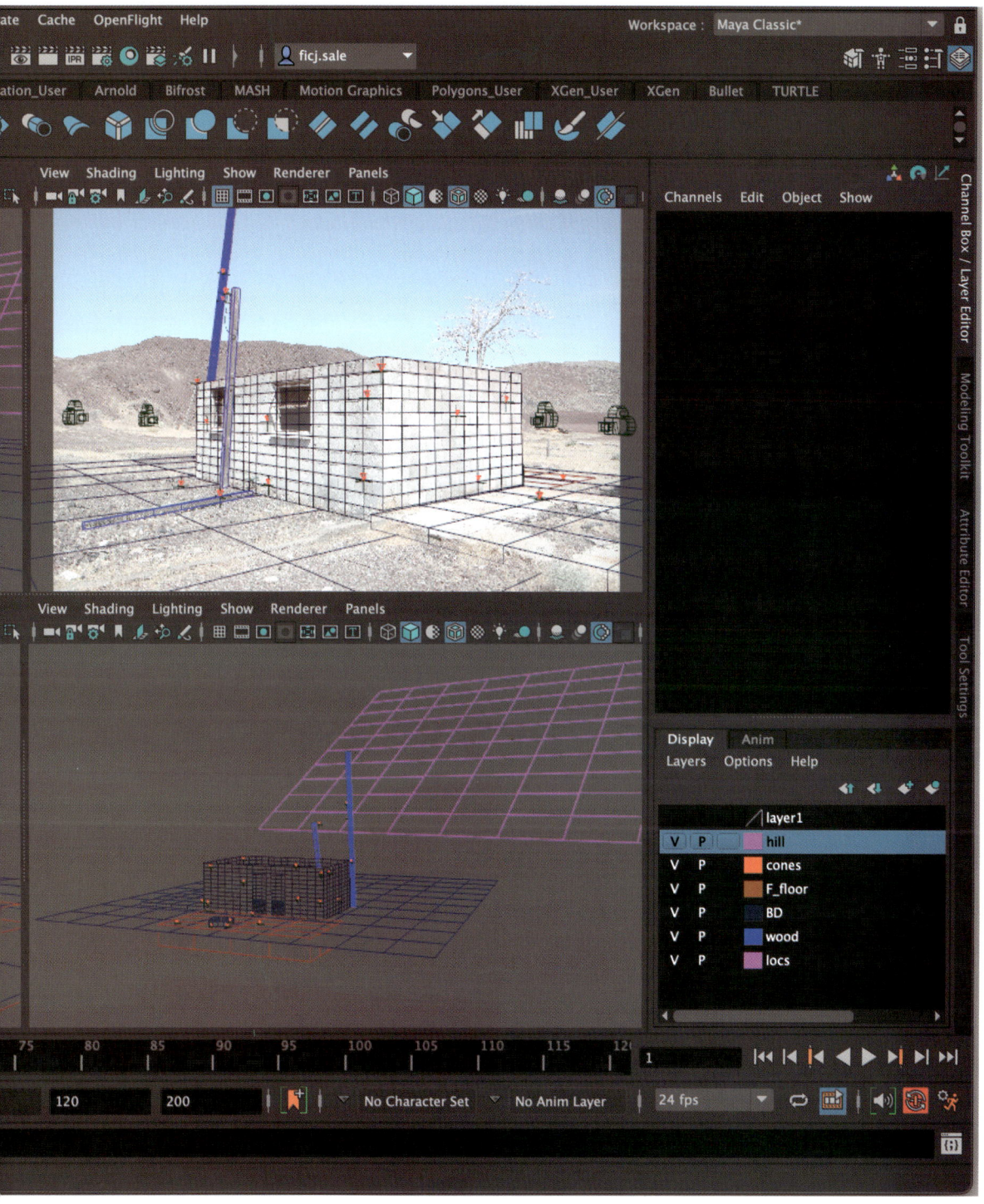

매치무브
MATCHMOVE

3

Lens Grid / Distortion

렌즈 디스토션이란
렌즈 디스토션의 종류
렌즈 디스토션 작업의 이유
렌즈그리드 촬영
3DE 렌즈 디스토션 종류

1 렌즈 디스토션이란(Lens Distortion)?

렌즈 디스토션(Lens Distortion ; 이미지 왜곡)이란 물체를 렌즈를 통하여 보여지는 이미지의 직선이 변형되거나 구부러져 보이는 현상을 말합니다. 이러한 왜곡에는 크게 배럴, 핀쿠션 또는 머스태쉬(콧수염) 모양의 세 가지 형식이 존재합니다.

이러한 왜곡은 일반적으로 동그란 모양의 렌즈 굴곡으로 인하여 이미지 가장자리 근처의 변형에 의하여 발생합니다. 또한 거의 모든 렌즈에서 발생을 한다 해도 과언이 아닙니다. 그리고 같은 Focal Length 값의 렌즈라 할지라도 각 렌즈마다 그 왜곡 값은 상당히 다릅니다. 실제로 on-set에서 사용된 렌즈의 목록을 가져올 때 각 렌즈의 시리얼번호를 같이 가져옵니다.

렌즈 디스토션에 관한 과학적인 이야기는 상당히 깊이 들어가야 하는 관계로, 이 챕터에서는 이미 사용된 렌즈의 왜곡을 3D Equalizer로 어떻게 활용을 해야 하며 무엇을 준비해야 할지에 대해서 알아보겠습니다.

우선, 렌즈 디스토션의 종류에 대해서 간단히 알아보겠습니다.

2 렌즈 디스토션의 종류

Barrel Distortion(배럴 디스토션)

주로 줌 렌즈나 광각 렌즈에서 발견되는 형식의 왜곡입니다. 이론적으로는 이미지의 배율이 광학 축으로부터 거리에 따라 감소되면서 발생하는 현상입니다. 다시 설명하면 이미지의 배율이 중심부에서 주변부로 갈수록 점점 감소하게 되므로 왜곡은 중심부에서 외곽으로 갈수록 심해지는 거죠. 쉽게 말해서 렌즈의 굴곡 때문에 나타나는 현상입니다.

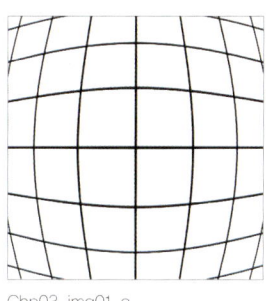

Chp03_img01_a

Pincushion Distortion(핀쿠션 디스토션)

위의 배럴 디스토션과는 반대로, 이미지의 배율이 광학축으로부터 거리에 따라 증가되는 방식입니다. 이 왜곡은 렌즈의 가장자리가 중앙보다 확대되기 때문에 발생합니다. 이는 줌 렌즈의 초점거리가 길면 길어집니다. 앞의 배럴 방식과 이 핀쿠션 방식이 대부분의 이미지에서 나타나는 디스토션 방식입니다.

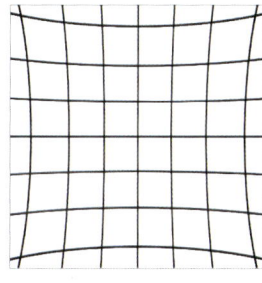

Chp03_img01_b

Mustache Distortion(무스타쉬 디스토션)

콧수염 모양이라고 해서 Mustache 디스토션이라고 불립니다. 이 형식은 중심 축에 가까운 곳은 배럴 왜곡을 보여주고 점차적으로 가장자리 근처에서 핀쿠션 디스토션으로 전환되는 왜곡 방식입니다. 자주 나타나는 형식은 아니지만 중앙은 배럴의 형식을 띠고 있지만 외곽은 핀쿠션의 형식을 가지고 있습니다. 주로 와이드 줌 렌즈에 나타납니다.

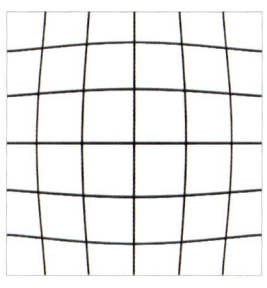

Chp03_img01_c

3 렌즈 디스토션 작업의 이유

Maya나 3ds Max 같은 3D 소프트웨어에서 렌더링된 이미지에는 광학렌즈가 가지고 있는 광학적 왜곡을 표현해 주지 못합니다. 만약 촬영된 영상에서 광학렌즈로 인한 렌즈 디스토션을 펴주는 작업 없이 합성을 할 경우 미세한 부분에서의 오류로 인해 어색함을 느낄 수 있게 됩니다. 사실 와이드 렌즈를 사용하거나 화면의 가장자리에 CG를 합성하거나 세트를 연장하는 작업이 아니고서는 디스토션 작업 없이도 가능합니다. 단지 인간의 눈은 어색함을 굉장히 쉽게 느끼기 때문에 디스토션 작업 없이 그냥 합성할 경우 합성된 CG가 어색하다는 걸 느끼는 경우가 많아집니다.

결국, 디스토션을 작업하고 세트장의 모든 것을 재구축하고 트래킹 작업을 하게 되면 합성된 결과물의 수준을 높이는데 굉장히 도움이 됩니다. 하지만 적은 예산의 프로젝트나 작업시간의 단축이 필요한 프로젝트에서는 사실상 눈에 보이는 정도만 작업을 하는 경우가 많습니다. 이러한 부분은 작업의 결과물을 비용과 시간에 있어서 매치무브라는 단계에서 조정을 많이 받게 됨을 의미하기도 합니다.

하지만, 디스토션 작업이나 정확한 서베이 작업이 미리 되어 있다면, 시간과 비용이 많이 들어가는 복잡한 카메라 움직임의 장면을 완벽하게 재구축하여 다른 여러가지의 CG를 합성할 때 카메라의 움직임과 공간이 맞지 않아 고생할 일은 없게 됩니다. 이렇게 매치무브 단계에서 완벽한 기초공사를 한 후에는 플레이트의 프레임 레인지가 변경되지 않는 이상, 나중에 샷을 수정할 때에도 모델링 교체, 렌더링 수정 또는 컴프 수정만으로 빠르게 샷을 업데이트 할 수 있습니다.

4 렌즈그리드 촬영

렌즈그리드는 촬영 현장에서 사용되는 광학렌즈의 왜곡을 조정할 때 반드시 필요한 레퍼런스입니다. 주로 체커보드 모양이거나 그리드 선으로 되어 있는 경우가 많으며 체커보드 모양의 프린트가 가장 많이 사용되고 있습니다. 이러한 렌즈그리드 촬영은 가끔 생략되는 경우도 있는데, 가장 큰 이유는 렌즈그리드를 촬영해야 하는 이유를 모르기 때문에 우선 순위에서 밀리는 것입니다. 이는 매치무브 부서에서 전문적인 아티스트가 현장에 없는 이유가 가장 크기도 하고, 예산 문제로 촬영시간을 확보하지 못했기 때문이기도 합니다.

OTT가 많이 등장하면서 영화나 드라마의 질이 극장용 수준으로 올라간 현재는 아나몰픽 렌즈의 사용도 많아 졌습니다. 아나몰픽 렌즈로 촬영한 장면에 세트 익스텐션까지 작업해야 한다면, 렌즈그리드 촬영 없이는 상당한 작업시간을 허비할 수도 있습니다. 그만큼 렌즈그리드는 매치무브 작업을 위해서 굉장히 중요한 작업단 계입니다.

렌즈그리드

렌즈그리드는 아래 그림같은 이미지를 예를 들 수 있습니다.
실제로 필자가 사용하고 있는 렌즈그리드이기도 하며 많은 스튜디오들이 사용하고 있습니다.

두 가지 사이즈의 체커보드를 사용하였으며 중앙의 작은 체커보드는 롱렌즈(대략 100mm 이상)를 위한 부분입니다.

렌즈그리드 촬영은 그리드의 센터를 맞추고 일직선 라인에 카메라를 위치하고 찍어야 하므로 대부분 같은 위치에서 렌즈만 교체하면서 촬영하는데 롱렌즈의 경우 같은 위치에서 큰 체커보드가 몇 개 보이지 않을 경우를 대비해서 중간에 작은 체커보드를 넣은 이유입니다.

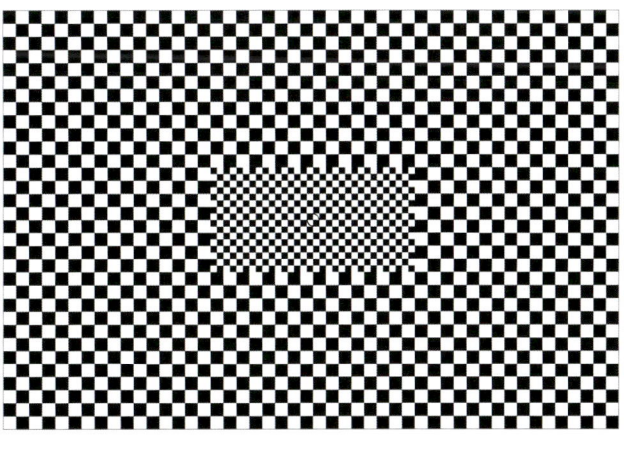

사실 이 두 가지 크기를 사용하는 체커보드 사용에 대해서는 사용자마다 장단점을 각각 다르게 이야기하고 있기 때문에 취향에 맞게 사용하면 됩니다. 한 가지 크기의 체커보드를 사용하고 싶다면 작은 체커보드 렌즈그리드를 하나 더 따로 준비해도 무방합니다.

렌즈그리드를 촬영하기 위해서는 실제 프린트된 사이즈도 중요한데 와이드 렌즈가 많이 사용된 영상에서는 렌즈그리드 사이즈가 꽤 큰 것이 필요합니다. 주로 범용으로 사용되는 사이즈는 8피트(2,438mm)×4피트(1,219mm) 입니다. 이 사이즈는 미국에서 판매하는 합판 크기의 표준과 같기 때문에 많이 사용되는 것 같습니다. 실제 이 사이즈의 렌즈그리드는 굉장히 큰 편인데 이동 시 굉장히 불편하기 때문에 현장에서 조립하는 방식으로 사용되기도 합니다. 사실 표준 사이즈라고 하는 것은 사용된 와이드 렌즈의 화각을 커버할 수만 있으면 됩니다. 하지만 14mm나 18mm 정도의 와이드 렌즈의 화각을 포커스 거리까지 단계별로 찍으려면 꽤 큰 렌즈그리드가 필요하게 됩니다.

렌즈그리드는 왜곡의 값을 가져오기 위해 촬영하는 것이므로 완전히 평평하고 수직으로 설치되어야 합니다. 사실 이 자체가 굉장히 크기 때문에 평평하게 만들어서 가지고 다닌다는 것이 생각보다 까다롭습니다. 그래서 스튜디오마다 조립 방식을 고민해서 자체적으로 제작하기도 합니다.

렌즈그리드 촬영

❶ 렌즈그리드를 최대한 90도에 맞춰서 세웁니다.
❷ 렌즈그리드가 화면에 꽉 차 보일 정도의 위치에 카메라를 놓습니다.

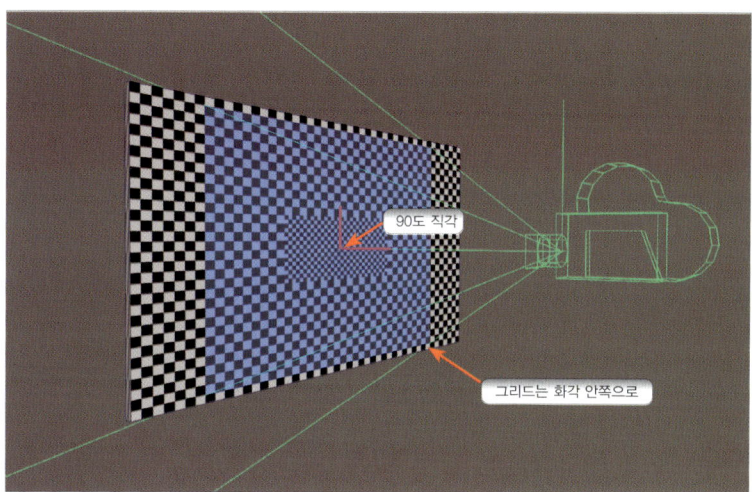

❸ 카메라의 뷰파인더에서 센터와 그리드의 센터를 맞춥니다.

❹ 조리개를 최대한 세팅하여 포커스가 전체적으로 잘 맞도록 합니다. 너무 낮은 노출값은 촬영프레임의 외곽에 블러 효과가 많아지므로 프레임 안의 모든 곳의 포커스가 맞을 정도의 노출값을 조절해 주어야 합니다.

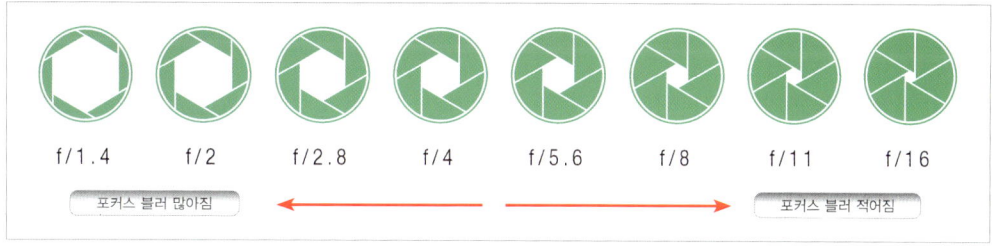

❺ 카메라 세팅은 촬영을 했을 당시의 세팅과 똑같이 맞춰 놓습니다. 예를들어, 실제 촬영을 4K로 촬영을 했다면 같은 세팅의 4K로 맞춥니다. 디지털카메라의 특성상, 각 레졸루션의 촬영세팅마다 사용하는 센서의 영역이 틀리기 때문에 만약 세팅이 같지 않으면 센서의 영역이 달라질 가능성이 있으며, 이는 곧 필름백 사이즈가 달라진다는 의미입니다. 더 나아가서 필름백의 다르다는 것은 FOV(Field of View)가 달라지므로 같은 Focal Length의 렌즈를 사용하더라도 같은 Focal Length의 렌즈가 아니게 됩니다. 이는 렌즈의 mm보다는 FOV가 더 중요하다는 의미입니다.

❻ 렌즈세팅과 기타정보를 기록한 슬레이트를 그리드 앞에 놓고 촬영을 합니다. 만약 Arri Alexa Mini 로 3840×2160 4K UHD의 레졸루션으로 세팅하고 5ft의 거리에서 Arri 50mm 렌즈를 사용했다면 슬레이트 위에 다음과 같이 적어줍니다.

- **Camera 이름** : Arri Alexa Mini
- **Resolution** : 3840×2160
- **사용 렌즈의 시리얼 번호**
- **사용 렌즈 mm** : 50mm
- **포커스 거리** : 5ft
- **줌 렌즈 일 경우 각 단계별 Focal Length**

렌즈의 시리얼 번호를 적어 오는 이유는 실제로 각각의 모델마다 렌즈 디스토션이 다르기 때문입니다. 하지만 그렇다고 완전히 사용이 불가능한 것은 아닌데, 이는 렌즈파일을 만들 때, 트래킹 포인트를 추가 할 때, 렌즈의 Focal Length를 재계산해야 할 때 등 모든 단계의 평균값으로 계산되는 것이 카메라의 움직임이기 때문입니다. 그렇다고 준비를 해야하는 모든 것을 하나씩 빼다 보면 에러값이 올라가게 되므로 준비할 수 있는 모든 것을 준비하자는 의미에서 시리얼 번호까지도 가져오는 것입니다.

❼ 줌 렌즈의 경우 각각의 줌의 단계별 촬영을 해 줍니다. 렌즈마다 각 줌의 단계가 적혀 있는 방식이 다르므로 적절한 단계를 각 렌즈에 맞추어서 설정 후 촬영합니다.

❽ (선택사항) 포커스 단계별 촬영을 해 줍니다.
포커스 단계별 촬영 이유는 포커스를 조절할 때 렌즈 안에서 포커스 렌즈의 이동이 일어나기 때문에 약간의 줌 인/아웃 효과가 나타납니다. 3DE에서는 포커스 변화에 따른 그래프를 만들어 카메라의 계산이 가능하기 때문에 포커스 별 렌즈데이터를 만들어 놓을 경우 더 정확한 카메라의 계산이 가능합니다.
하지만, 포커스 별 촬영은 사실상 시간이 꽤 많이 들어가는 일이기도 하고, 3DE에서 포커스가 변화되는 장면에서 줌을 이용하는 방식으로 계산이 가능하므로 굳이 촬영을 하는 편은 아닙니다. 촬영 시 시간이 걸리기도 하지만 이것을 분류하고 만들어 놓는 것도 시간을 투자해야 하고, 줌을 이용한 방식으로도 어느 정도 좋은 결과를 만들어 낼 수 있기 때문입니다. 만약 줌 렌즈를 사용하고 각 줌 단계마다 포커스 단계를 촬영하고 정리하려면 시간을 많이 투자해야 합니다. 그래서 실제로는 줌 단계 이외에 포커스 단계별 촬영은 실제 현장에서 잘 하지 않는 것입니다.

> **촬영 시 주의 사항**
> 정말 중요한 부분은 화면 안에 그리드가 꽉차게 들어와서 그리드 바깥이 보이게 촬영되면 안 됩니다. 이 문제가 생각보다 간단하고 지키는데 문제가 없다고 생각할 수 있지만 꽤 많은 그리드 촬영물들이 그리드를 화면 안에만 넣으면 된다고 생각해서인지 불필요한 백그라운드를 외곽에 촬영해 오곤 합니다. 아래 그림은 그리드 촬영의 잘못 된 예입니다.

실제로 많이 경험을 했습니다.

이런 오류의 발생의 원인은 대부분 동일합니다. On-set에는 반드시 매치무브 부서에서 전문적으로 서베이 작업이 가능한 사람이 나가서 서베이들과 사진 촬영 그리고 렌즈그리드 촬영도 진행해야 하는데 대부분의 중소 스튜디오들은 현장에 사람을 보내지 못하는 경우가 많습니다. 그렇게 되면 현장 수퍼바이저 단독으로 의뢰된 것만 진행하게 되는데 이 경우 정확히 어떠한 형식의 데이터들이 매치무버들이 작업을 하는데 필요하는지 정확히 알지를 못하게 됩니다.

이 문제는 제대로 된 메뉴얼을 전해주어도 발생하곤 하는데 여러가지 급박한 일들이 발생하는 on-set의 상황이 그렇게 만들기도 합니다.

조명/노출
라이팅은 필수는 아니지만 너무 어두우면 높은 노출값을 사용하지 못하므로 충분히 밝은 상황을 만들어주어야 합니다. 적정 노출값이 따로 있는 것은 아니지만, 포커스가 모든 곳에 잘 맞아야 하므로 11이상을 추천합니다. 이유는 노출값이 너무 작아 조리개를 많이 개방할 경우 촬영 시 주변부에 약간의 블러 효과가 나타날 수 있기 때문입니다.

슬레이트
슬레이트에는 렌즈 종류(50mm prime), 포커스 거리(예,5ft), 렌즈 시리얼 번호, 카메라 바디 이름, 현재 촬영하고 있는 레졸루션(이미 촬영된 영상과 같아야 합니다), 아나몰픽인지 아닌지(Anamorphic 또는 Spherical) 그리고 촬영 날짜를 적어 놓습니다. F-Stop을 적어놓는 것도 경우에 따라서 도움이 될 수도 있습니다.

카메라 설정
3D Equalizer의 경우 렌즈 파일을 만들 때, 싱글이미지만 사용하므로 카메라에서 스틸모드로 찍어도 가능할 수도 있지만, 카메라에 따라 동영상 모드와 스틸 모드에서 사용하는 이미지 센서의 영역이 다른 경우가 있으므로 반드시 실제 촬영 때 사용 했던 동영상 모드와 똑같은 세팅으로 촬영해야 합니다.

촬영
일반 프라임 렌즈의 경우 그리드에 포커스를 맞추고 슬레이트 촬영을 포함하여 한 번에 촬영합니다. 실제 사용은 싱글이미지만 사용하기 때문에 적당한 길이의 촬영을 해 주면 됩니다. 3D Equalizer는 포커스 거리 및 줌에 따른 렌즈 디스토션도 계산이 가능하기 때문에 포커스 별 또는 줌 단계 별로 촬영 시에는 렌즈에 마크 되어 있는 포커스 거리별 또는 줌 단계별로 짧게 촬영해 주면 됩니다. 마찬가지로 포커스 및 줌 단계 촬영도 3D Equalizer에서는 각 단계마다의 싱글이미지만 필요합니다.

메타데이터 활용
현재 대부분의 디지털 카메라들은 메타데이터의 저장이 가능합니다. 이는 촬영된 플레이트에 모든 촬영 설정에 대한 기록이 되기 때문에 정보가 없더라도 메타데이터에서 확인하는 것이 가능해졌습니다. 하지만 실제 작업 시 이 메타데이터를 사용하려면 처음 플레이트를 편집실에서 스튜디오로 넘기는 단계부터 주의하여 그 기록을 가감 없이 넘겨야 하는데, 사실 실제 현장에서는 그렇지 못하는 것이 대부분입니다. 그리고 3D Equalizer에서 메타데이터를 읽으려고 해도 단순히 메뉴선택이나 버튼클릭으로는 정보를 입력하지 못하므로 각 스튜디오에 맞는 적절하게 가공된 툴을 붙여서 사용해야 합니다.

촬영 후
렌즈그리드를 현장에서 사용된 모든 렌즈마다 촬영을 끝냈다면 스튜디오에서는 이 자료를 가지고 분류하고 3D Equalizer에서 사용할 수 있도록 렌즈 파일을 만듭니다. 자료의 분류는 각 스튜디오의 파이프라인에 맞도록 할 수 있습니다. 슬레이트에 있던 내용을 기본으로 하는 것이 가장 편합니다.

다음은 렌즈 이름의 예인데, 작업 스타일에 맞춰서 얼마든지 바꿀 수 있습니다.

렌즈이름의 예 : projectName_50mm_arriAlexa_anamorphic_serial#_filmBackSize_Resolution.txt

5 3DE의 렌즈 디스토션 종류

3DE에서는 6가지 종류의 렌즈를 지원합니다. 2종류의 일반 Spherical 렌즈와 3가지의 Anamorphic 렌즈 그리고 Fisheye 렌즈가 있습니다. 각 렌즈들은 몇가지의 채널을 가지고 있으며 각 채널들은 디스토션의 형식을 숫자로 표현해줍니다. 대표되는 몇 가지 렌즈 디스토션 타입을 소개하겠습니다.

- **3DE Classic LD Model** : 3DE가 초기 버전 때부터 있었던 렌즈 디스토션입니다. 제일 간단한 방식으로 위 아래 또는 좌우 양방향으로 동시에만 변형시킬 수 있습니다.

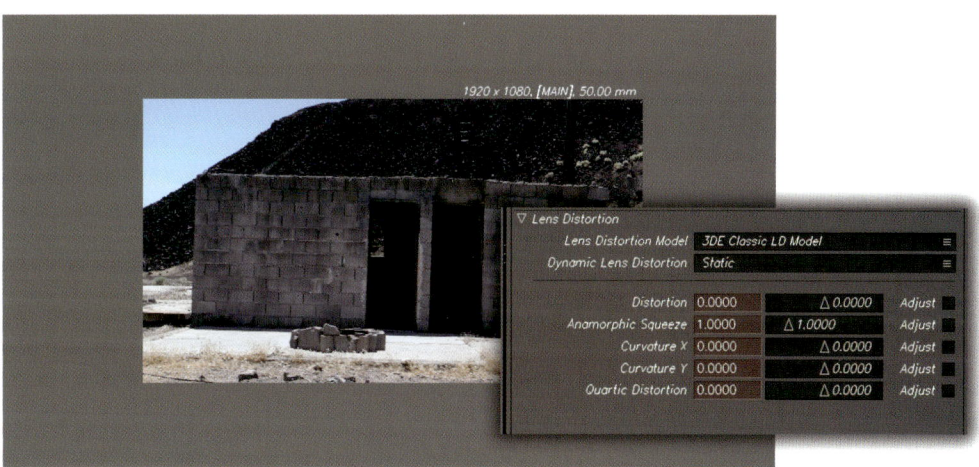

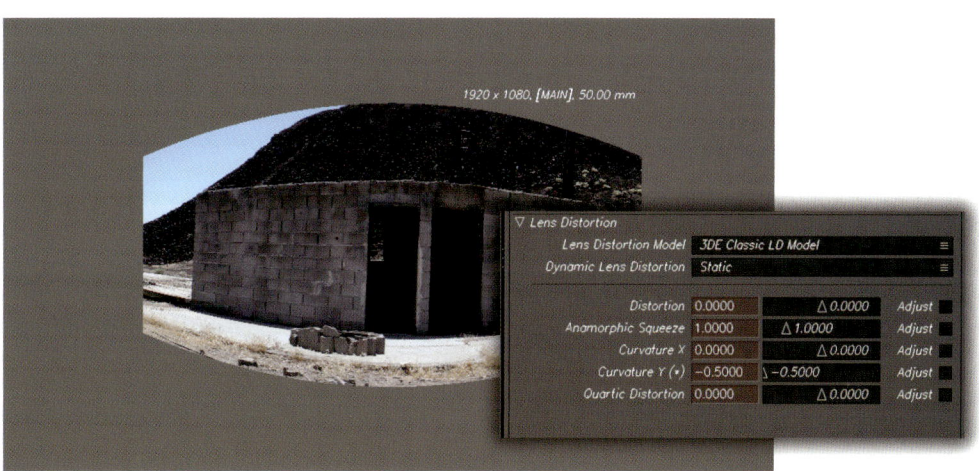

매치무브

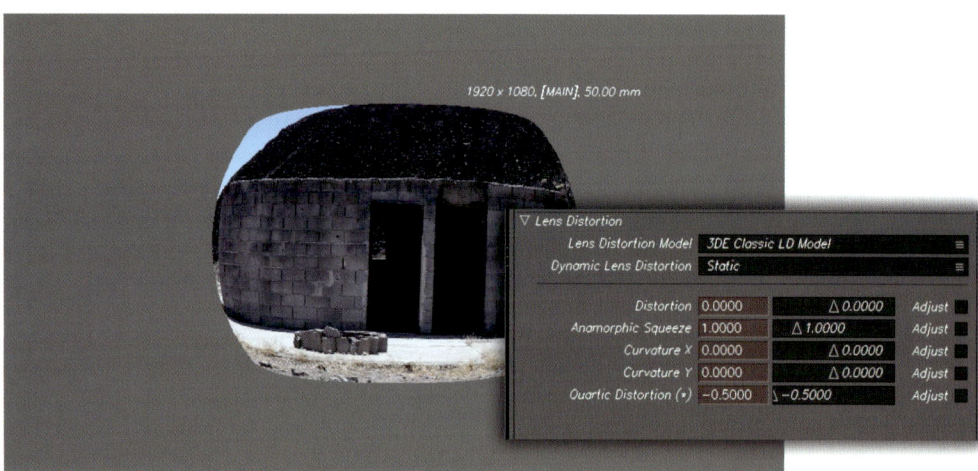

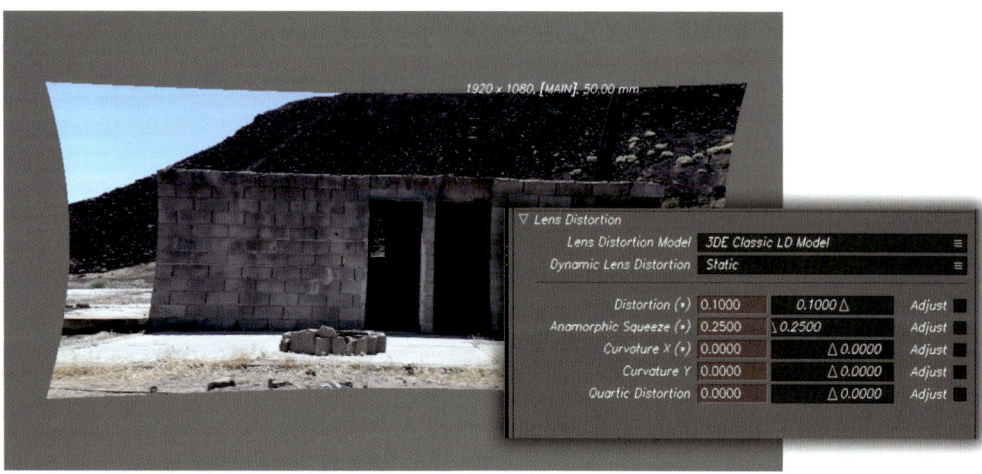

3. Lens Grid / Distortion

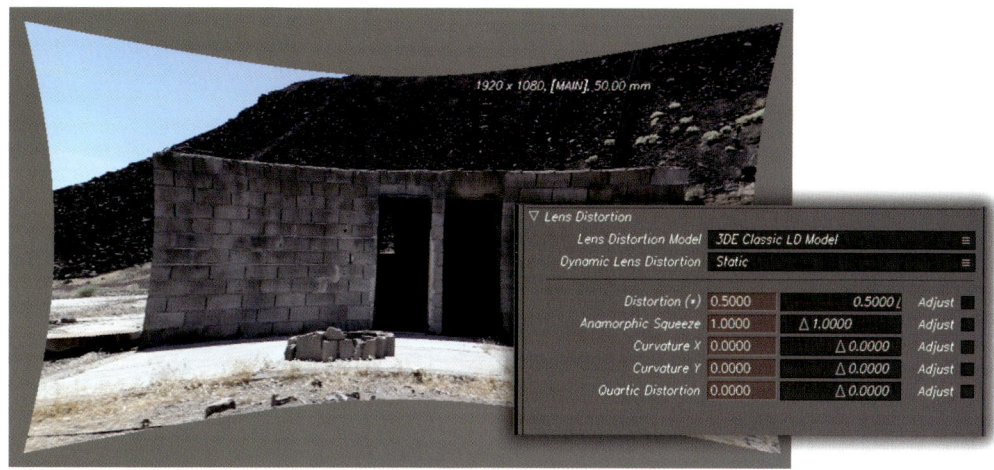

• 3DE4 Radial - Standard, Degree 4 : 앞의 Classic LD 모델보다 발전된 형식으로 Degree2와 4로 구분되며 UV 형식도 추가되어 있습니다.

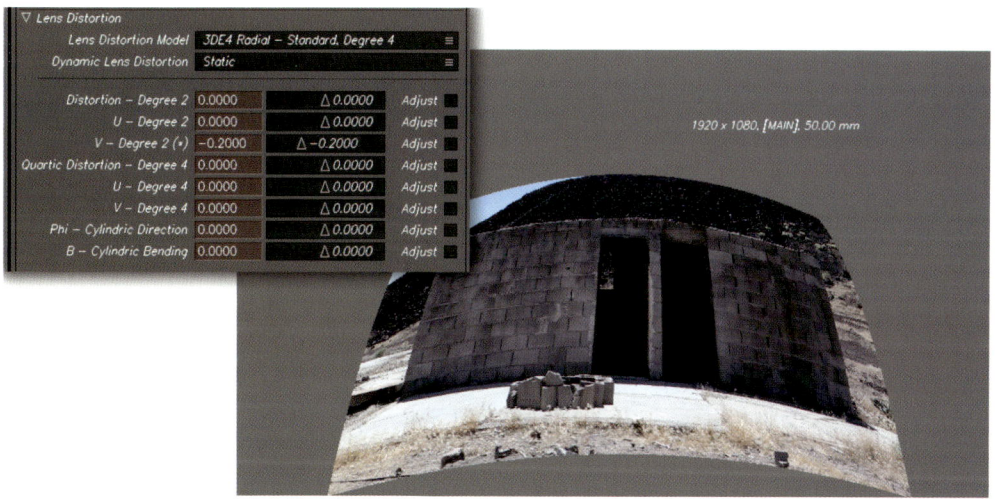

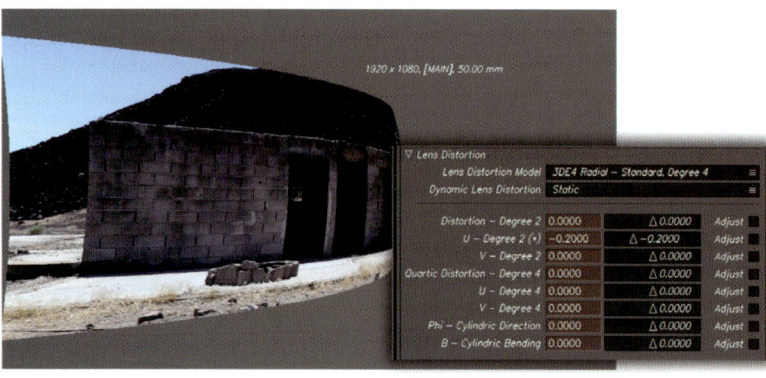

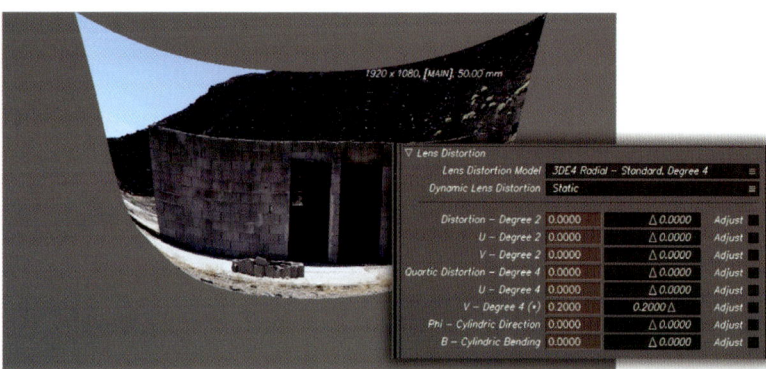

- 3DE4 Anamorphic - Standard, Degree4 , 3DE4 Anamorphic, Degree 6 : 아나몰픽 렌즈의 다이나믹한 렌즈 디스토션을 보정해 줍니다. 일반적인 Degree4 모델과 세밀하게 보정이 가능한 Degree 6가 있습니다.

- 3DE4 Anamorphic - Rescaled, Degree4 : 이 모델은 아나몰픽 렌즈의 pixel aspect ratio를 미리 1로 만들어서 넓게 펴 놓은 상태의 플레이트를 보정할 수 있도록 해 줍니다.

- 3DE4 Radial - Fisheye, Degree 8 : 주로 초광각 렌즈를 사용했을때 보정을 도와줍니다. Gopro 같은 액션캠 사용 시 유용합니다.

Tutorial 03
렌즈 만들기

예제데이터 제공 : Tut03_렌즈 만들기.zip

[챕터 3]에서 렌즈그리드의 설명과 렌즈그리드 촬영 방법에 대해서 알아보았으니, 이번에는 실제로 촬영해 온 렌즈그리드 플레이트를 이용하여 3DE에서 렌즈파일을 만들어 보도록 하겠습니다.

이 챕터에서의 렌즈는 기본 세팅인 3DE Radial - Standard, Degree 4를 사용하겠습니다.

촬영된 렌즈그리드 파일 가져오기

❶ 오브젝트 브라우져에서 시퀀스 카메라 위를 오른쪽 마우스 버튼으로 클릭하여 레퍼런스 카메라를 하나 만듭니다. 그리고나서 이미 있었던 시퀀스 카메라는 지워줍니다.

레퍼런스 카메라를 만드는 방식은 다음과 같습니다.

a. Object Brower 〉 Edit 〉 Add Reference Camera…

b. 기존의 시퀀스 카메라 위를 오른쪽 마우스 클릭 〉 Add New 〉 Reference Camera…

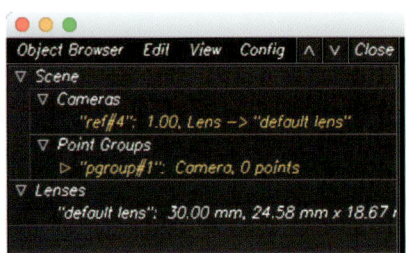

❷ 촬영된 렌즈그리드 중 적당한 하나의 이미지를 선택하여 Import 합니다. 이 튜토리얼에서는 튜토리얼1에서 사용한 50mm 렌즈를 작업해 보겠습니다.

Attribute Editor 〉 Live Action Footage 〉 Browser

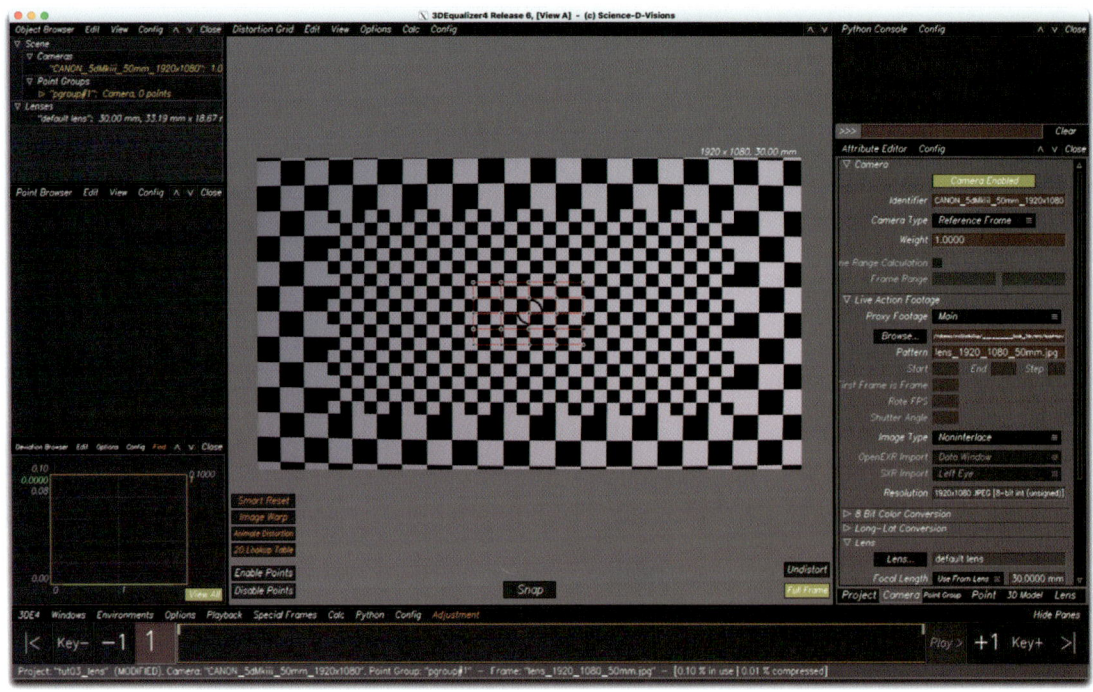

❸ Lens의 이름을 바꾸어 줍니다. Camera의 이름은 자동적으로 Brower에서 선택된 렌즈의 이름으로 바뀌기 때문에 여기에서는 카메라의 이름을 따라서 렌즈의 이름을 바꾸어 보겠습니다.

렌즈 이름 : Attribute Editor 〉 Lens 〉 Identifier

카메라 이름 : Attribute Editor 〉 Camera 〉 Identifier

❹ Lens의 Filmback과 Focal Length을 촬영된 카메라에 맞게 입력해 넣습니다.

Attribute Editor > Lens > Filmback Height

Attribute Editor > Lens > Focal Length

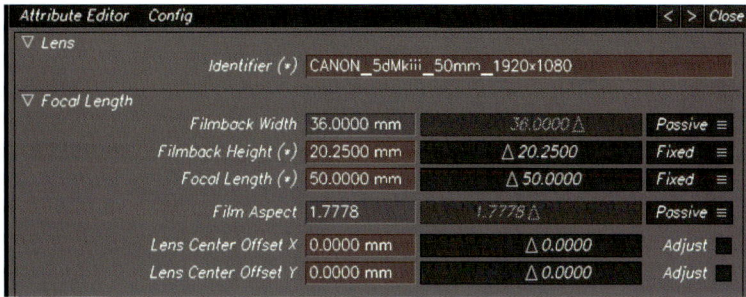

❺ F3을 누르거나 메인 패널의 메뉴에서 Distortion Grid를 선택하여 그리드 작업 준비를 합니다.

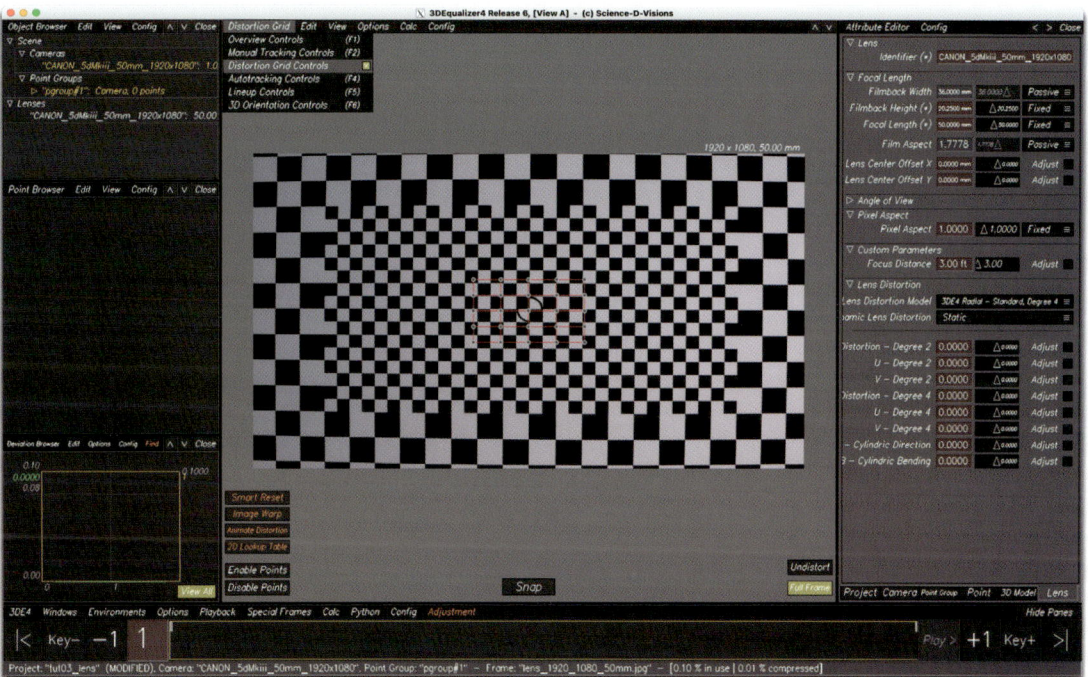

단렌즈

[렌즈그리드 포인트 설정하기]

❶ 중앙을 중심으로 현재의 기본 위치에 있는 포인트들을 마우스를 이용하여 사각형의 모서리로 옮기면 자동으로 해당 모서리에 붙게 되는데 모든 포인트들을 일정한 간격의 모서리로 모두 옮긴 후 Snap 버튼을 누릅니다.

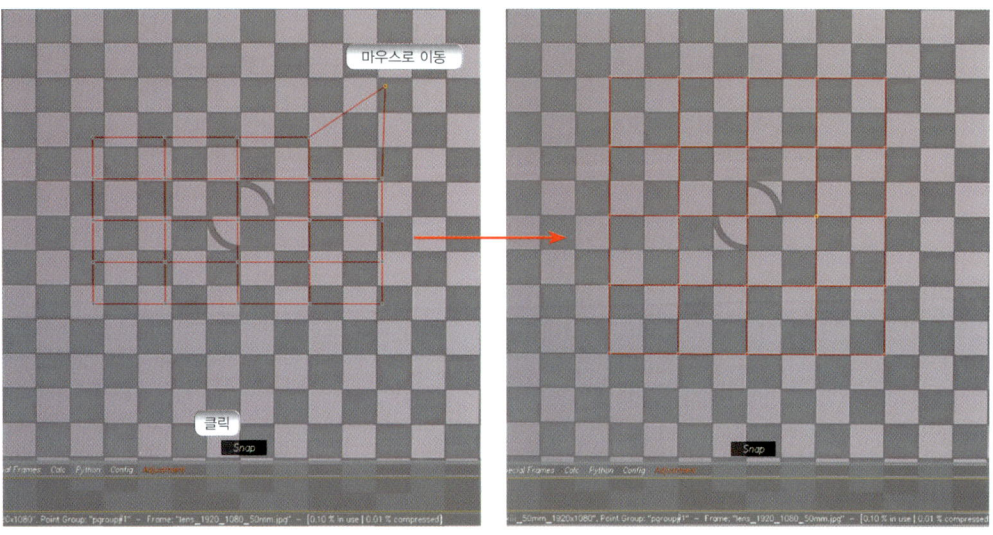

사실 기본포인트 모두를 모서리에 맞춘 후 스냅버튼을 누를 필요는 없습니다. 한 줄 정도만 맞추고 버튼을 눌러도 경우에 따라서는 나머지 모든 포인트들이 정렬되기도 합니다.

만약 포인트들이 제대로 모서리에 붙지 않았다면 Distortion Grid view port 메뉴에서 Options 〉 Automatically Snap on Release의 체크를 꺼준 후에 마우스로 드래그해서 수동으로 모서리로 옮겨줍니다. 체커보드의 밝기 또는 선명도의 정도에 따라 모서리에 자동으로 스냅 되지 않을 수도 있습니다.

[포인트 추가하기]

기본 포인트들의 위치가 정해진 이후에는 이제 포인트를 위아래와 양옆으로 추가하여 그리드 전체에 포인트를 추가해 주면 되는데 이미지만 선명하다면 자동으로 각 체커보드의 모서리에 스냅됩니다.

❶ 포인트를 추가하려면 메뉴에서 Add Points 〉 Lefthand Column (Righthand Column, Top Row, Bottom Row)를 선택하거나, 핫키 Alt+Ctrl+Left(Right, Up, Down)를 눌러서 포인트를 추가합니다. 맥에서 멀티데스크탑 윈도우를 사용할 경우 데스크탑을 바꾸는 핫키와 중복될 수 있는데 이 경우 필자는 Shift 키를 더한 핫키로 바꾸어 사용하고 있습니다.

제대로 촬영된 체커보드일 경우 포인트가 추가되면서 자동으로 모서리에 붙기 때문에 전체 렌즈그리드의 체커보드에 포인트를 추가하는 데에 시간이 많이 걸리지는 않습니다. 하지만 렌즈그리드가 제대로 촬영되지 못하여 포커스가 맞지 않거나 어둡게 되면 포인트들이 자동으로 붙지 못하기 때문에 메뉴를 꺼놓은 상태에서 일일이 마우스를 이용하여 모서리로 이동시켜 주어야 합니다.

또한 모든 조건이 완벽한데도 모서리에 붙지 않는 경우에도 메뉴에서 Options 〉 Automatically Snap on Release 체크박스를 켜 놓은 상태에서 포인트를 살짝 끌었다가 놓으면 다시 제자리에 스냅 되기도 합니다.

튜토리얼에서 사용하는 두 가지 사이즈의 체커보드를 사용하는 경우 사이즈가 변하는 지점에서 포인트들이 제대로 붙지 않거나 회색(비활성)으로 바뀌는 경우도 생기는데, 이럴 경우에는 해당 포인트들을 따로 선택하여 뷰포트 왼쪽 아래에 있는 Enable버튼을 눌러 포인트들을 활성화 시켜야 합니다.

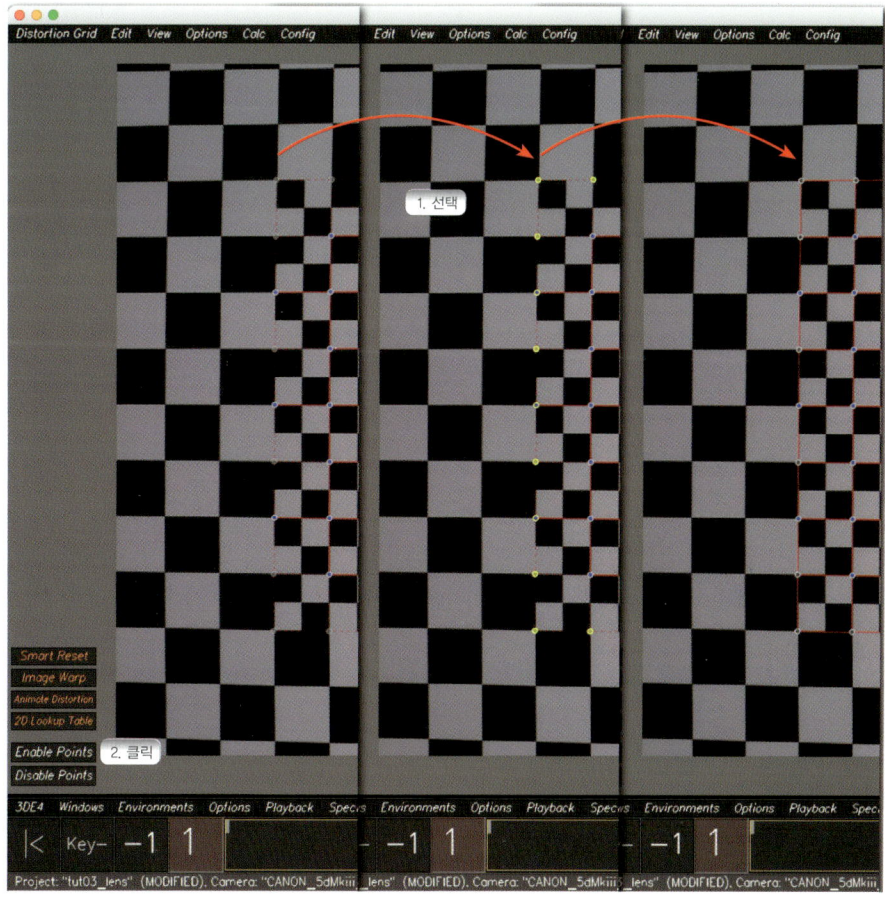

포인트들을 한 라인씩 제거하려면 Edit 〉 Delete Points 메뉴에서 한 줄씩 원하는 포인트 라인을 제거할 수 있습니다.

모든 포인트들의 추가가 완성된 결과입니다.

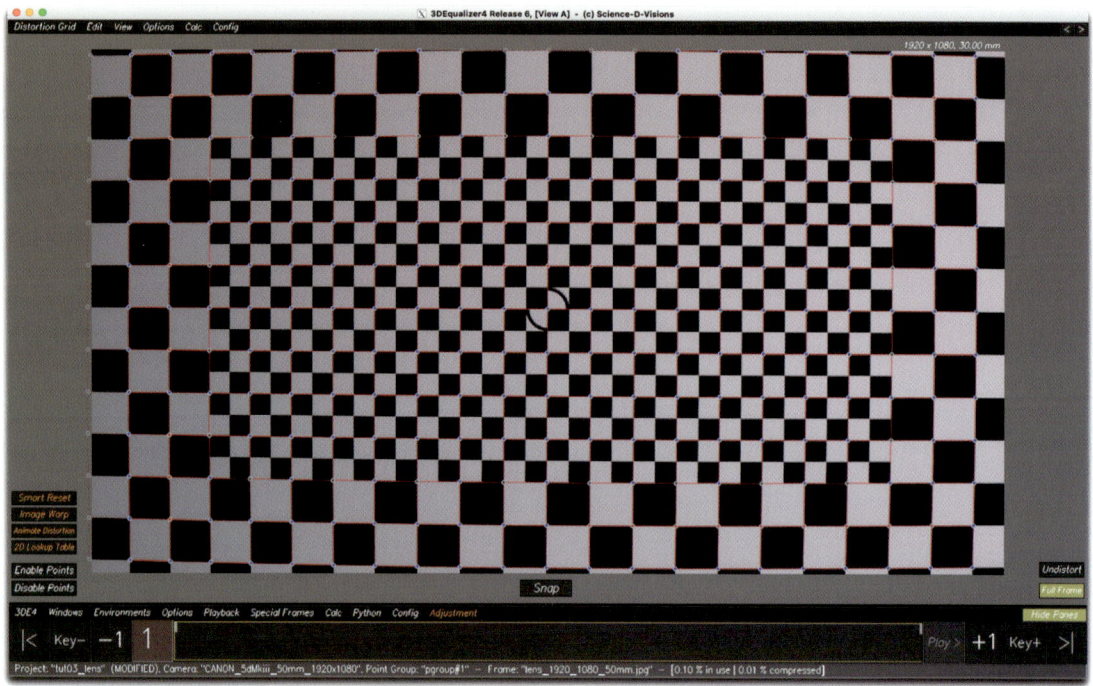

[렌즈 계산]

포인트 추가 작업이 다 끝났으면 이제는 렌즈 계산을 해 보겠습니다.

❶ Menu 〉 Calc 〉 Calc Distortion / Camera Geometry… 를 선택합니다.

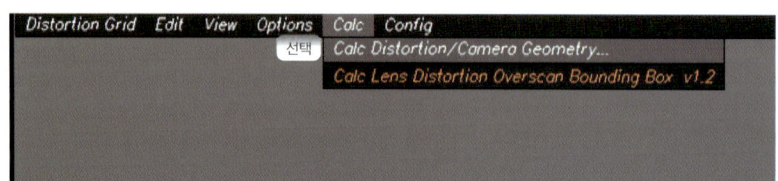

❷ 계산하고 싶은 목록을 선택한 후 중앙의 Calc Lens Parameters를 클릭합니다. (기본적으로 계산이 되어야 할 목록들이 선택되어 있습니다.)

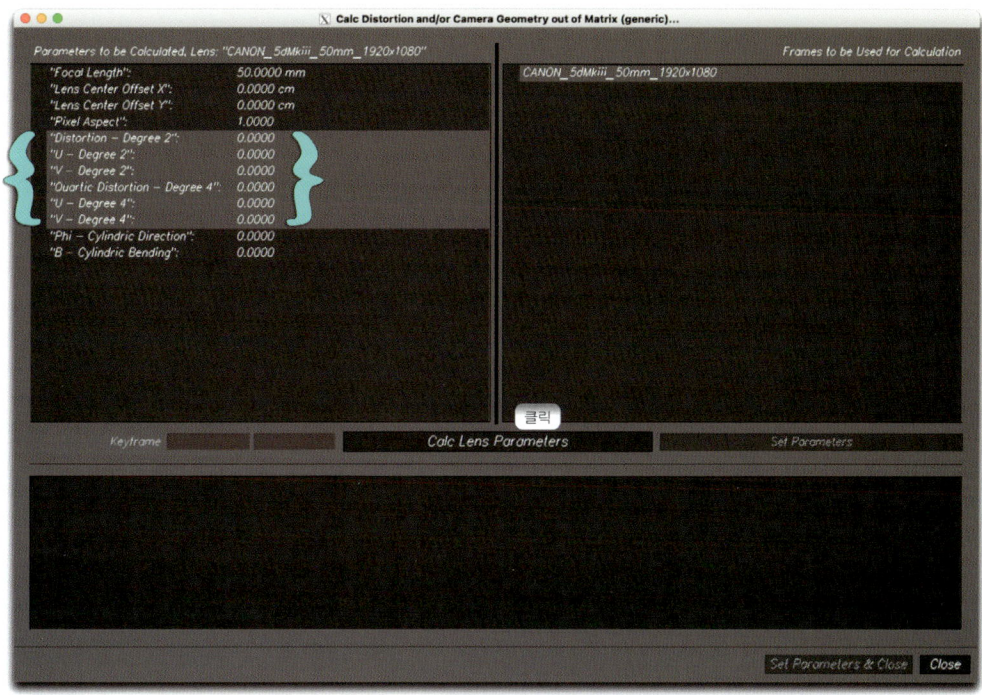

❸ 계산되어 나온 값을 확인한 후 Set Parameters & Close 를 클릭하여 윈도우를 닫습니다.

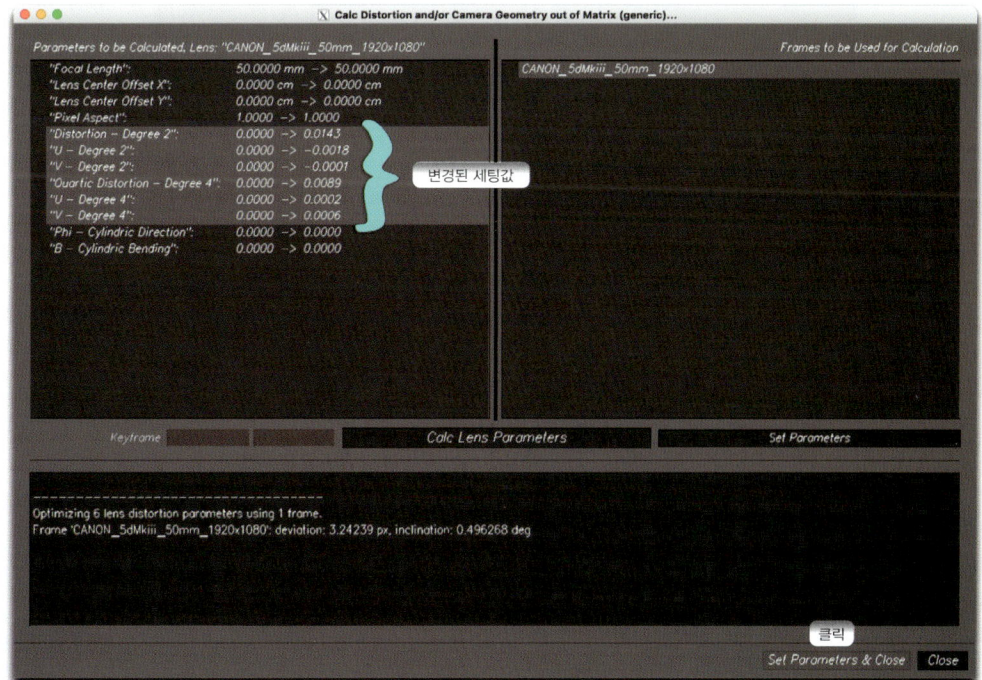

줌 렌즈

줌 렌즈의 경우에는 줌의 레벨 별로 촬영된 여러 장의 이미지를 각각 reference camera에 Import 하여 각 이미지마다 포인트 추가 작업을 완성한 후, 각 렌즈 별로 Calc Distortion을 하여 키프레임을 만들어 주면 됩니다.

❶ 제일 먼저 각 렌즈 별 렌즈그리드 파일을 Import 합니다. 여기서는 여러 장의 Reference Camera를 한 번에 Import 해 보겠습니다. 이 경우에는 모든 파일이 동일 폴더에 존재해야 합니다.

a. 3DE 〉 File 〉 import 〉 Import Multiple Reference Frames… 를 선택하고 이미지들이 있는 디렉토리를 선택하고 파일패턴은 *.*로 정해줍니다.

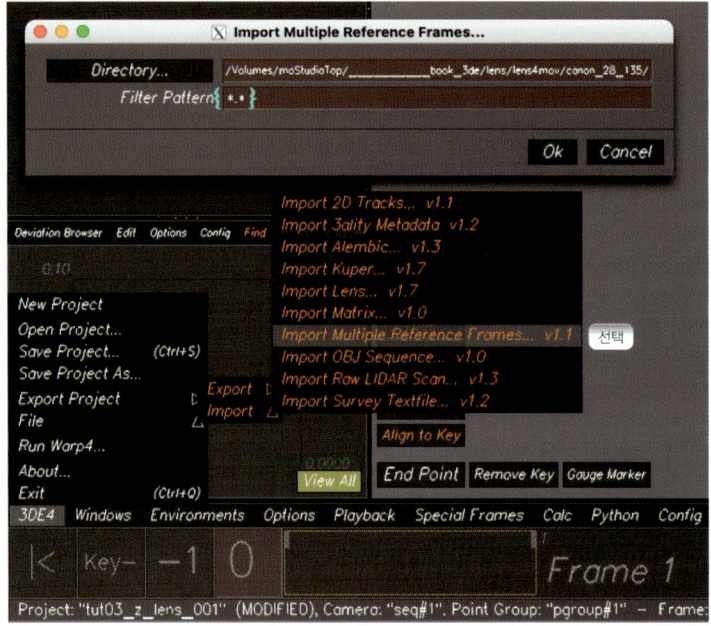

b. OK 버튼을 누르면 해당 폴더의 모든 이미지들이 Reference Camera 형식으로 Import 됩니다. Sequence Camera는 필요 없으니 지워줍니다.

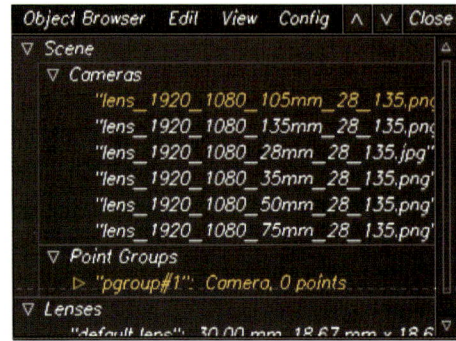

❷ 모든 카메라들을 선택한 후 Camera Attribute 윈도우에서 Lens 옵션을 열고 Focal Lengrh를 Static으로 바꾸어 줍니다. 이렇게 Static으로 바꿔주면 각 레퍼런스 이미지마다 Focal Length를 지정해 줄 수 있습니다.

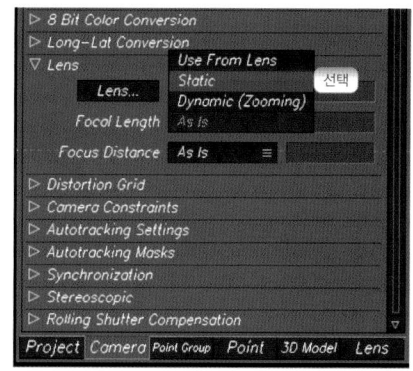

❸ 이번에는 아래에 위치한 Lens 탭을 선택하고 Lens Attribute 윈도우의 Lens Distortion 옵션에서 Dynamic Lens Distortion을 Driven by Focal Length Only로 바꾸어 줍니다.

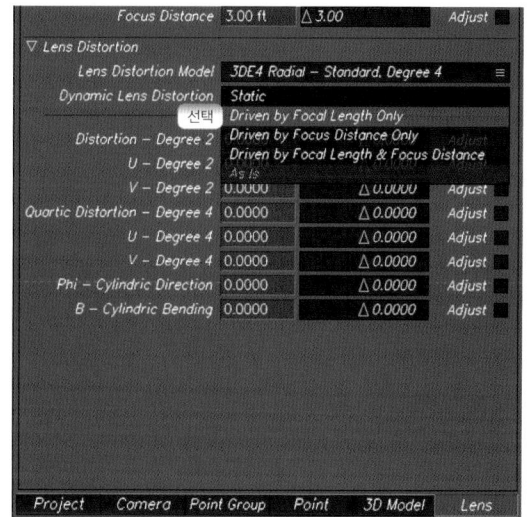

❹ 각각의 reference Camera 들도 단렌즈와 마찬가지로 포인트 작업을 해 줍니다.

❺ 포인트 작업을 마친 후 Menu 〉 Calc 〉 Calc Distortion / Camera Geometry… 를 선택합니다.

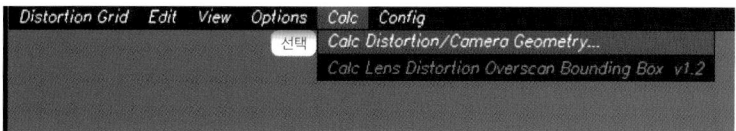

❻ 이 메뉴를 선택한 후 나타난 설정 윈도우에서 왼편은 선택된 렌즈에 대한 옵션 값이고 오른편은 레퍼런스 카메라들입니다. 왼편의 렌즈 디스토션 중에서 기본적으로 선택되어 있는 값과 오른쪽 메뉴에서 제일 위에 기본적으로 선택된 카메라(여기서는 28mm)가 서로 연계되어 계산됩니다. 중간에 Keyframe Focal Length에 선택된 카메라의 Focal Length를 기입하고(여기서는 28mm), (만약 단계 2에서 카메라를 Static으로 바꾸면서 각 카메라의 Focal Length를 수정해 놓았다면 그 값이 이곳에 나타납니다.) 중간의 버튼 Calc Lens Parameters를 클릭합니다.

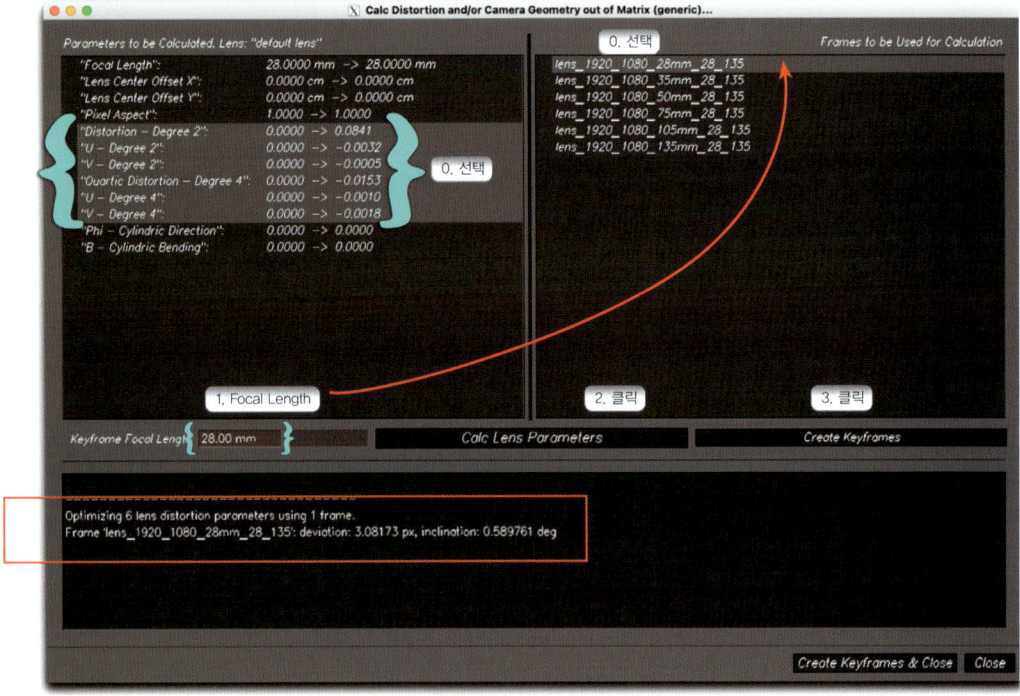

❼ Calc 버튼을 클릭하고 나면 설정 윈도우 아래쪽에 deviation 값이 나타납니다. 현재 선택된 Parameter 값으로는 꽤 높은 deviation 값이 나타나는데 이럴 경우에는 B-cylindric Bending을 추가로 선택해 주고 Calc Lens Parameters를 클릭해 주면 deviation 값이 꽤 많이 떨어지는 것을 볼 수 있습니다. 보통 1 아래로 값이 나오면 적절합니다.

❽ 만족할만한 값이 나왔으니 Create Keyframes를 클릭하고 설정 윈도우 오른쪽 화면에서 다음 카메라(여기에서는 35mm)를 선택하고, 설정 윈도우 왼쪽은 그대로 두고(28mm의 경우와 동일) Keyframe Focal Length에 35mm를 기입한 후 Calc Lens Parameters를 클릭 그리고 Create Keyframes를 클릭합니다. 이렇게 모든 카메라를 계산한 후 키프레임을 만들고 윈도우를 닫습니다.

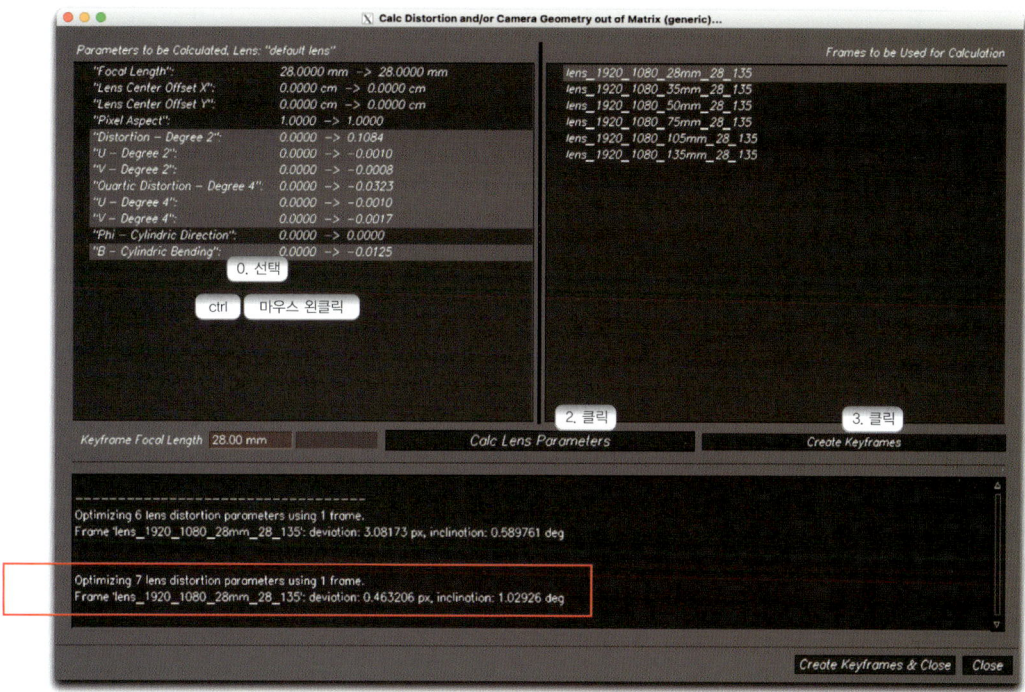

❾ 이렇게 각 Focal Length(각 레퍼런스 카메라)마다 생성된 키프레임은 Curve Editor에서 확인할 수 있습니다. 메뉴에서 Window 〉 Curve Editor…를 선택합니다.

❿ Curve Editor윈도우에서 오른쪽의 Lens Distortion Curve를 열고 Phi-Cylindric Direction을 제외한 모든 목록을 선택한 후 왼쪽에 나타나는 커브를 보면 키프레임이 있는 것을 확인할 수 있습니다. 전체를 마우스로 드래그하여 키프레임을 모두 선택한 후 Edit > Set CVs to > smooth를 선택하여 커브를 부드럽게 만들어 줍니다.

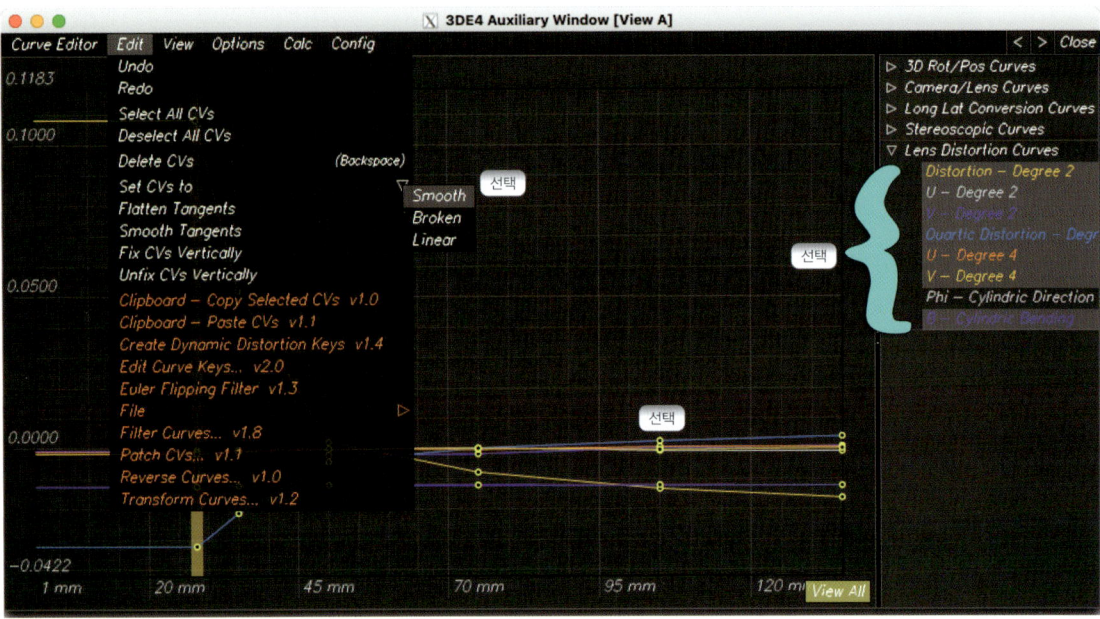

⓫ 렌즈 계산이 모두 끝났습니다.

[렌즈 Export]

❶ 렌즈 계산이 끝난 후에는 마지막으로 렌즈의 이름을 바꾸고 Export를 하면 됩니다. 이름을 바꾸기 위해서는 렌즈를 선택 한 후 Attribute Editor의 Lens > Identifier 에서 원하는 이름으로 바꾸어 줍니다.

❷ Object Browser에서 렌즈를 오른쪽 마우스 클릭한 후 Export Lens를 선택하여 원하는 위치에 Export 합니다.

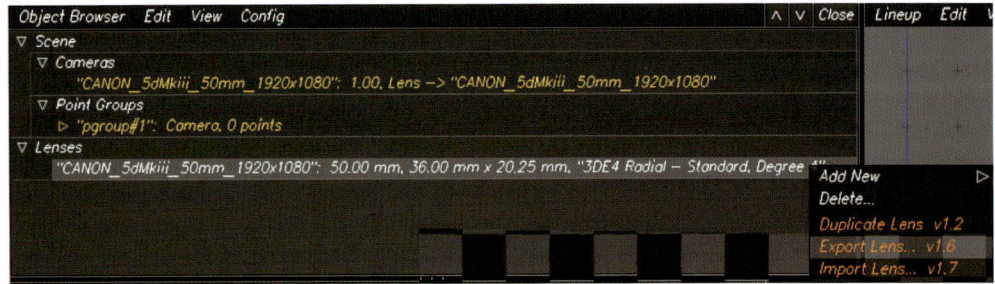

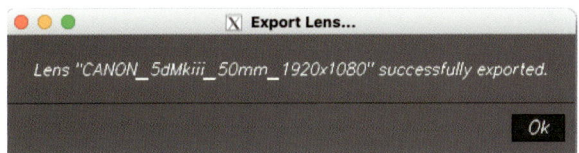

❸ 또는 3DE4 > File > Export > Export Lens…를 선택하여 렌즈를 Export 합니다.

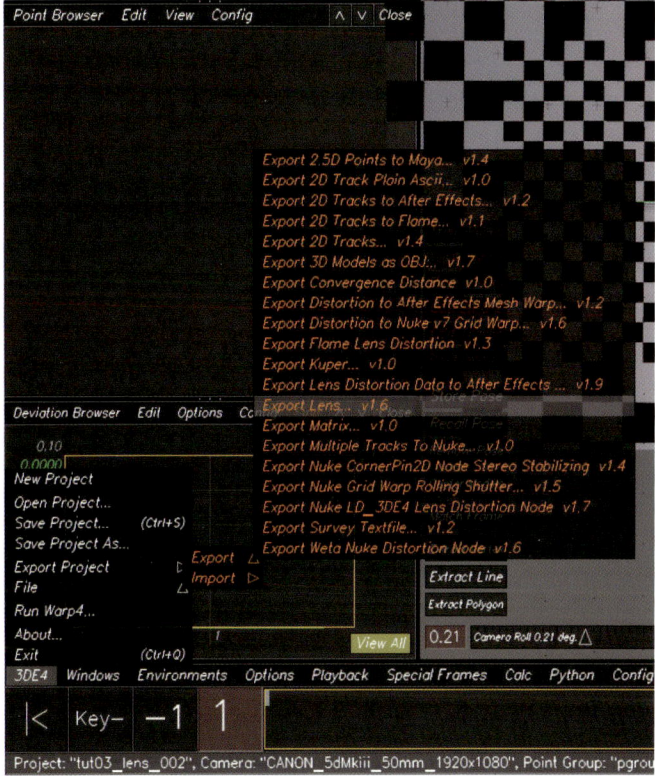

[렌즈그리드 촬영 (다른 방식)]

렌즈그리드를 촬영할 때 정면으로 촬영하는 기존의 방식 말고도 그리드를 약 45도 회전하여 퍼스펙티브를 촬영하는 방식이 있습니다. 이 방식의 장점은 렌즈의 Focal Length까지 계산이 가능하지만, 개인적인 경험으로는 생각보다 정확한 Focal Length를 계산해 주지 못하여 이 책에서는 정면으로 촬영하는 기존의 방식만을 소개하겠습니다.

3DE Release 7.1

3DE Release7.1의 신 기능

3DE R7.1에서야 눈에 띄는 새 기능이 생기게 됩니다. R7이 전체적인 체질 변화와 원래 가지고 있던 기능향상에 맞춰진 업그레이드였다고 한다면, R7.1에서는 몇 가지 큰 새로운 기능이 추가 되었으며 작은 버그들이 수정되었습니다. R7.1에서 새롭게 추가된 새로운 기능은 다음과 같습니다.

- 플레인 컨스트레인츠 (Plane Constraints)
- 오브젝트 매칭 (3D Model to 3D Model)
- 렌즈 디스토션

[플레인 컨스트레인츠 (Plane Constraints)]

포인트를 추가하여 카메라의 3차원의 위치와 움직임을 얻는다는 의미로만 매치무브를 이해한다면 어느 정도의 포인트 위치에 대한 오류는 크게 상관 없을 수 있습니다. 하지만 평면에 위치한 포인트들이 정확히 평평하게 이루어져야만 하는 촬영 현장을 그대로 복사하듯이 옮겨온다는 의미로 접근한다면 포인트들의 위치 오류는 심각한 문제를 만들 수도 있습니다. 플레인 컨스트레인츠는 보통 티비 스크린, 벽, 모니터 스크린 같은 평면의 오브젝트 위에 합성을 해야 하는 경우 그 위의 포인트들이 정확히 평면 위에 놓여있을 수 있게 만듦으로써 포인트들의 위치 오류를 강제로 계산해 줍니다.

물론, 오브젝트를 따로 만들거나 LiDAR 데이터를 사용하여 포인트들을 프로젝션하여 사용할 수도 있지만, 만약 현장 데이터가 없이 카메라를 계산하고 모니터의 위치에 평면의 오브젝트를 만들어주어야 할 때는 생각보다 많은 시간을 쓰게 됩니다. 또한 정확히 90도로 이루어져 있는 곳이라면 그냥 플레인 오브젝트를 만드는 것도 방법입니다. 하지만 약간 기울어져 있는 경우 모든 포인트들을 평면처럼 계산하려면 아무래도 시간을 써서 에러값을 내려주면서 작업해야 합니다. 플레인 컨스트레인츠는 이러한 경우 유용하게 사용할 수 있으며 획기적으로 작업 시간을 절약할 수 있도록 해줍니다.

자세한 사용법은 3DE의 Tutorial 페이지에서 3DEqualizer4 [featurette] 〉 Release 7.1, Plane Constraints에서 확인하실 수 있습니다.

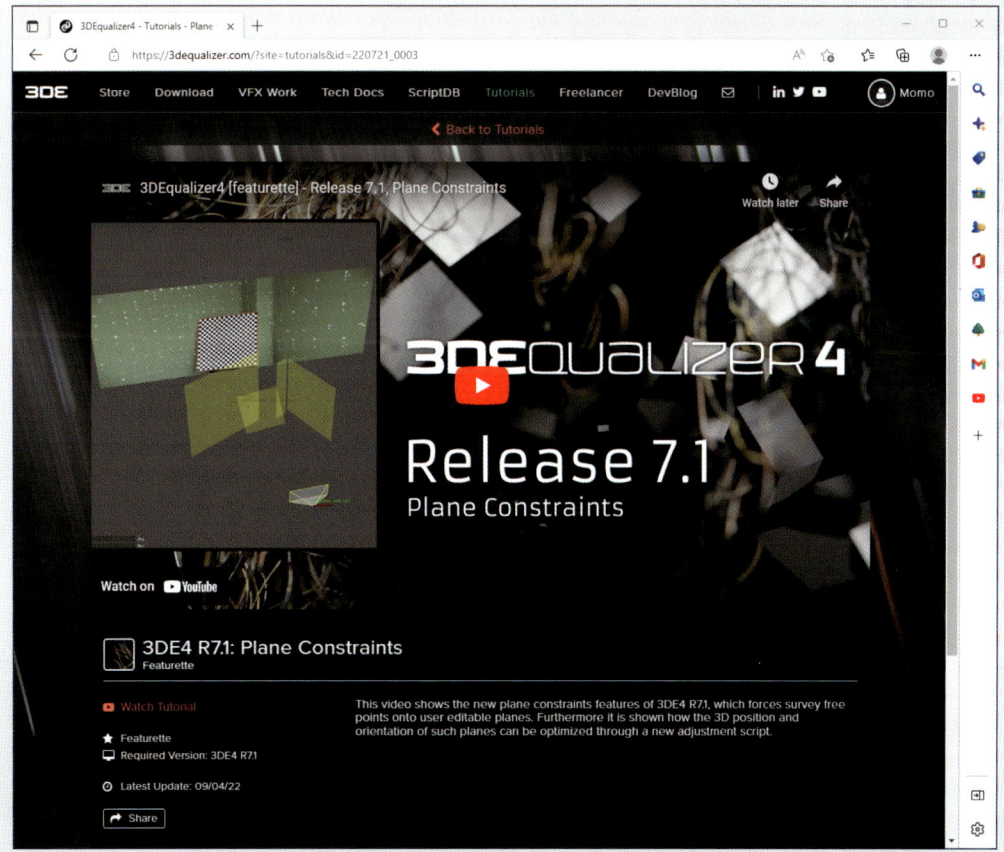

[오브젝트 매칭 (3D Model to 3D Model)]

영어 메뉴의 이름이 이해를 돕기에 좀 부족하다는 생각이 들어 '오브젝트 매칭'이라고 변경해봤습니다. 이 메뉴의 기능은 여러 가지 버전의 같은 오브젝트들의 위치를 정확히 맞춰 주는 기능을 합니다. 피봇 점이 서로 다른 로우 레졸루션 모델과 하이 레졸루션의 위치 매칭뿐만 아니라 분리되어 있는 오브젝트들도 꽤나 정확히 위치를 맞추어 줍니다. 이 기능은 쪼개져 들어온 LiDAR 데이터를 서로 합칠 때 아주 유용해 보입니다.

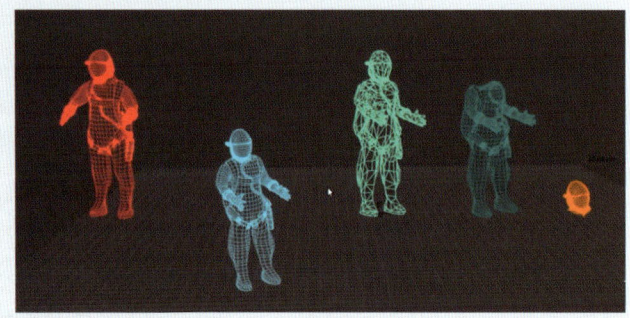

(Model_sample_A : 레졸루션이나 피봇위치가 다른 오브젝트들의 예제 〈출처 – 3DE Youtube 채널〉)

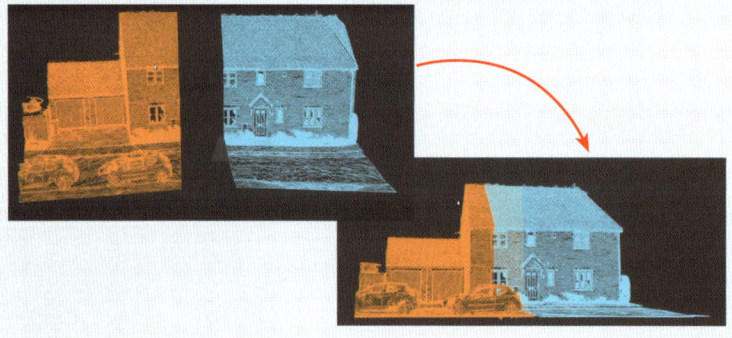

(Model_sample_B : 서로 다른 위치의 LiDAR 데이터 매칭 〈출처 – 3DE Youtube 채널〉)

[자동 렌즈 디스토션 작업]

이번 업데이트에서 가장 맘에 드는 업데이트는 자동으로 렌즈그리드를 작업해주어 렌즈를 만들어 주는 기능입니다. 그 외에는 아나몰픽용 dgree6 모델이 추가 되었으며, Zeiss의 메타데이터 포맷은 zlcf 포맷을 Import 할 수 있는 기능이 추가 되었습니다. 또한 자주 사용할 것 같지 않지만 필름백/FOV를 새롭게 렌즈 디스토션과 연계해서 바꾸어 주는 메뉴(Distortion Conversion)이 추가 되었습니다.

3D Equalizer 7.1

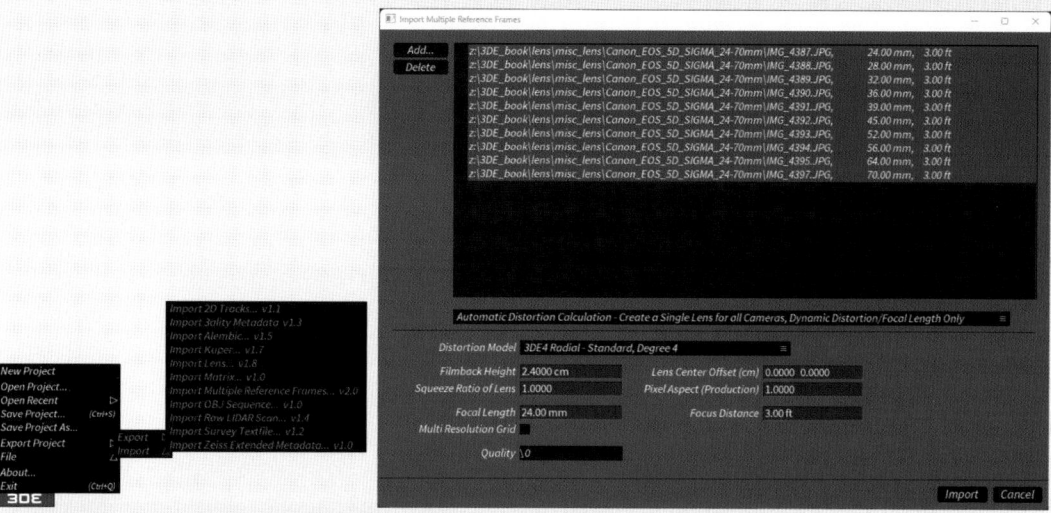

(Import_Multiple_Reference_Frames : 줌 렌즈 그리드 작업하기)

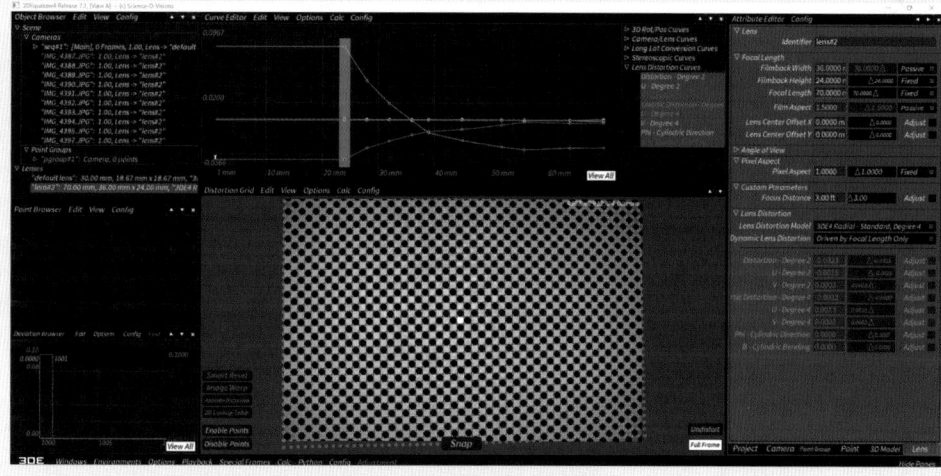

(zoom_lens_result : 자동 렌즈 작업 결과)

[그 외의 추가 사항]

- Attribute Editor에 Image Controls의 프리셋을 시퀀스 카메라별로 지정할 수 있는 옵션 추가
- Preferences에 클리핑 플레인과 프레임 오프셋의 기본값을 정하는 옵션 추가
- Preferences 윈도우에 Invert Mouse Wheel, Zooming only 기능 추가

이 외에 자잘한 기능과 옵션들이 더 추가되었지만 사용하는데 반드시 필요한 부분은 아니기에 이 정도의 업데이트 기능만을 다루어 보았습니다.

7.1에서 더 쉬워진 렌즈그리드 작업

3DE의 버전이 7이상으로 바뀌면서 가장 눈에 띄는 것 중에 한 가지를 꼽으라면 렌즈그리드 작업 방식의 변화입니다. 버전 6까지는 촬영된 렌즈그리드 위에 포인트를 찍어주고 자동으로 모서리에 위치하지 못했던 포인트들은 손으로 일일이 조정한 후에 렌즈값을 계산해 주게 됩니다. 줌 렌즈의 경우나 포커스 별로 촬영된 렌즈그리드의 경우에는 각 단계 별로 처리해야 할 부분이 많아집니다. 하지만 버전 7.1부터는 이 모든 단계를 자동화시켜줌으로써 줌 렌즈나 포커스 움직임에 대한 작업의 효율성을 훨씬 더 높여주고 있습니다.

[IMPORT MULTIPLE REFERENCE FRAMES V2.0]

사용법은 굉장히 간단하고 직관적입니다.

❶ 화면 하단 메뉴에서 File > Import > Import Multiple Reference Frames… v2.0 을 선택합니다.

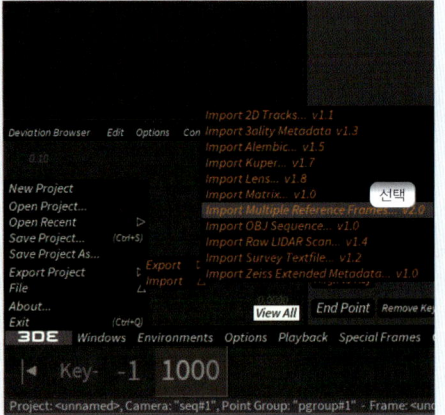

❷ UI가 나타나면 이미지들을 불러들이기 위하여 왼쪽 상단의 Add 버튼을 클릭합니다.

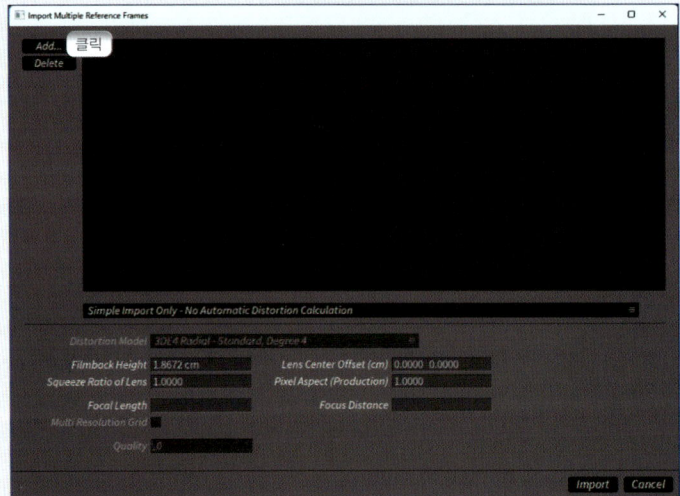

❸ 작업할 이미지들이 있는 폴더를 찾은 후 작업하고자 하는 이미지들을 모두 선택한 후 OK를 눌러 모두 불러들입니다. 이 예제에서는 28mm-135mm 줌 렌즈를 사용하였습니다.

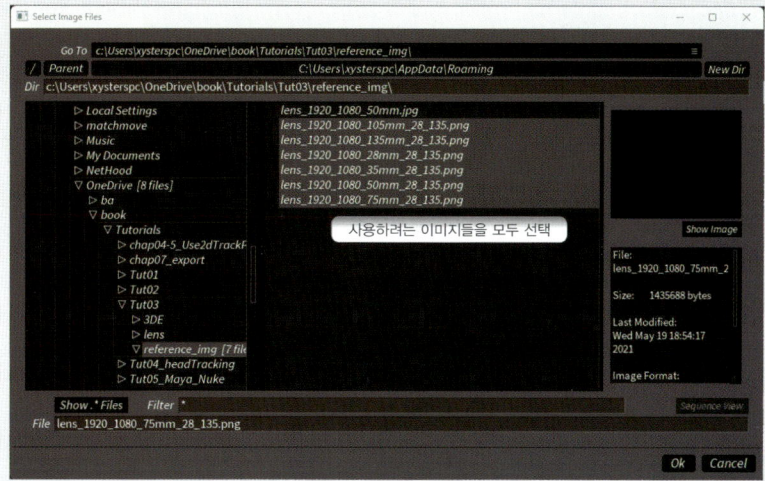

❹ 불러온 이미지들은 마우스의 가운데 버튼으로 드래그하여 순서를 바꿔 줄 수 있습니다. 작업하기 편하게 28mm부터 135mm까지 순서대로 위치를 바꿔 놓습니다.

❺ 줌 렌즈를 계산하기 위해서 중간의 Automatic Distortion Calculation 풀다운 메뉴에서 Create Sigle Lens for All Cameras, Dynamic Distortion/Focal Length Only를 선택합니다.

❻ Filmback Height를 2.025cm로 바꿔줍니다. (해당 렌즈그리드는 Canon 5DMKiii로 촬영)

❼ 각각의 이미지를 목록에서 선택하여 Focal Length 값을 이미지에 맞게 바꿔 줍니다.

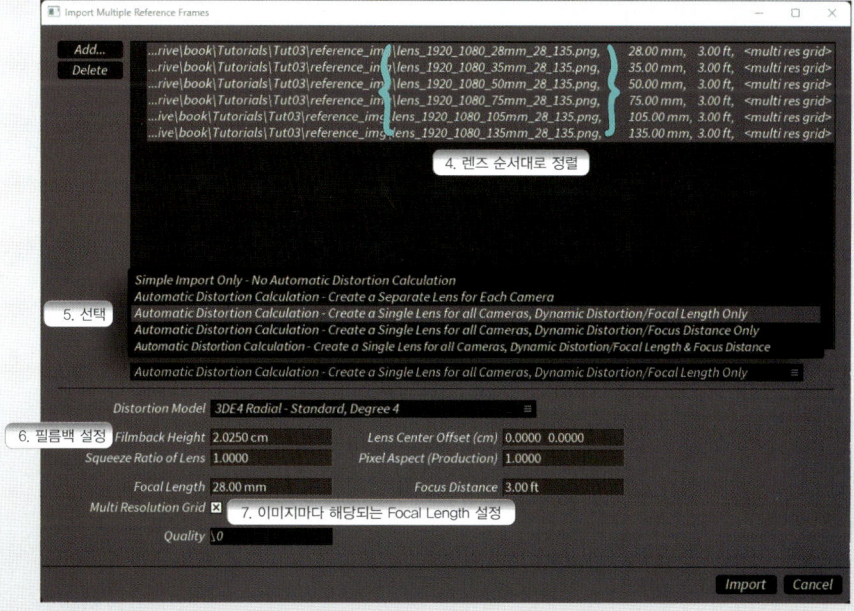

매치무브

❽ 모든 설정이 끝난 후 import 버튼을 클릭하면 렌즈그리드 이미지 파일들이 불러들여지고 그리드마다 포인트들이 자동으로 생성되며 렌즈파일이 만들어집니다.

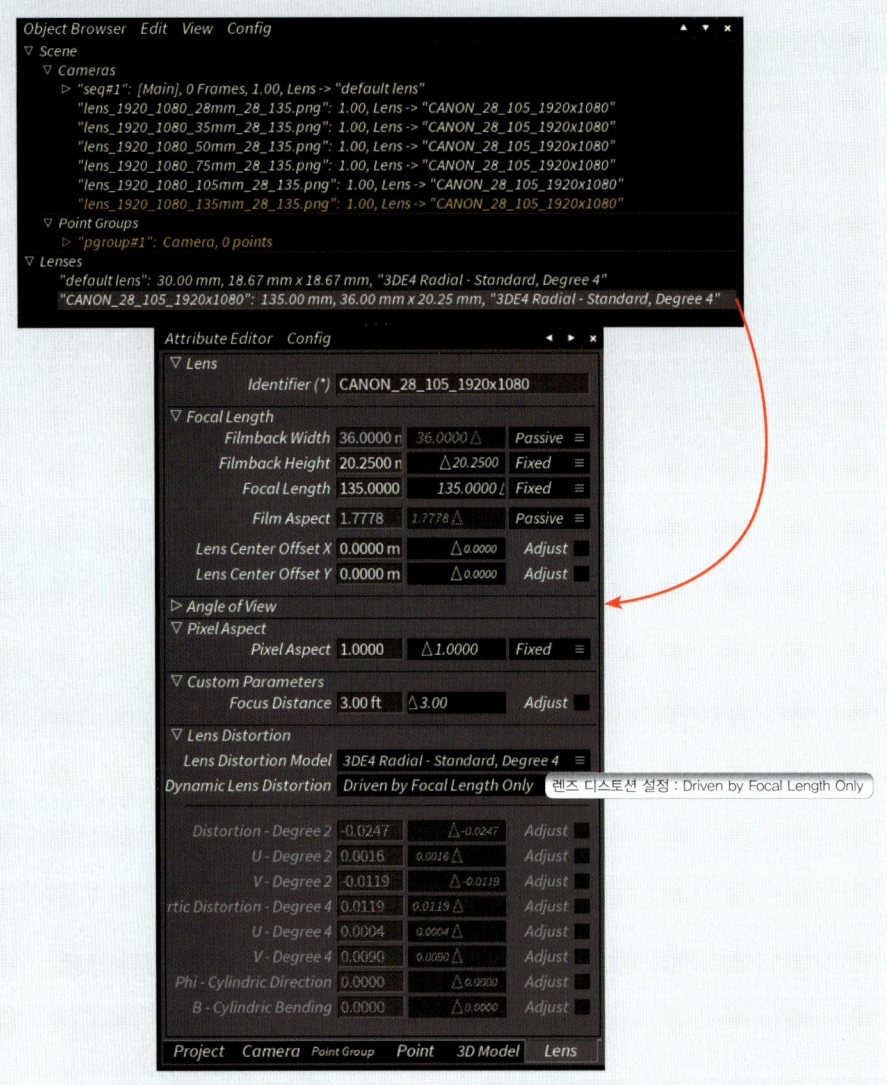

❾ 완성된 렌즈 모델은 사용하기 편하게 Export를 하여 저장을 해놓겠습니다. 렌즈 이름위를 마우스로 오른쪽 버튼을 클릭하여 나타나는 풀다운 메뉴에서 Export Lens를 선택하여 렌즈를 저장합니다.

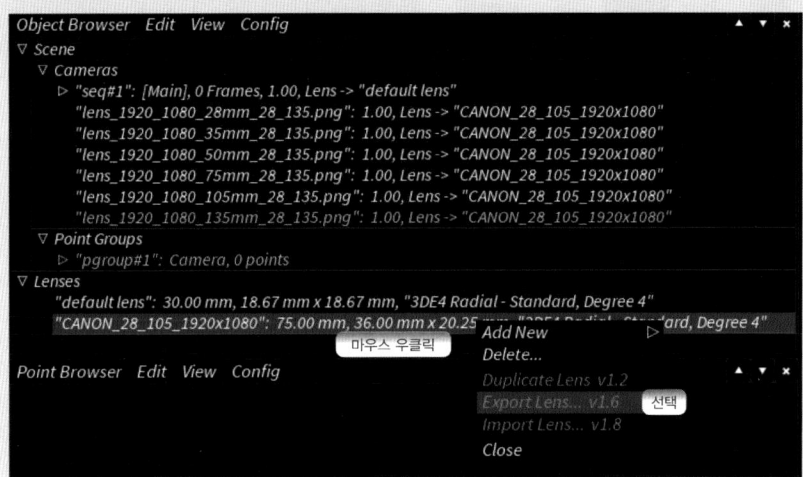

4

2D 트래킹 포인트 작업 하기

2D 트래킹 포인트
2D 트래킹 포인트 작업 하기
2D 트랙 포인트 구성
2D 트래킹 시작하기
2D 트래킹 기능
Attribute Editor Window : Point 사용하기

1 2D 트래킹 포인트

이번 챕터에서는 트래킹 포인트에 대한 것들을 알아보도록 하겠습니다.

매치무빙 또는 트래킹이라는 작업에서 가장 기본적이고 가장 중요한 것이 2D 트래킹 포인트 작업입니다. 정확한 2D 트랙포인트들의 움직임들을 패럴랙스에 따라서 계산되어져 나오는 결과물이 낮은 에러율과 좀 더 정확한 카메라 또는 오브젝트의 모션을 만들어 냅니다. 또한 3차원 공간의 정확도도 이러한 2D 트랙포인트들의 적절한 위치와 개수에 따라서 결정됩니다.

2 2D 트래킹 포인트 작업하기

이것만은 꼭!

매치무빙에서 가장 중요한 것은 적절한 개수의 2D 트래킹 포인트를 얼마나 적절한 곳에 추가해 놓는가입니다. 어느 한 쪽에 치우쳐서 포인트를 추가하거나 너무 적은 숫자의 포인트로 카메라를 솔빙했을 경우 Deviation 브라우져에서 에러값이 낮게나오더라도 정확한 모션을 기대하기 힘들 수 있습니다.

매치무브를 처음으로 접하시는 분들이 자주 겪는 오류 중에 하나가 오토 2D 트래킹 포인트 기능을 이용하는 것입니다. 오토트랙포인트를 사용하는 것은 기술적으로 틀린 점은 없으나, 정확한 공간을 얻어내는 것은 거의 불가능합니다. 이 책의 처음에도 언급을 하였지만 매치무브를 위한 트래킹은 단순히 에러값이 낮은 트랙포인트들과 카메라의 움직임을 얻는 것이 아닙니다. 촬영현장의 정확한 공간을 그대로 CG로 재현하는 것이 목표입니다. 많은 스튜디오들이 매치무버들을 구인할 때 종종 조건으로 오토트래킹을 사용하지 않고 기술적으로 문제를 해결 할 수 있는 아티스트를 구한다고 써 놓는 경우가 있습니다. 그 이유는 오토트래킹으로만 작업을 마치는 아티스트들이 꽤 많기 때문입니다. 단순히 눈에 보이는 2D 플레이트 상에서 포인트들이 미끄러짐 없이 보여진다고 정확한 게 아닙니다. 정확한 공간을 얻으려면 정확한 2D 트래킹 데이터가 필요합니다.

또한, 서베이 모델 없이 2D 트래킹 포인트만으로 100% 정확한 모션과 정확한 포인트의 3차원 위치를 만들어내는 것이 거의 불가능하므로, 세트 익스텐션처럼 정확한 라인업과 정확한 공간이 필요할 시에는 2D 트래킹 포인트 뿐만 아니라 2D 트래킹 포인트와 연동되어야 할 3D 서베이 모델이 반드시 있어야 합니다.

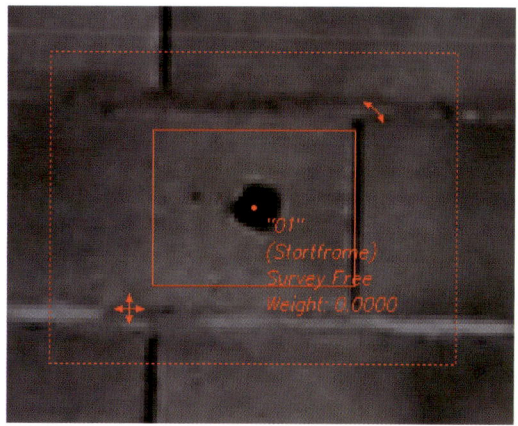

2D 포인트 아이콘

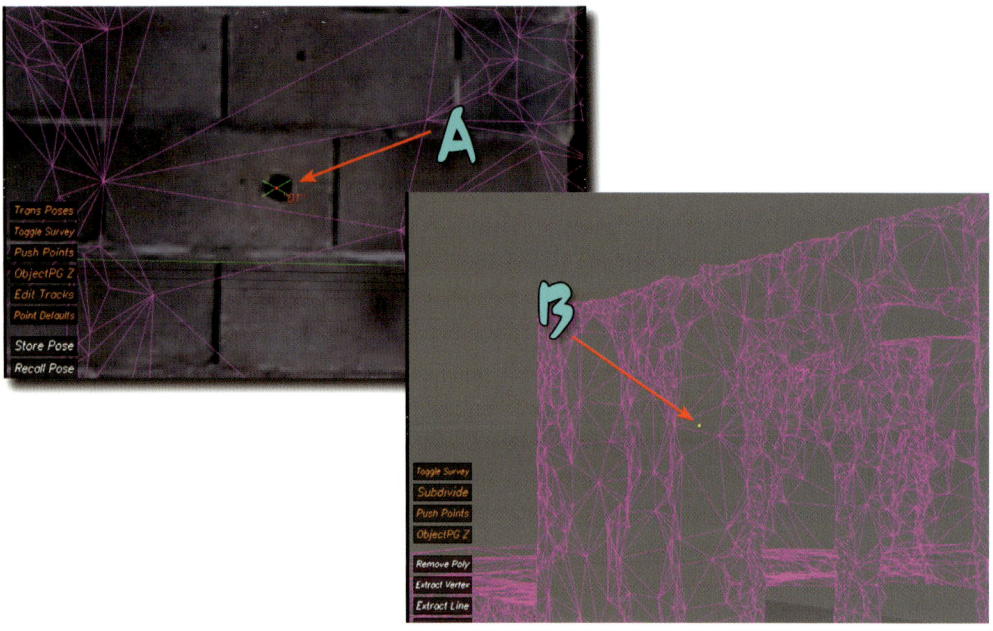

- **A** : Line up 모드에서 서베이 모델에 붙힌 트랙포인트. 빨간색의 점이 2D 트랙포인트의 위치이고 녹색의 X 모양이 모델 위에 위치한 3D 포인트를 나타낸다.
- **B** : 3D Orientation Controls 모드에서 퍼스펙티브 뷰 상태로 보고 있는 3D 포인트의 위치이다.

2D 트랙 포인트의 적절한 위치

2D 트래킹 포인트의 적절한 위치에 대한 기본은 작업하고 있는 2D 이미지 플레이트를 3차원의 공간으로 인식하여 전면, 중면, 후면 그리고 위 중간 아래 까지 전체적으로 고르게 포인트를 뿌려줘야 합니다. 하지만 그린스크린 위에 인물들만 놓고 촬영하거나 포인트를 추가할 수 있는 부분이 한쪽면에 치우쳐 있는 경우에는 고르게 뿌리는 것이 불가능합니다.

만약 이러한 샷에서 세트 익스텐션 같은 정확한 공간을 필요로 하는 경우라면 난이도가 상당히 높은 샷이 됩니다. 이러한 상황을 쉽게 만들 수 있는 유일한 방법은 촬영장에서 미리 세트장의 사진을 촬영하여 포토모델링을 자세히 만들거나 LiDAR 로 스캔을 해 오는 것입니다.

아래 그림은 포인트들이 상하좌우, 전면, 중간, 후면에 고르게 퍼져 있는 2D 트랙포인트의 좋은 예입니다.

(2D 트랙 포인트 추가의 좋은 예)

아래 그림처럼 한 쪽으로 치우쳐서 트랙들을 추가했더라도 경우에 따라서 매우 낮은 에러율로 카메라가 계산되는 경우가 있습니다. 하지만 공간 전체를 가져온다는 전제로 한다면 현장과는 굉장히 다른 공간이 만들어지게 됩니다. 이러한 오류는 정확한 카메라의 움직임을 만들어내기 힘들게 됩니다.

(2D 트랙 포인트 추가의 나쁜 예. 포인트들이 한 쪽으로 치우쳐 추가 되어 있다)

2D 트랙 포인트의 한계

2D 트래킹 포인트를 찍어서 카메라의 모션을 만들어 내는 방식은 엔지니어의 관점에서 보면 이론적으로 맞는 방식이지만 영화에서는 카메라 모션뿐만 아니라 세트 익스텐션 시에 정확한 공간을 구축해야 할 경우도 필요하므로 2D 트래킹 포인트 자체만으로는 어려움을 겪을 수 있습니다. 이렇게 공간구축이 필요한 경우라면 2D 트래킹 포인트의 개수를 최대한 많이 늘려주어야 합니다.

하지만 이 방식도 포인트 클라우드라고 불릴 만큼 포인트를 일일이 손으로 찍어주는 것 자체도 물리적 시간이 필요하므로 역시 해답은 촬영장에서 얼마나 그 공간의 정보를 많이 가져오는가에 있습니다. 세트장에서 가져오는 정보 없이 해당 플레이트만 받고 작업할 경우 실제로 1-2일 정도의 스케쥴 차이가 날 수 있으며 3-4일 이상의 시간낭비를 경험할 수도 있습니다.

3 2D 트랙 포인트 구성

2D 트랙포인트를 ctrl + LMB 를 이용하여 첫 번째 포인트를 플레이트 위에 추가하게 되면 몇 가지 표시들이 나타납니다.

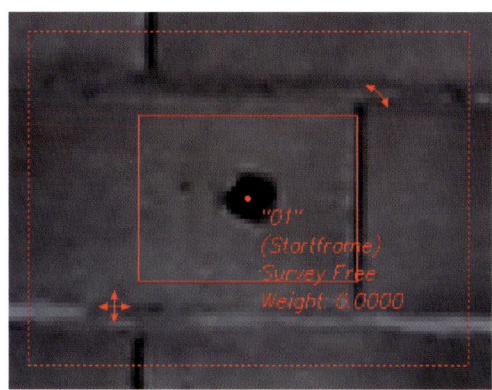

2D 트랙 포인트

- **"01"** : 현재 추가된 포인트의 이름입니다. Attribute Editor의 Identifier에서 바꾸거나 Point Brower의 Edit > Rename Points로 바꿀 수 있습니다.
- **(Startframe)** : 현재 포인트가 추가된 프레임이(키프레임) 트랙포인트의 첫 프레임이라는것을 알려줍니다. Attribute Editor의 Point 탭 윈도우에서 Direction 설정에 따라 Startframe이 Endframe으로 바뀔 수 있습니다.
- **Survey Free** : 2D 트랙포인트가 기본 세팅에서 생성 시에는 나타나지 않는 정보이지만, 메뉴에서 임의로 선택하여 정보를 켜줄 수 있습니다. 현재 포인트의 형식이 계산에 의해서 위치가 정해질 수 있는 모드입니다.
- **Weight** : 각 포인트의 기본 웨이트 값은 1입니다. 웨이트 값은 임의로 설정이 가능합니다.
- **Inner box** : 2D 트랙포인트가 트랙킹을 위하여 플레이트의 실제 패턴을 읽어내는 영역입니다. 박스가 커질 수록 읽어야 할 패턴이 많아지므로 트랙속도가 느려집니다.
- **Outer box** : Inner box에서 패턴을 트랙킹 하는 동안 이 박스의 영역에서는 앞으로 트랙해야 할 동일 패턴을 찾는 역할을 합니다. 이 두 박스의 적절한 크기가 얼마나 정확한 트랙을 할 수 있는지를 정하게 됩니다.

이러한 표시들은 Manual Tracking 모드의 View > Configure Point Infos에서 켜거나 끌 수 있습니다. 박스의 경우 View > Show Tracking Boxes에서 조절합니다.

매치무브

이렇게 생성된 2D 트랙포인트는 상황에 따라 어떠한 방식으로 트랙할 것인지를 정해주어야 합니다. 기본적으로 첫 번째 만들어지는 2D 트랙포인트는 Survey Type : Free, Tracking mode : Pattern, Valid : in Frame, Direction : Forward, Weight : 1.0,으로 설정됩니다.

[Survey Type]

이퀄라이저는 모두 4가지의 트랙포인트의 타입을 가지고 있습니다.

Survey Free
계산에 맞추어 자유롭게 3D 포인트의 위치를 지정합니다.

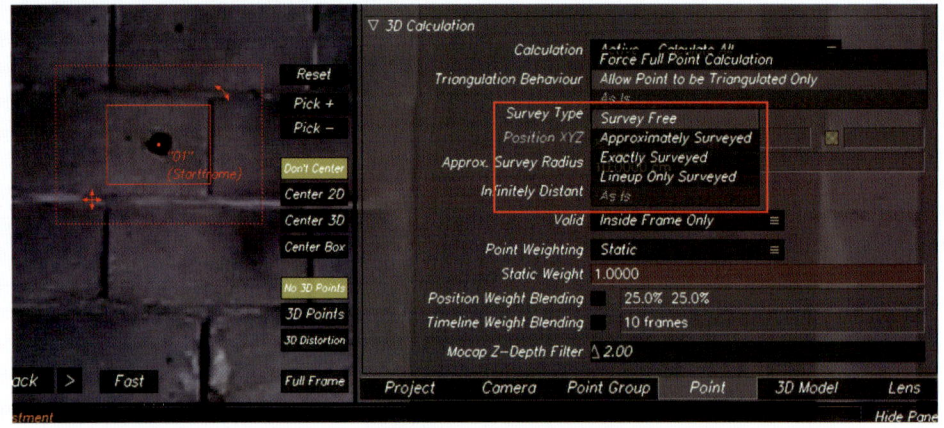

Exactly Surveyed
2D 트랙포인트의 3D 상에서 위치를 고정시켜줍니다. 서베이 모델이 있을 경우 2D 트랙포인트를 원하는 3D 공간의 서베이 모델 위에 붙혀놓을 수 있습니다.

Approximately Surveyed
서베이 모델 위에 위치 시켜놓은 포인트의 값이 불확실 할 경우 그 주변의 지정된 영역안에서 포인트가 계산 되도록 해 줍니다. 말 그대로 대략의 서베이 모드입니다. 이 모드를 선택 했을 경우에는 그 아래에 있는 Approx. Survey Radius에서 대략의 영역을 지정해 줄 수 있습니다.

Lineup Only Surveyed
라인업이란 플레이트에 서베이모델을 정확히 맞추는 작업을 의미하는데 이 모드의 포인트는 계산이 되지 않고 서베이 모델을 사용자가 정한 프레임에 위치를 맞추고자 할 때 사용됩니다.

[Tracking mode]

트래킹을 어떠한 방식으로 할지를 정해주는 옵션으로 기본은 Pattern 방식으로 되어 있습니다.

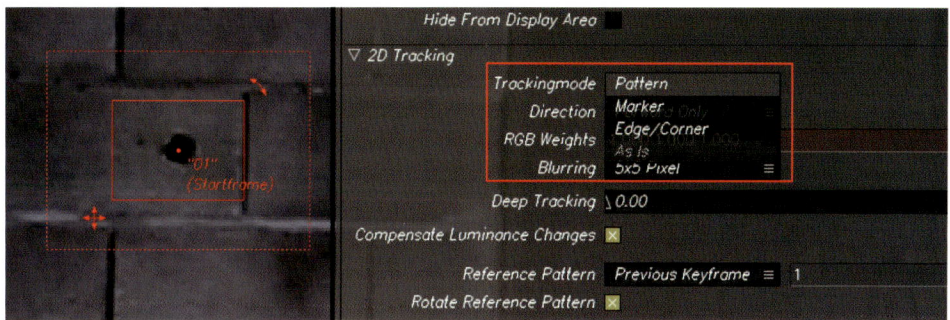

Pattern
박스 안의 패턴을 읽어서 그 연속성을 트랙하는 방식입니다.

Marker
주로 한 가지색으로 채워져 있는 트래킹 마커 형식을 트랙합니다. Image Control 윈도우에서의 색 조절과 같이 사용 하면 더 효과적입니다.

Edge/Corner
코너가 있는 형식의 부분을 트랙해 줍니다. 모서리를 인식해 주는 기능이지만 생각보다 잘 작동하지 않습니다.

[Valid]

기본 값은 inside Frame Only 입니다. 이 말은 트랙포인트가 플레이트의 외곽으로 나갈 경우 계산이 되지 않는다는 의미입니다. 만약 플레이트 바깥까지 트래킹하고 싶다면 Always 모드로 바꿔 주면 됩니다. 이 이외에 inside FOV Only 모드도 있는데 기본적으로 프레임과 FOV의 사이즈가 동일하게 설정되어 있기 때문에 FOV를 따로 설정하지 않았다면 이 모드를 사용할 일은 거의 없습니다.

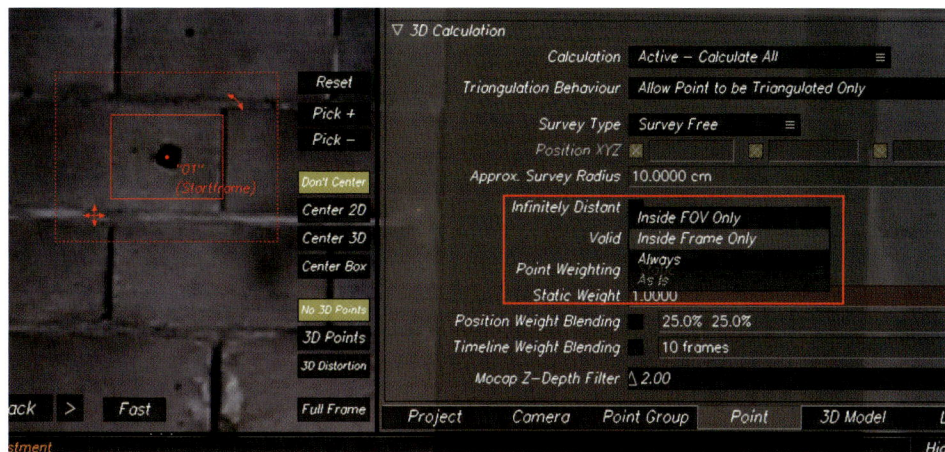

[Direction]

트래킹을 어떠한 방향으로 할지를 정해주는 옵션으로, 기본적으로 Forward 방식으로 되어 있습니다.

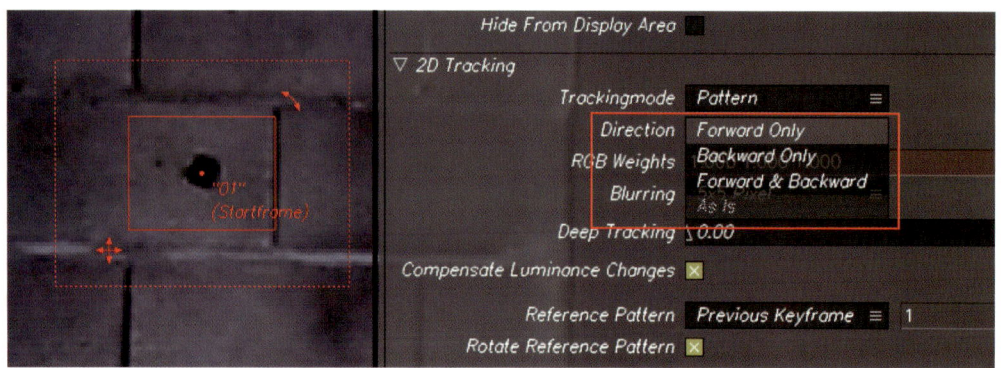

Forward Only
현재 위치한 키프레임을 시작으로 앞방향으로 트래킹을 합니다.

Backward Only
현재 위치한 키프레임을 시작으로 뒷방향으로 트래킹을 합니다.

Forward & Backward
2개의 키프레임이 필요하며, 그 2개의 키프레임 사이를 앞으로(Forward) 갔다가 뒤로(Backward) 되돌아 오면서 트래킹하는 방식입니다.

[Point Weight]

트랙 포인트가 계산될 때 해당 트랙 포인트를 어느 정도의 강제력을 가지고 계산할 지에 대한 수치 값입니다. 기본값은 1이며 만약 Weight 값을 100 정도로 바꾸게 될 경우 트랙포인트들이 계산되어 평균값을 낼 때 이 트랙포인트의 영향이 굉장히 커지게 됩니다. Weight 값을 얼마나 잘 이용하는가도 Deviation 값을 낮추는데 큰 도움이 됩니다. 그 만큼 적절한 weight 값을 정하는 것이 중요합니다. 이 값은 애니메이트 시킬 수 있습니다.

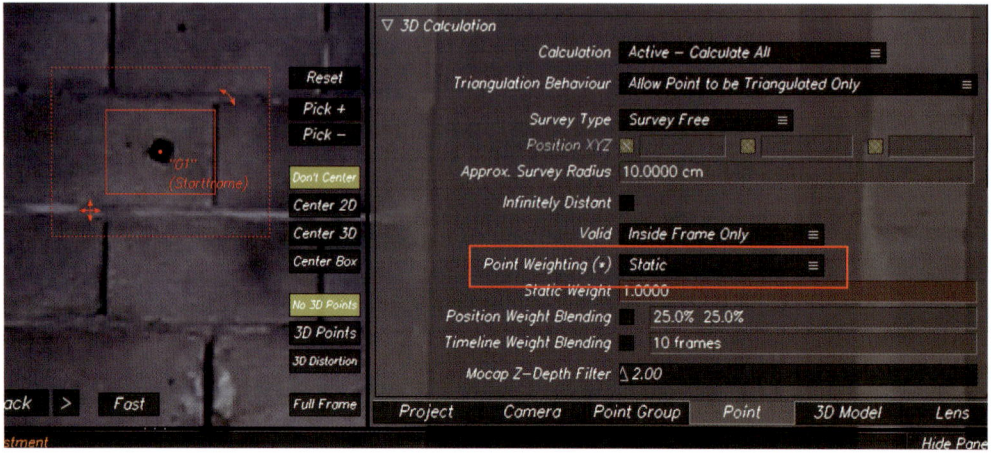

4 2D 트래킹 시작하기

2D 트래킹 시작하기

❶ 트래킹을 시작할 프레임으로 이동합니다.

❷ Ctrl + LMB : 트래킹 포인트를 추가합니다.

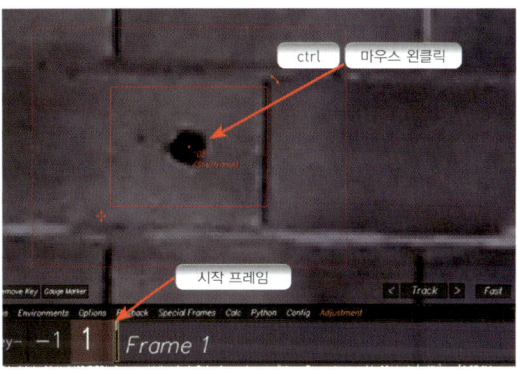

❸ Inner box와 outer box의 사이즈를 조절합니다.

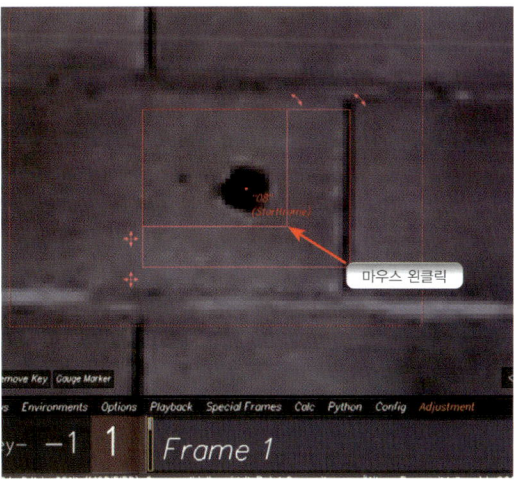

❹ Center 2D 클릭 또는 키보드 핫키 C를 눌러줍니다.

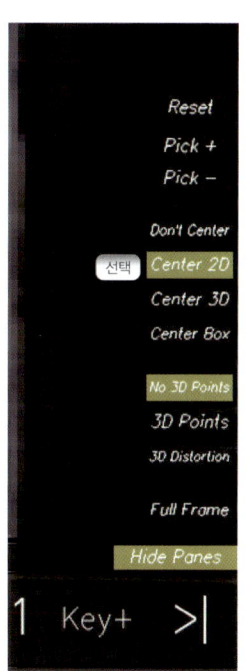

❺ 뷰포트 아래의 Track 버튼을 눌러서 트래킹을 시작합니다.

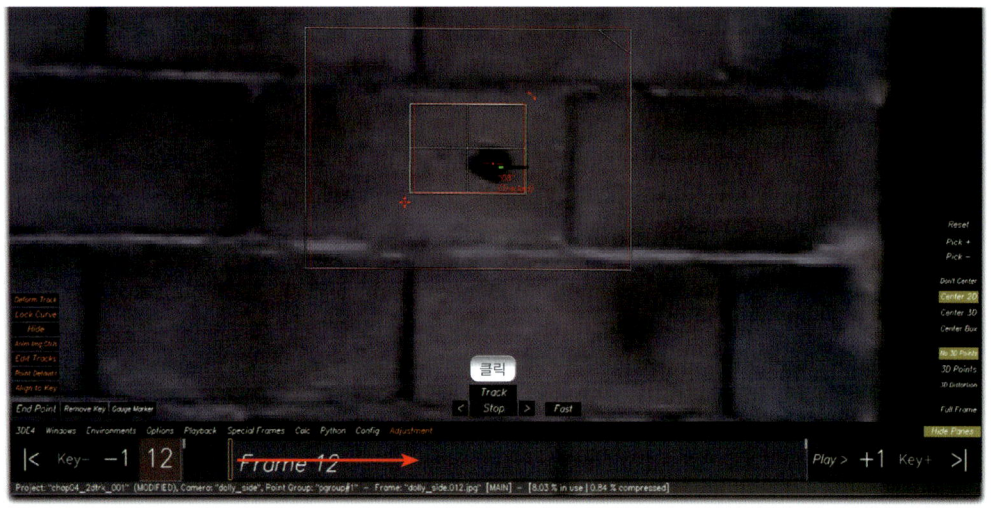

[트래킹을 하는 여러 가지 방식]

a. Hotkey : [T]를 눌러서 트래킹을 시작할 수 있습니다.
b. Manual Tracking viewport의 "Track" 버튼 클릭하여 트래킹을 시작할 수 있습니다.
c. Track 버튼 옆의 ' > ' 버튼으로 한 프레임씩 트래킹 할 수 있습니다.
d. Hotkey : ' . ' Forward 또는 ' , ' Backward를 눌러 양 방향 또는 뒷 방향으로 한 프레임씩 트래킹 할 수 있습니다.
e. 숫자 키패드를 이용하여 트랙이 어긋난 프레임에서 트랙포인트의 위치를 미세 조정.

기본적인 트래킹 방식은 그다지 어렵지 않습니다.

모션블러가 없거나 패턴이 잘 나타나고 중간에 해당 트랙 지점이 방해 받지 않는 플레이트라면 단 한 번에 트래킹이 됩니다. 하지만 보통 이런 경우는 많지 않습니다. 카메라 사이로 인물들이 왔다갔다할 것이고 카메라의 움직임은 느렸다빨랐다하기도 하며, 포커스 블러가 너무 들어가서 처음에 잘 보이던 포인트가 커지기도 합니다. 또한, 플레이트가 너무 어둡거나 밝아서 트랙포인트를 추가할 곳을 찾지 못 할 수도 있습니다.

이러한 상황에서 2D 트랙포인트들이 얼마나 정확한가에 따라서 해당 포인트그룹의 에러율이 결정됩니다. 물론 오토트래킹으로 수백 개의 트랙포인트를 만들어내고 계산할 수 있습니다만, 실제 업무에서 오토트래킹을 사용하는 경우는 극히 드뭅니다. 촬영 현장을 그대로 카피해와야 하는 조건에서는 그에 맞는 결과값이 나오기 힘들기 때문입니다. 실제로 스튜디오에서는 절대 오토트래킹을 사용하지 말라고도 할 정도입니다. 단, 넓은 자연지형물들이 배경일 경우에는 가끔 사용되곤 합니다.

최선의 팁은 적절한 키프레임의 사용과 Center 2D 버튼을 켜고 Nudge Tool(숫자 키패드)을 이용하여 포인트를 미세하게 움직여서 원하는 위치에 재배치한 후, 트랙포인트의 앞/뒤 프레임을 비교해가면서 적절한 위치에 있는지 확인하는 방식이 최선입니다. 하지만 Equalizer에는 손으로 일일이 수정해야 하는 방식을 피하기 위해 몇 가지 기능을 가진 메뉴들과 방식들이 존재합니다.

2D 트래킹 기능 사용하기

3D Eualizer에는 2D 트래킹을 도와주는 여러기능을 가진 메뉴들이 있습니다. 여기서는 그 중에서 가장 많이 사용을 하고 있는 몇 가지 메뉴에 대해서 알아보겠습니다.

예제로 사용되는 그림은 카메라가 아래에서 위로 올라가면서 전면의 차량이 중간의 흙더미를 중간에 가리면서 트랙을 하고 있는 흙더미 위의 빨간원으로 표시한 돌이 잠시 가려지게 됩니다. 이렇게 트래킹 중간에 트랙포인트가 끊기게 될 경우 3D 이퀄라이저에서 2D 트랙포인트를 완성해 보겠습니다.

시작 프레임

끝 프레임

[Offset Track]

트래킹 포인트가 중간에 막혀서 더이상 진행이 힘들 경우 안쪽 박스를 포인트의 바깥으로 이동하여 (offset) 계속해서 트래킹을 할 수 있도록 해 줍니다. 이 경우 반드시 내가 트래킹하고 있는 패턴과 새롭게 offset된 위치의 패턴이 동일면상에 있는 경우로 패럴랙스의 변화가 거의 없어야 합니다.

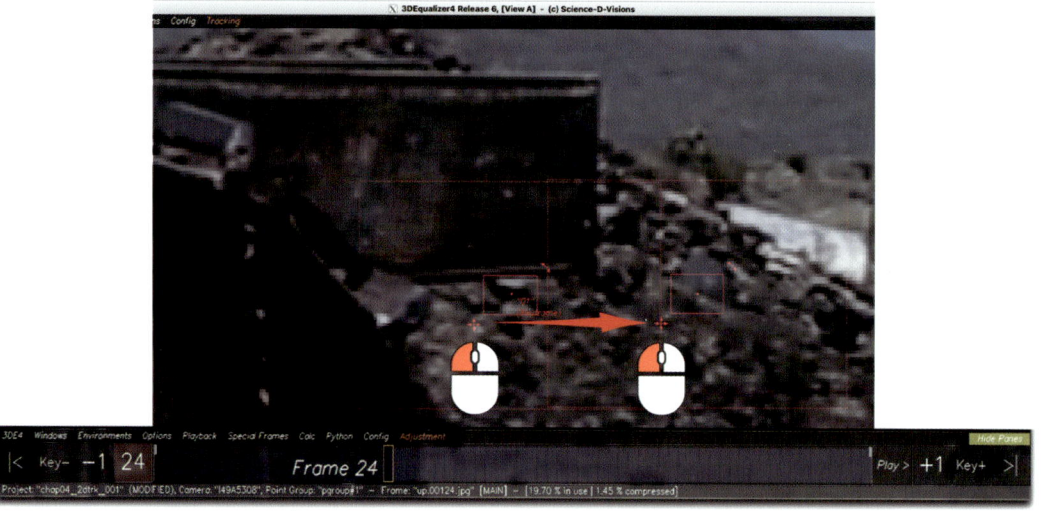

24번째 프레임에서 트랙포인트의 안쪽 박스를 밖으로 옮김

58번째 프레임에서 트랙포인트의 안쪽 박스를 제자리로 다시 옮김

예제 플레이트의 경우 트래킹을 하고 있는 지점이 24번째 프레임에서부터 전면의 차량에 의해 가려지게 됩니다. Offset frame은 이러한 경우 해당 프레임에서 트랙포인트의 4방향 화살표 부분을 마우스로 드래그해서 가려지지 않는 부분까지 이동시키면 트랙포인트가 offset된 상태에서 트랙을 하게 됩니다. 이러한 상태로 다시 기존의 트랙포인트가 보이는 58번째 프레임까지 트래킹을 한 후 다시 원래 위치로 옮긴 후 트래킹을 마칩니다.

[Deform Track]

종종 트래킹 포인트가 해당 지점에서 일정하게 미끌어지는 경우가 생기는데 이럴 경우 다시 트랙을 하는 대신, deform track을 사용하여 쉽게 수정 할 수 있도록 해줍니다. 앞의 offset track예제의 경우 정확히 같은 면상에 위치한 패턴이 아니어서 offset track후 58번째 프레임의 트랙포인트와 24번째 프레임의 트랙포인트 중심의 위치가 살짝 틀린 것을 알 수 있습니다. 이런 경우 deform track으로 쉽게 수정이 가능합니다.

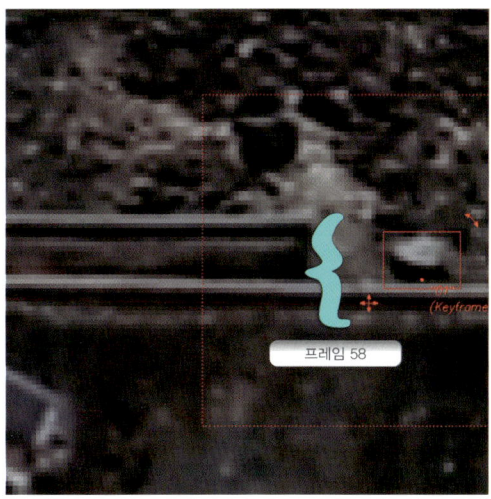
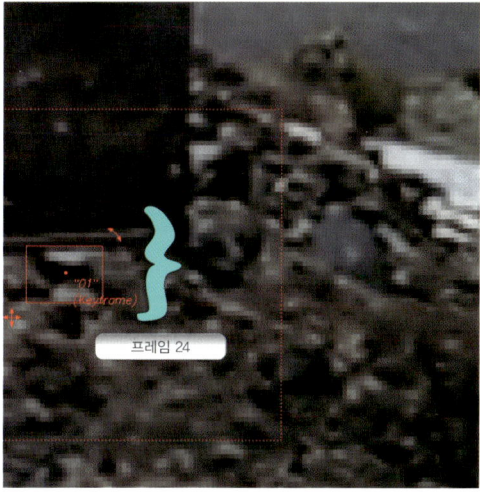

❶ Manual Tracking Mode로 뷰포트가 세팅 되어 있는 상태에서 트랙포인트를 선택한 후 Edit 〉 Deform Track 〉 Buffer Track을 선택합니다.

Buffer Track을 선택한 후에는 원래 트랙포인트가 가지고 있던 키프레임들은 모두 사라지게 됩니다.

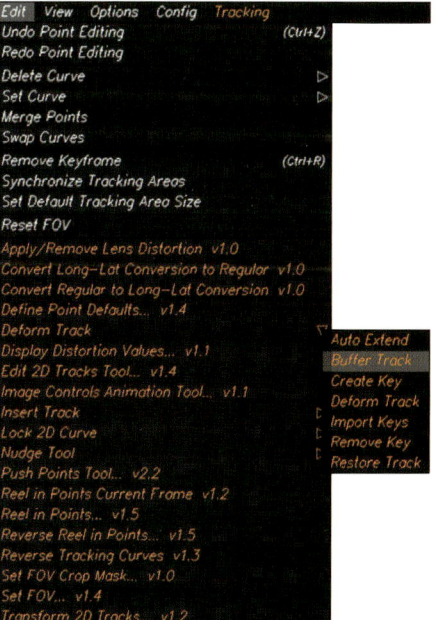

❷ 트랙포인트가 미끄러지기 시작하는 24번째 프레임, 58번째 프레임 그리고 마지막 71번째 프레임의 2D 트랙 포인트의 위치를 키패드의 숫자 또는 마우스로 움직여서 바로 잡은 후 해당 프레임에서 Edit 〉 Deform Track 〉 Create Key를 선택합니다.

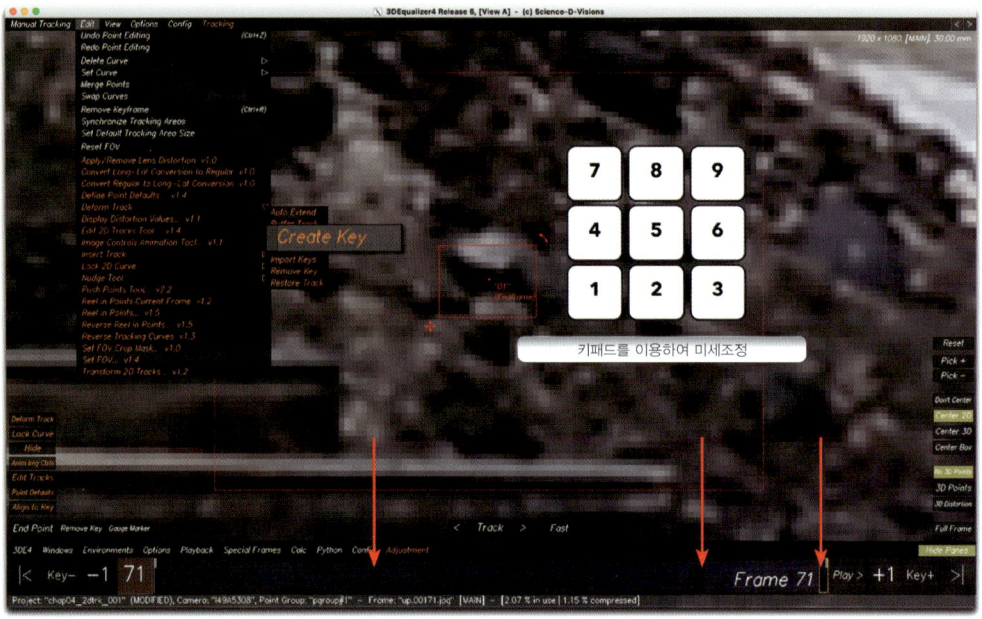

❸ 키프레임이 완료되었다면 메뉴에서 Edit 〉 Deform Track 〉 Deform Track을 선택합니다.

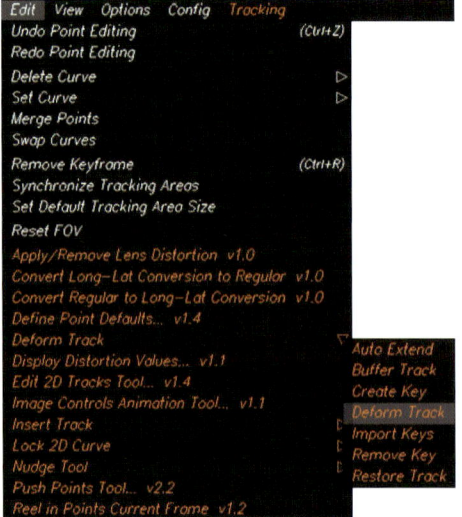

Deform Track의 각 단계별 메뉴를 선택할 때마다 Python Console에서 현재 진행되고 있는 상황을 체크 할 수 있습니다.

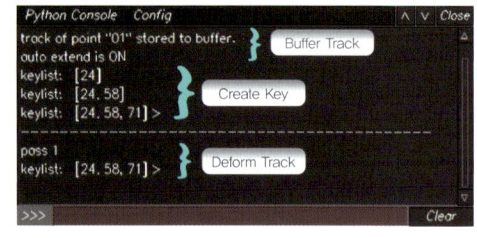

5 Attribite Editor Window : Point

이곳은 추가된 2D 트랙포인트의 설정을 해 줍니다.
모두 3 부분, Point, 2D Tracking, 3D Calculation으로 나눠집니다.

Point

여기에서는 포인트의 이름이나 컬러 등 보이는 부분의 설정을 할 수 있습니다.

Identifier : 포인트의 이름을 정해줍니다.

Color : 2D 포인트의 색을 다음과 같이 정해줄 수 있습니다.
  Red, Green, Blue, Yellow, Black, White, Gray, Purple, Cyan, Light Red, Light Green, Light Blue

3D Point Color : 3D 포인트의 색을 다음과 같이 정해줄 수 있습니다.
  Red, Green, Blue, Yellow, Black, White, Gray, Purple, Cyan, Light Red, Light Green, Light Blue

Hide From Display Area : 해당 포인트를 잠시 숨겨줍니다.

2D Tracking

여기에서는 현재 추가된 포인트의 실제 2D 트래킹 작업에 대한 설정할 수 있습니다.

Trackingmode : 3 가지의 트래킹 모드를 선택할 수 있습니다.
  Pattern - 트래킹 포인트의 안쪽 박스 영역의 패턴을 읽고 트래킹합니다.
  Marker - 솔리드 컬러로 되어 있는 마커를 트래킹합니다.
  Edge/Corner - 모서리 부분과 가장자리를 읽고 트래킹 합니다.

Direction : 트래킹을 어떤 방향으로 진행할 지 정합니다.
  Forward Only - 플레이트가 재생되는 방향으로 트래킹합니다.
  Backward Only - 플레이트가 재생되는 방향의 반대방향으로 트래킹합니다.
  Forward & Backward - 시작 키프레임과 끝 키프레임이 정해져 있어야 하며, 그 사이를 왕복하면서 트래킹합니다. 트래킹이 미끌어지는 경우 중간중간에 키프레임을 정해놓고 사용하면 좋습니다.

RGB Weights : 패턴을 인식 할 때 RGB 값의 정도를 조절 하여 패턴 인식률을 조절 할 수 있습니다.

Blurring : 트래킹 패턴에 적용되는 블러의 양을 설정합니다.

Deep Tracking : 트래킹의 정확도를 높여줍니다. 단점은 트래킹의 속도가 굉장히 느려집니다.

Compensate Luminance Changes : 플레이트의 밝기가 갑자기 변하게 될 경우 트랙포인트가 패턴을 못 찾는 경우가 생길 때 이 옵션을 체크해서 보정해 주는 기능을 합니다.

Reference Pattern : 트랙을 할 프레임이 참조할 프레임을 선택합니다. 모두 4 가지 방식이 있습니다.

  Previous Frame : 바로 전 프레임을 참조합니다.
  Previous Keyframe : 바로 전 키프레임을 참조합니다.
  First Keyframe : 첫 번째 키프레임을 참조합니다.
  Explicit Frame : 사용자가 정한 프레임을 참조합니다.

Rotate Reference Pattern : 패턴의 회전을 인식하게 해 줍니다. 카메라가 z 축으로 회전할 경우에 최대한의 효과를 볼 수 있습니다.

Scale Reference Pattern : 패턴의 크기의 변화를 인식하게 됩니다.

Create Keyframes While Tracking : 트래킹을 하는 동안 일정 에러율 아래로 내려갈 경우 키프레임을 자동으로 생성하여 에러율을 일정수준 아래로 내려가지 못하도록 합니다.

Sensitivity : 키프레임이 만들어지는 에러율을 설정 합니다.

Stop Low Quality Tracking : 트래킹이 일정한 에러율 아래로 내려가기 전에 트래킹을 멈추게 합니다.

Spline Tracking Boxes : 트래킹박스 사이즈의 변화를 애니메이트 시켜 줍니다.

3D Calculation

여기에서는 트래킹이 끝난 후 해당포인트의 계산을 어떤 방식으로 할 지 설정 할 수 있습니다.

Calculation : 트랙포인트의 계산 방식을 정합니다.
    Off - Don't Calculate : 해당 트랙 포인트를 계산에서 제외합니다.
    Passive - Triangulate Position Only : 다른 포인트들의 계산결과에 의존하여 3D 포인트를 만들어줍니다. 계산에 관여하지 않습니다.
    Active - Calculate All : 해당 트랙 포인트를 계산합니다.

Triangulation Behaviour :
    Force Full Point Calculation : 해당 포인트를 강제로 계산하게 해줍니다.
    Allow Point to be Triangulated Only : 해당 포인트를 계산에서 제외하고 다른 계산값에 의존하여 3D 포인트를 만들게 합니다.

Survey Type : 해당 포인트의 타입을 설정합니다.
    Survey Free : 계산에 의해서 3D 포인트 위치가 정해지도록 합니다.
    Approximately Surveyed : 고정된 3D 포인트를 정해진 영역(Approx. Survey Radius)안에서 계산합니다.
    Exactly Surveyed : 3D 포인트를 정확히 원하는 곳에 고정시킵니다.
    Lineup Only Surveyed : 계산되지 않는 포인트로 서베이 모델을 라인업 할 때만 사용됩니다.
    Position XYZ : Exactly Surveyed 모드를 선택했을 경우 위치값을 보여줍니다. 각 채널을 독립적으로 사용 가능합니다.

Approx. Survey Radius : Approximately Surveyed 를 선택했을 경우 그 계산 허용 영역을 정해줍니다.

Infinitely Distant : 해당 포인트의 위치를 가장 먼곳으로 설정해줍니다.

Valid : 해당 포인트가 이미지 플레인 영역 안과 밖에서 작동할지를 정해줍니다.
    Inside FOV Only : 설정된 FOV 안에서만 트랙포인트가 작동합니다.
    Inside Frame Only : 현재의 이미지 플레인 영역 안에서만 트랙포인트가 작동합니다.
    Always : 이미지 플레인 영역 밖까지 모두 작동하도록 해줍니다.

Point Weighting : 해당 포인트의 웨이트(계산시 포인트의 세기)를 정해줍니다.
    Static : 모든 프레임에 같은 웨이트 값을 정해줍니다.
    Calc Automatically : 프레임마다 자동으로 웨이트를 정해줍니다.
    Dynamic : 웨이트에 키프레임을 줄 수 있습니다.

Static Weight : Static 모드의 경우 그 값을 정해줍니다.

Position Weight Blending : 해당 트래킹 포인트의 웨이트를 가장자리에 갈수록 값을 줄여서 부드럽게 만들어 줍니다.

Timeline Weight Blending : 해당 트래킹 포인트의 앞 뒤 프레임 수를 정하여 웨이트를 부드럽게 만들어 줍니다.

Mocap Z-Depth Filter : 모캡포인트의 경우 계산시에 포인트의 z-depth를 재배치 할 수 있도록 필터링을 해 줍니다.

5
Calc / Parameter Adjustment

3DE의 Calc 종류
Calc에 관하여
Zoom / Focus Lens Calc
Calc LSF
Focal Length와 Distortion 계산
Dynamic Distortion 계산

이번 챕터에서는 렌즈를 불러오고 2D 트랙포인트를 추가하고 나서 마지막으로 카메라를 계산하는 단계에 대해서 알아보겠습니다.

1 3DE의 Calc 종류

2D 트래킹 포인트의 추가 작업이 완료되었다면 그 다음은 카메라를 계산할 차례입니다.
3DE에서는 이 단계를 Calc(Calculate)이라고 부르고 있습니다. 일반적으로 다른 소프트웨어에서는 Solve라는 단어를 사용하며 비슷한 단어인 Calc도 의미가 통하므로 상관없습니다.

Main Menu Bar

1 Menu > Calc > Calc All From Scratch

가장 많이 사용되는 Calc 메뉴입니다. 2D 트랙포인트들이 적당한 개수로 적절한 위치에서 트랙되어 있고 사용된 카메라 렌즈에 맞는 렌즈 디스토션을 가진 렌즈가 연결되어 있다면 한 번의 계산으로 3D 카메라의 움직임을 얻을 수 있습니다.

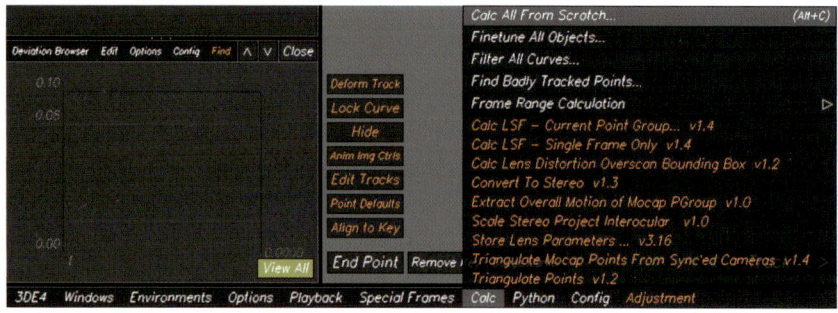

2 Menu > Calc > Finetune All Objects

이미 계산된 카메라가 있는 상태에서 수정이 있는 경우 기존의 결과를 기준으로 카메라를 다시 계산해 줍니다. 2D 트랙포인트의 많은 수정이 있지 않는 이상 카메라 움직임의 많은 변화를 주지는 않습니다.

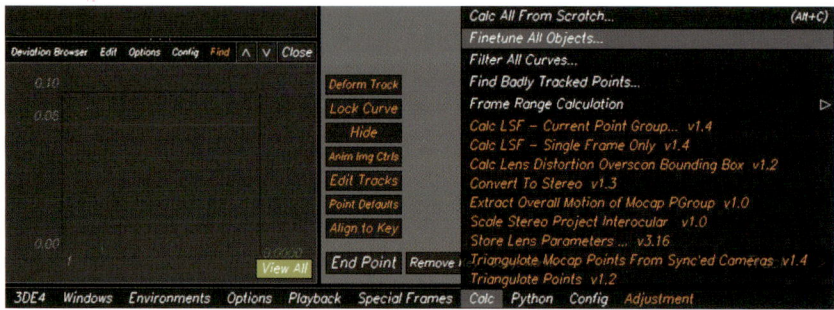

5. Calc / Parameter Adjustment

3 Menu > Calc > Calc LSF Current Point Group

이 메뉴는 포인트 그룹(오브젝트 또는 카메라)을 강제로 계산하는 방식입니다. 기존의 Calc All From Scratch가 계산에 필요한 조건이 있어야 작동하지만, 이 방식은 채널별 계산이나 부족한 포인트로도 어느정도 서베이 모델과 연결되어 있다면 해당 포인트 그룹을 강제로 계산해줍니다. 특히 이 메뉴의 경우에는 오브젝트 포인트 그룹의 각 채널별로도 따로 계산하는게 가능합니다. Calc All From Scratch 메뉴의 경우에는 카메라 그룹만 채널별 계산이 가능합니다.

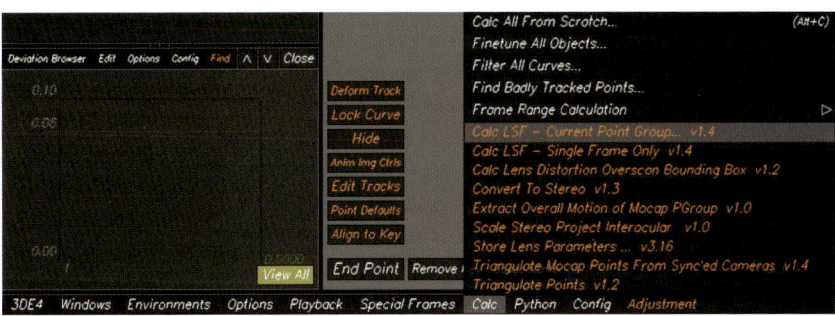

4 Menu > Calc > Calc LSF - Single Frame Only

현재의 포인트 그룹에서 현재 보이고 있는 한 프레임만 계산해줍니다.

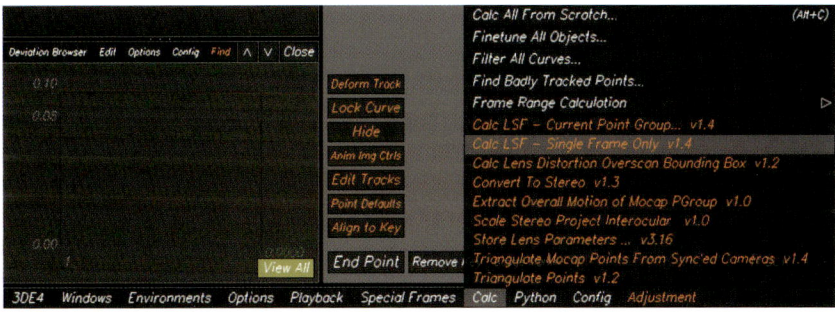

5 Menu > Calc > Triangulate Points

이미 계산이 되어 있는 카메라 포인트 그룹을 다시 계산하지 않고 새로 추가된 2D 트랙포인트만을 현재 공간에서 3D 공간 상에 위치시킵니다. 계산이 다 끝난 후 나중에 추가한 2D 트랙포인트의 3D 공간 상 위치만 추가할 경우 사용할 수 있습니다.

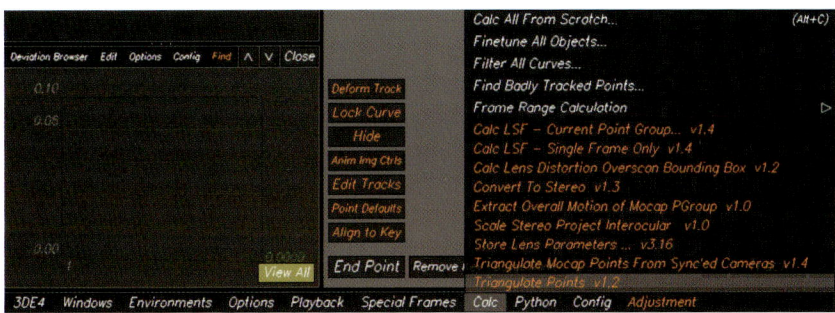

Curve Editor Menu

1️⃣ Calc > 3D Rot/Pos Curves > Make Rotation Curves Consistent

현재 카메라의 포지션 값을 그대로 둔 채 Rotation만 계산해 줍니다. 주로 Lock Off 카메라에서 사용하면 편합니다. Lock Off 카메라에서 서베이 모델을 싱글 프레임에 라인업하여 카메라의 위치를 찾은 후 적은 개수의 2D 트랙포인트를 서베이 모델에 프로젝션한 후 메뉴를 사용하여 계산할 수 있습니다.

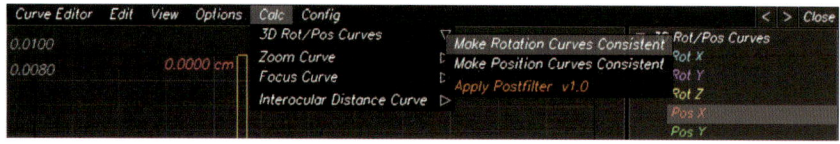

2️⃣ Calc > 3D Rot/Pos Curves > Make Position Curves Consistent

앞의 Make Rotation Curves Consistent와는 반대로 현재 카메라의 Rotation 값을 그대로 둔 채 포지션만 계산해 줍니다.

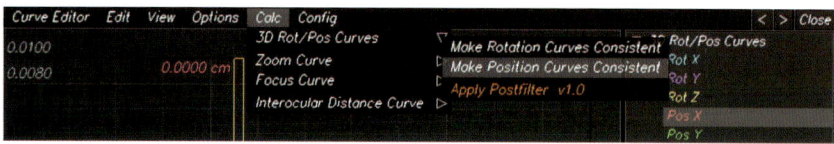

3️⃣ Calc > Zoom Curve > Calculate Zoom Curve

줌 렌즈일 경우 줌 렌즈의 값과 카메라의 움직임을 모두 계산해 줍니다. 계산 전 미리 줌의 시작과 끝을 정해줄 수 있으며, 대략의 줌 렌즈 값도 정해줄 수 있습니다. 자세한 사용법은 Zoom/Focus Lens Calc를 참고해 주세요.

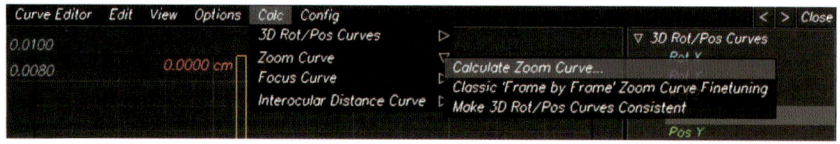

4️⃣ Calc > Zoom Curve > Classic 'Frame by Frame' Zoom Curve Finetuning

자동으로 줌 렌즈과 카메라의 움직임을 계산해 줍니다. 옵션 없는 자동계산으로 간단한 줌 계산 시 위 메뉴인 Calculate Zoom Curve보다 빠른 결과를 얻을 수 있습니다.

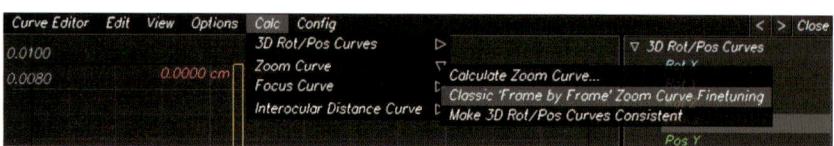

5. Calc / Parameter Adjustment

5 Calc > Zoom Curve > Make 3D Rot/Pos Curves Consistent

이미 계산된 줌 렌즈의 값을 그대로 둔 채 카메라의 포지션과 로테이션 값만을 계산해 줍니다.

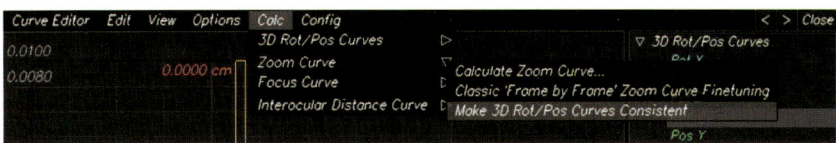

6 Calc > Focus Curve > Calculate Custom Focus Curve

포커스 변화로 인한 카메라 줌 현상이 일어날 경우 애니메이트되는 포커스 커브를 계산하여 만들어 줍니다. 이 경우에는 포커스 별 렌즈 디스토션이 준비되어 있어야 하므로 보통은 이 메뉴를 이용하기 보다는 줌을 계산하여 대체하는 방식을 많이 사용합니다.

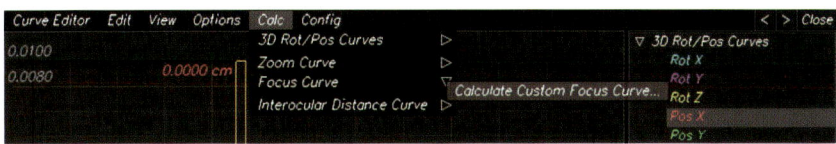

7 Calc > Interocular Distance Curve > Calculate Interocular Distance Curve

스테레오 카메라의 io 거리값을 계산해 줍니다.

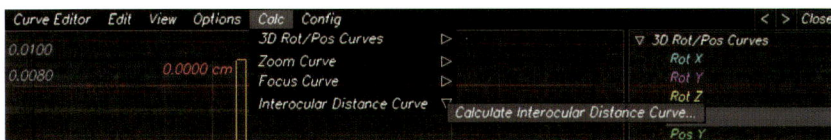

일반적으로 매치무브 소프트웨어의 계산은 한 가지로 되어 있는 경우가 많지만, 3DE의 경우는 여러 군데 산재되어 있는 특징이 있습니다. 이는 구 버전에서 업그레이드 되면서 추가된 기능들이 그대로 있는 경우도 있고, 메인 Calc 메뉴에서 지원되지 못하는 부분을 추가로 지원하면서 메뉴가 새로 생긴 경우도 있습니다. 결국 메뉴를 하나로 통일하고 그 안의 옵션들을 넣는 방식인지 아니면 각각 기능적 메뉴가 따로 있는지의 차이로 보면 됩니다.

2 Calc에 관하여

3DE는 기본적으로 4개의 2D 트랙포인트가 있으면 계산이 가능한 준비 상태가 됩니다. 하지만 4개만 있어도 충분하다는 의미는 아니고 Calc 메뉴가 작동을 할 수도 있다는 의미입니다. 줌 계산의 경우에는 6개의 포인트들이 필요합니다. 이렇게 적은 트랙포인트로 계산이 가능한 경우는 서베이 모델이 있는 경우나 트라이포드에 올려놓고 촬영한 경우 등에서만 가능합니다. 앞쪽 챕터에서도 언급했듯이 2D 트랙포인트는 2D 이미지이지만 3D 상의 공간이라고 인식하고 고르게 퍼져 있어야 좋은 결과값이 나옵니다.

2D 트랙포인트가 충분히 있는지 알 수 있는 방법은 Windows > Timeline Editor를 열어서 빨간색 빗금이 있는지 없는지 확인해 보면 됩니다. 만약 빨간색 빗금이 보이면 해당 타임라인 영역의 포인트가 부족한 상태입니다. 그럴 경우 빗금이 없어질 때까지 포인트를 추가해 주어야 합니다.

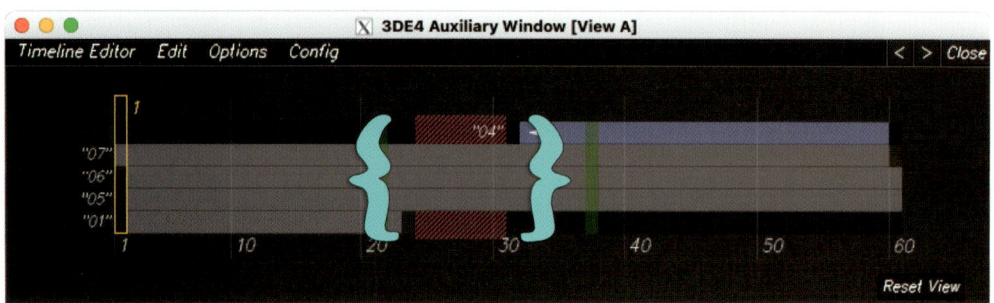

Camera Constraints

Attribute Editor의 Camera 탭에 위치한 Camera Constraints 옵션은 3DE에서 카메라를 계산할 때 가장 유용한 기능이며 가장 많이 사용하게 될 옵션입니다. 여기에는 두 가지 방식의 옵션이 있는데 하나는 미리 설정된 카메라의 움직임을 정해주고 그 안에서 계산하는 Positional Camera Constraint 과 카메라 움직임의 채널을 각각 조절할 수 있는 Lock Position Constraint가 있습니다.

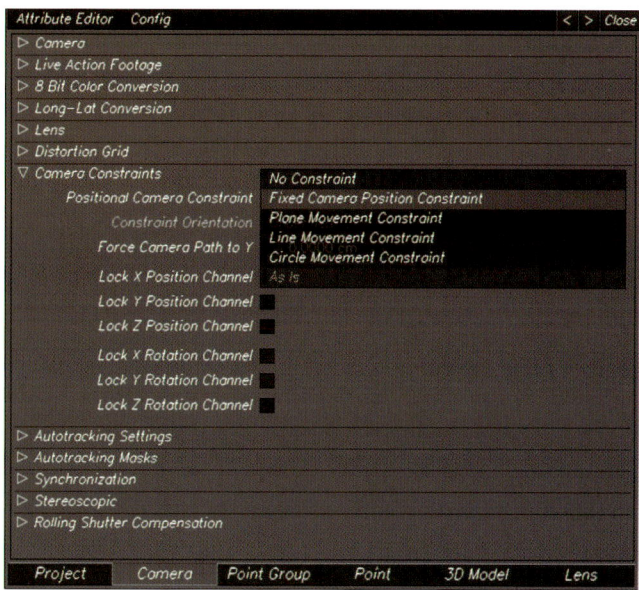

Positional Camera Constraint

Fixed Camera Position Constraint

트라이포드에 올려놓고 촬영된 카메라처럼 로테이션 값만 있는 카메라 움직임의 경우에 사용됩니다. 이 경우 포지션의 움직임 값을 고정시키게 되는데 실제 카메라의 경우 트라이포드에 올려놓았다고 해서 움직임이 완전히 고정되지 않습니다. 그 이유는 로테이션 중심축의 위치와 관계가 있는데 실제는 약간의 차이가 존재합니다.

보통은 포지션 값을 한 곳으로 고정해도 별 문제가 생기지는 않지만, 아주 가끔 이 차이마저도 계산을 해야 할 경우가 있습니다. 이런 경우 카메라를 계산하고 난 후 Menu 〉 Adjust Near Nodal Camera Move 메뉴를 이용하여 로테이션 값을 기준으로 카메라의 미세한 움직임을 다시 계산해 주면 됩니다.

제일 간단한 방법으로는 Fixed Camera Position Constraint를 No Constraint으로 설정해놓고 기존의 방식인 Menu 〉 Calc 〉 Calc All From Scratch 로 계산을 해주면 됩니다.

Plane Movement Constraint

일정한 높이 에서 카메라가 X축과 Z축으로만 움직임이 있는 경우에 사용됩니다.

Line Movement Constraint

일직선으로만 움직이는 카메라의 경우에 사용됩니다.

Circle Movement Constraint

원형의 움직임의 카메라의 경우에 사용됩니다.

사실 이 방식의 옵션은 구 버전에서 있던 유일한 카메라 컨스트레인 메뉴였기에 여러 가지 제약이 많이 있습니다. 실제로 현실에서의 카메라 움직임은 기계처럼 완벽한 평면에서 움직이지도 않고 로테이션만 되지도 않고 정확하게 직선으로 움직이지도 않습니다. 그러다 보니 이 옵션을 사용하게 되면 만족할 만한 결과를 얻지 못하는 경우가 많이 있었습니다. 그래서 새로운 버전의 3DE에서 추가된 것들이 다음 옵션인 Lock Position Channel 입니다.

Lock Position Channel

이 옵션은 카메라의 각각의 채널을 잠그거나 풀어줌으로써 원하는 움직임만 계산해 줍니다. 만약 카메라를 계산한 후에 카메라의 포지션에 노이즈가 많아서 이 그래프를 좀 더 부드럽게 만들고 다시 로테이션에 대한 부분만 계산하고 싶을 때 포지션 그래프에 필터링을 한 후 Lock 'xyz' Position Channel 을 모두 체크하고 다시 Calc를 하는 방식으로 이용이 가능합니다.

이 경우 외에도 채널 하나씩 정리하고 잠근 후 다시 계산하는 방식으로 그래프를 만들어 가는 방식도 가능합니다. 이 옵션은 굉장히 많이 사용하게 되므로 잘 기억하기를 바랍니다.

3 Zoom / Focus Lens Calc

줌 렌즈의 Focal Length를 움직이면서 촬영된 플레이트인 경우에는 각 Focal Length 마다 디스토션이 다르기 때문에 렌즈디스토션 값도 애니메이트되어야 합니다. 그러기 위해서는 미리 렌즈그리드를 줌 렌즈의 적절한 Focal Length 단계마다 촬영하여 3DE에서 렌즈를 만들 때 디스토션 값들이 단계마다 다르게 애니메이트 되도록 만들어야 합니다.

만약 렌즈그리드가 없거나 에러율이 높다면 주어진 서베이 데이터와 2D 트랙포인트들이 프로젝션된 3D 포인트 값에 따라서 계산할 수 있습니다. 이론적으로는 메타데이터를 이용하여 수치만 입력시켜주면 되지 않을까 생각되지만, 실제 작업에서는 포인트들과 서베이 데이터를 이용하여 계산하는 경우가 훨씬 많습니다.

그 이유는 줌 렌즈의 렌즈그리드 촬영이 제대로 되어서 오지 않는 경우가 많고, 메타데이터를 사용하기 위해서 경우에 따라 커스텀 툴이 필요하기도 하고, 렌즈그리드를 촬영했더라도 다양한 이유로 LiDAR에 맞추어서 다시 렌즈 계산이 필요한 경우도 생기기 때문입니다. 결국 모든 값을 조합하여 평균값을 계산하는 방식으로 에러율을 낮추는 방식이 현재 가장 프로덕션에서 사용하기에 적합한 방식이 되는 셈입니다.

좀 더 간단히 말하면 많은 양의 정보가 정확히 모아져서 입력되어야겠지만 촬영 현장에서 모든 정보가 넘어온다는 것 자체가 생각만큼 쉽지 않습니다. 물론, 요즘처럼 AR 기술이 발전되어 있고 여러 가지 툴을 이용하면 훨씬 수월하고 정확하게 할 수 있지 않을까하는 생각도 들지만, 사용 목적이 다르기에 3DE의 방식이 현실적으로 대부분의 스튜디오들이 현재 사용하기에 가장 적절한 방식으로 사용되고 있지 않을까 생각됩니다. 물론 빅 스튜디오들은 이러한 AR 기술들을 섞어서 사용하는 실험적인 방식들을 계속 시도 중입니다.

Lens Setting

줌 렌즈를 계산하기 위해 현재 렌즈(default lens)를 선택한 후 Attribute Editor 윈도우의 Camera 탭에서 Lens > Focal Length를 Dynamic (zooming)으로 세팅해 놓습니다.

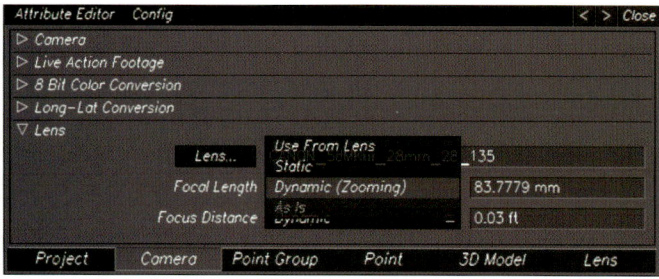

만약 렌즈 디스토션을 변하는 줌 렌즈의 Focal Length마다 애니메이트 된 값을 사용할 수 밖에 없는 상황이라면 Attribute Editor 윈도우의 Lens 탭에서 Lens Distortion > Dynamic Lens Distortion의 풀다운 메뉴에서 Driven by Focal Length Only를 선택해줍니다.

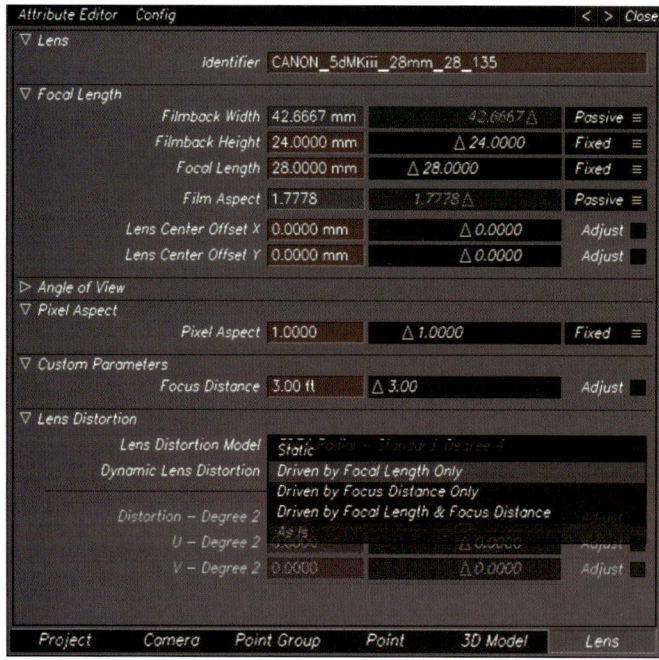

렌즈그리드 작업을 해 놓은 렌즈를 Import 해서 사용한 것이 아니라 디폴트 렌즈를 사용하고 있거나 단렌즈의 디스토션만을 가지고 있는 렌즈일 경우 Driven by Focal Length Only를 선택하면 이미 가지고 있던 디스토션들이 전부 리셋됩니다. Dynamic Lens Distortion에 대해서는 Adjust Curve Vertices 메뉴를 통해서 다시 알아보겠습니다.

줌 렌즈 계산

줌 렌즈를 계산하는 메뉴는 2개가 있는데 이 메뉴는 메인 메뉴바에 위치해 있지 않고 Curve Editor 〉 Calc 〉 Zoom Curve에서 Calc Zoom Curve와 Classic 'Frame by Frame' Zoom Curve Finetuning 입니다. 두 번째 'Classic' 메뉴는 예전의 3DE에 있던 유일한 줌 계산 메뉴였으며, Calc Zoom Curve 가 새롭게 추가된 후에도 여전히 남아 있는 메뉴입니다. 실제로 간단한 줌 계산일 경우에는 클래식 메뉴도 도움이 많이 되곤 합니다.

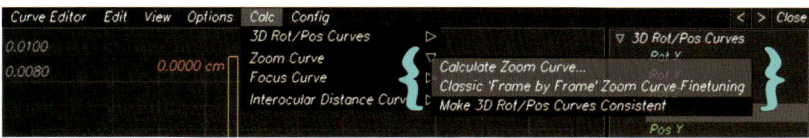

Calc Zoom Curve

이 메뉴의 경우에는 여러 가지 설정을 해야 좋은 결과가 나오게 됩니다. 한 번에 바로 좋은 계산값이 나온다기보다 여러 번 범위를 줄여가며 사용해야 하는 번거로움이 있습니다. 하지만 클래식 메뉴보다는 더욱 세밀한 계산이 가능합니다.

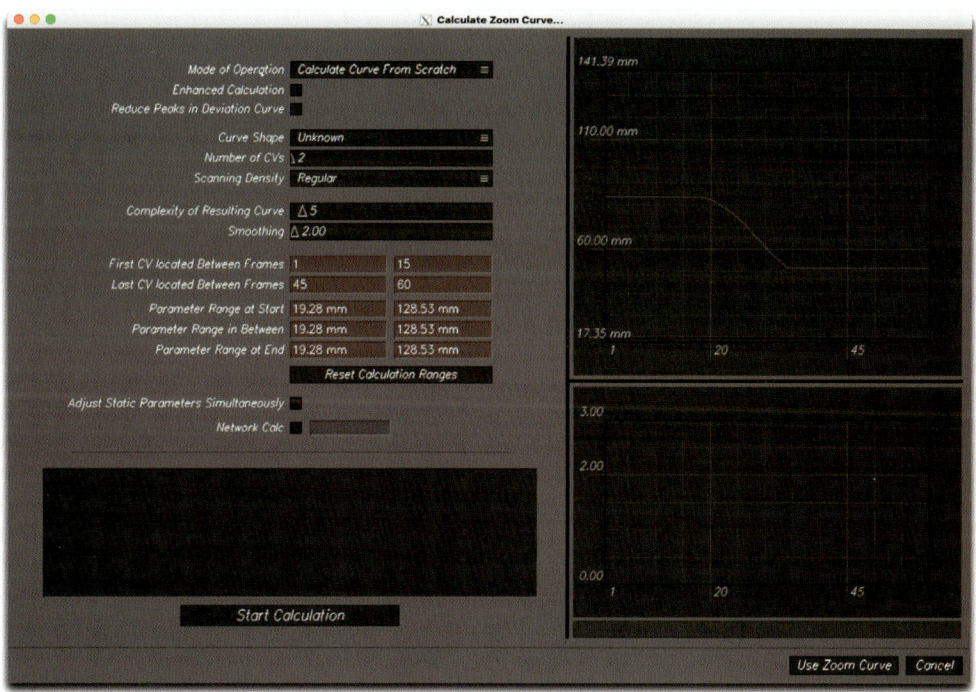

Mode of Operation

Calculate Curve From Scratch
새로 계산을 할 때 선택해줍니다. 이미 커브가 있는 경우에는 다시 계산하게 됩니다.

Finetune Existing Curve
이미 줌 커브가 있는 경우 파인튜닝만 할 때 사용됩니다.

Enhanced Calculation
좀 더 자세한 계산이 필요할 경우 체크해줍니다.

Reduce Peak in Deviation
계산 시 커브의 피크를 줄여줍니다.

Curve Shape

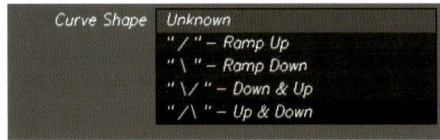

커브의 종류를 미리 설정합니다. 보통 unknown으로 시작해도 됩니다.

Unknown
" / " – Ramp Up
"\ " – Ramp Down
"\/ " – Down & Up
"/\ " – Up & Down

Number of CVs : 2–7
계산 후 만들어지는 커브의 개수를 정해줍니다.

Scanning Density: Low, Regular, High
계산의 정밀도라고 보면 됩니다. 계산의 속도가 Low 일수록 빨라지며 High 일수록 느려집니다.

Complexity of Resulting Curve : 2–50
커브의 복잡도를 결정합니다. 숫자가 적을 수록 단순한 모양의 커브가 만들어집니다.

Smoothing : 1.00 – 50.00
커브의 부드러움을 설정합니다.

First CV Located Between Frames
첫 번째 커브의 프레임 영역을 설정해줍니다.

Last CV Located Between Frames
마지막 커브의 프레임 영역을 설정해줍니다.

Parameter Range at Start
시작되는 Focal Length의 범위를 정해줍니다.

Parameter Range in Between
중간 Focal Length의 범위를 정해줍니다.

Parameter Range at End
마지막 Focal Length의 범위를 정해줍니다.

Reset Calculation Range
Focal Length 범위를 리셋시켜줍니다.

Adjust Static Parameters Simultaneously
선택된 렌즈디스토션의 채널과 같이 계산해줍니다.

Network Calc
네트워크로 연결된 3DE들을 이용하여 계산해줍니다.

> Curve Shape, Numberof CVs, Scanning Density 옵션은 Mode of Operation에서 Calculate Curve From Scratch가 선택되었을 때만 활성화됩니다.

Classic 'Frame by Frame' Zoom Curve Finetuning

이 메뉴의 경우 간단히 줌 커브를 만들어주기 때문에 생각보다 많이 사용됩니다. 하지만 세밀한 줌 커브를 원할 때에는 새로운 줌 커브 계산 메뉴를 사용하는 것을 권장합니다.

5. Calc / Parameter Adjustment

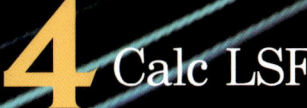

4. Calc LSF

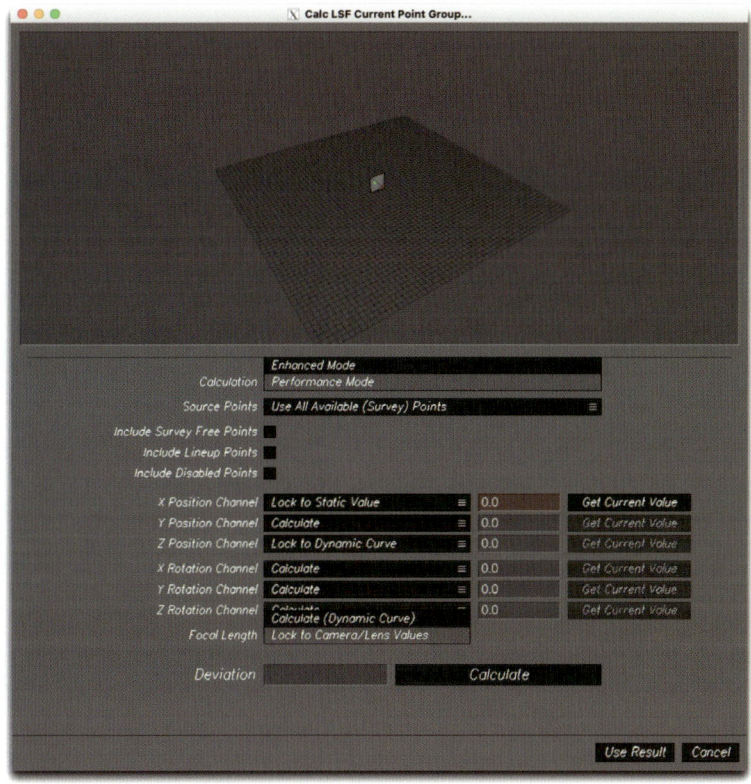

- **Calculation**
Enhanced Mode와 Performance Mode가 있습니다.

- **Source Points**
기본적으로 모든 서베이 모드의 포인트를 사용합니다.

- **Include Survey Free Points**

- **Include Lineup Points**

- **Include Disabled Points**
서베이 모드 이외에 서베이 프리, 라인업 또는 사용하지 않는 포인트들을 선택하여 사용하게 해줍니다.

- **XYZ Position Channel**
- **XYZ Rotation Channel**
각 채널별로 계산을 해주거나 입력된 하나의 값을 이용하거나 애니메이트된 값을 이용할 수 있도록 해줍니다.

- **Focal Length**
Focal Length를 같이 계산해주거나 이미 계산되어져 있는 값을 사용 할 수 있습니다.

- **Deviation**
계산 후 에러값을 보여줍니다.

155

매치무브

5 Parameter Adjustment Window

3DE에서 카메라의 Focal Length을 계산하거나 디스토션 값의 채널들을 계산하려면 Parameter Adjustment Window를 이해해야 합니다. 매우 간단한 UI로 되어 있지만 생각보다 고민을 많이 하면서 이용을 해야 합니다. 이 말은 사용자가 결과물을 만드는 과정을 다양하게 접근할 수 있다는 뜻이기도 합니다.

Focal Length 하나만 단순히 계산을 할 때는 단순히 버튼을 누르는 것으로 끝나기도 하지만 만약 한 가지가 아니라 여러 가지를 한꺼번에 계산해야 할 경우에는 무엇을 먼저 계산하고 무엇을 나중에 할 것인지 또는 어떤 것을 한꺼번에 계산해야 할 것인지에 대한 고민이 생기게 됩니다. 이 부분이 3DE에서 가장 복잡한 부분이기도 하며 경험과 실력의 데이터가 쌓여야 시도하는 횟수를 줄임으로써 계산을 단 몇 번 만에 끝낼 수 있게 만들 수 있습니다.

여기에서는 모든 경우의 수를 다 예시할 수 없어서 단순한 설명이 될 수 밖에 없지만, 기본적으로 알고 있어야 하는 부분에 대해서 알아보도록 하겠습니다.

사용법

기본적으로 Parameter Adjustment Window에서 계산이 가능한 부분은 3DE에서 Adjust 메뉴를 선택이 가능한 것들은 모두 가능합니다.

우선, 일반적으로 가장 많이 사용되는 Focal Length를 Parameter Adjustment Window에 추가한 후 UI에 있는 모든 옵션들을 살펴보겠습니다.

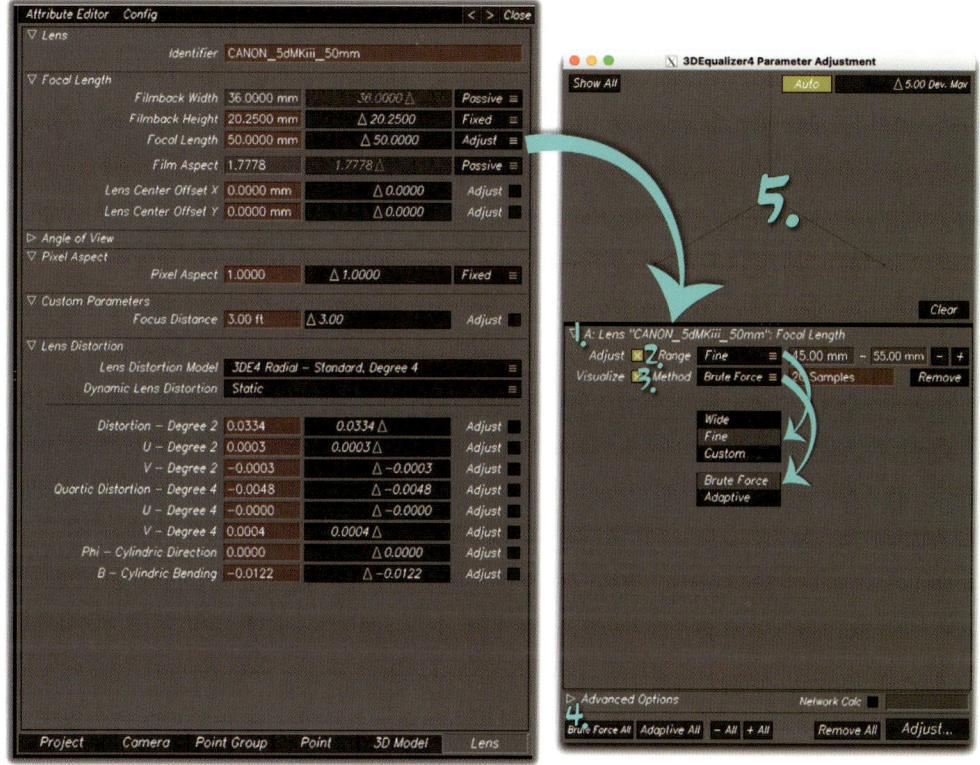

❶ 추가한 목록의 이름
❷ Range : Wide/Fine/Custom – 현재 계산할 값의 범위를 정해줍니다.
❸ Method : Brute Force / Adaptive – 계산 방식을 정해줍니다.
　• 주로 3DE가 자동으로 계산할 수 있도록 해 주는 Adaptive 방식을 사용하게 되지만 일정한 값 근처에서 강제로 계산하는 Brute Force를 사용할 수도 있습니다.
❹ 추가된 목록이 많을 경우 한 번에 모든 Method의 방식을 선택하거나 값의 범위를 조절할 수 있는 버튼이 아래 쪽에 있습니다.
❺ 그래프 – 계산이 되는 동안 이곳에서 계산된 값을 그래프로 보여줍니다.

매치무브

6 Focal Length와 Distortion 계산

3DE에서 렌즈 디스토션과 Focal Length를 계산할 때에 숙지해야 할 부분은 작업자가 어느 정도의 Focal Length와 디스토션의 범위를 허용할 것인가입니다. 사용자마다 접근방법이 모두 다르기 때문에 상식적으로 어떤 단계로 하나씩 접근할 것인가를 항상 생각하면서 계산해야 합니다. 필자가 접근하는 방식의 이론은 다음과 같습니다.

- 각 렌즈의 Focal Length는 정수로 떨어지지 않을 수도 있다.
- 렌즈 디스토션의 종류는 크게 핀 쿠션과 배럴 타입으로 나뉜다.
- (Mustache 일명 콧수염 디스토션도 있습니다.)
- Distortion은 현재 렌즈의 Focal Length 값에 기반한다.

여기에는 2가지 예가 있을 수 있습니다.

- 첫 번째, 아무 정보가 없을 경우
- 두 번째, 렌즈의 Focal Length만 알 경우

거의 대부분의 매치무브 소프트웨어는 이론적으로 정보 없이 플레이트의 패럴렉스를 이용하여 사용자 또는 자동으로 추가된 포인트들의 관계를 계산해서 카메라의 움직임을 만들어 내는 것입니다. 그 뜻은 정보가 굳이 있을 필요가 없다는 것입니다. 원래 그런 상황에서 사용하도록 만들어져 있는 것입니다.

하지만 이러한 이론에 의한 기술적 접근은 영화에서 CG를 정확하게 맞추기 위한 방식으로는 한계가 너무나 많았습니다. 그래서 접근한 방식이 서베이 모델을 이용하고 모든 정보를 넣은 후 포인트를 해당 서베이 모델에 맞추어 카메라 움직임을 계산하는 원래의 방식을 거꾸로 접근하는 것입니다. 그 이유는 사람이 임의로 찍어 넣을 수 있는 포인트의 한계가 시간상 또는 상황상 존재하다보니, 그 포인트를 기반으로 나오는 공간에서의 카메라 움직임이 실제와는 조금 다르게 나오게 됩니다. 물론 2D 이미지상에서 볼 경우 맞아보이기도 합니다. 하지만 VFX의 경우에는 완벽한 3D 공간을 재구축을 해야만 세트도 익스텐션을 하고 캐릭터도 정확한 공간에서 움직이게 할 수 있습니다.

다시 한번 환기시켜 드리자면 VFX에서의 매치무브란 카메라 움직임을 계산해내는 것이 아니라 촬영장 공간을 그대로 재구축하는 것입니다.

이러한 정보 없이 임의의 포인트로만 정확한 계산이 될 수는 없지만 사실 할리우드 세트에서 조차 이러한 모든 정보를 빠뜨리고 그냥 플레이트만 전해 받는 경우가 분명히 존재합니다. 이러한 일은 버짓이 낮은 영화나 드라마로 갈수록 심해지는 것은 어쩔 수 없는 현상입니다. 가끔 예산이 큰 프로젝트에서도 발생합니다.

이렇듯 아티스트는 이렇게 정보 없는 상황에서도 카메라 트래킹을 해 내고 공간도 만들어야 합니다. 3DE에서 이렇게 현재 제공되는 포인트들만으로 카메라의 움직임을 계산하기 위하여 Focal Length와 Distortion 값을 찾게 해 주는 것이 Parameter Adjustment Window 입니다.

Focal Length은 알지만 Distortion 값을 모르는 경우

이 챕터에서는 Focal Length만 알고 있는 경우를 예로 Parameter Adjustment Window를 이용하는 방법을 알아보겠습니다.

이 경우는 렌즈의 Focal Length 값을 알고 있는 만큼 렌즈 디스토션만 계산하면 됩니다. 물론 간혹 렌즈까지도 나중에 다시 계산하기도 하지만 케이스마다 다릅니다. 보통 간단한 CG가 플레이트 중간 정도에 공중에 떠 있는 경우라면 렌즈의 Focal Length와 Distortion 값을 굳이 계산하지 않고 그냥 사용해도 무방합니다.

다음과 같은 상황에서 렌즈의 Distortion을 구해봅시다.

사용된 카메라 : Canon MkIII HD mode - 필름백 사이즈 36mm x 20.25mm
사용된 렌즈 : 28mm Lens
카메라의 움직임 : Pedestal (붐업)

❶ 28mm 렌즈를 만들고 촬영한 카메라의 필름백 값을 입력합니다.

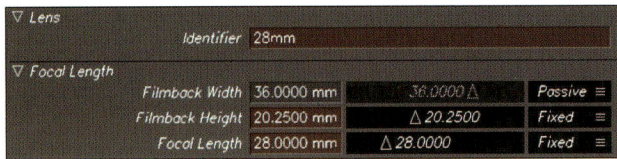

❷ 렌즈의 Attribute 〉 Lens Distortion 〉 Distortion Model을 3DE4 Radial – Standard, Degree 4 로 선택합니다.

❸ Distortion – Degree 2 채널의 Adjust 체크박스를 체크하여 해당 채널을 Parameter Adjustment Window에 추가합니다.

❹ Parameter Adjustment Window에 추가된 채널의 Method를 Brute Force에서 Adaptive로 바꿉니다.

❺ Adjust 버튼을 눌러서 계산을 합니다.

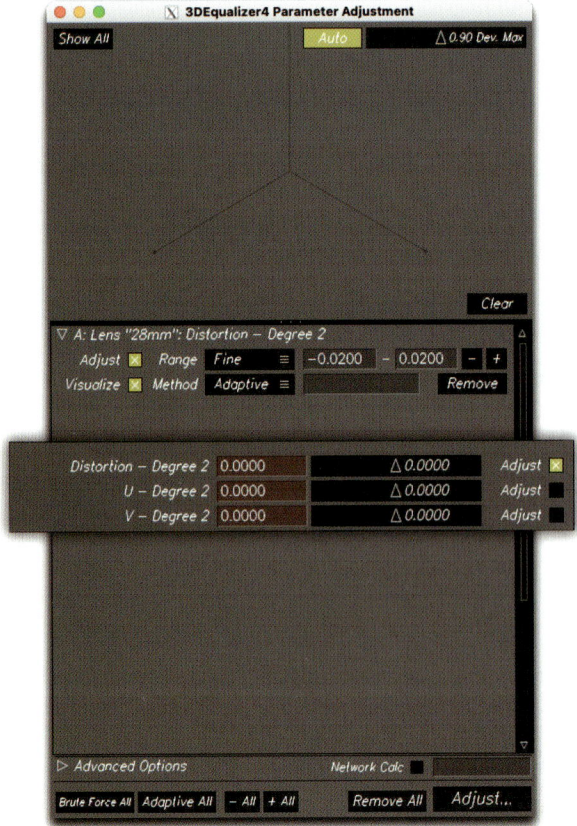
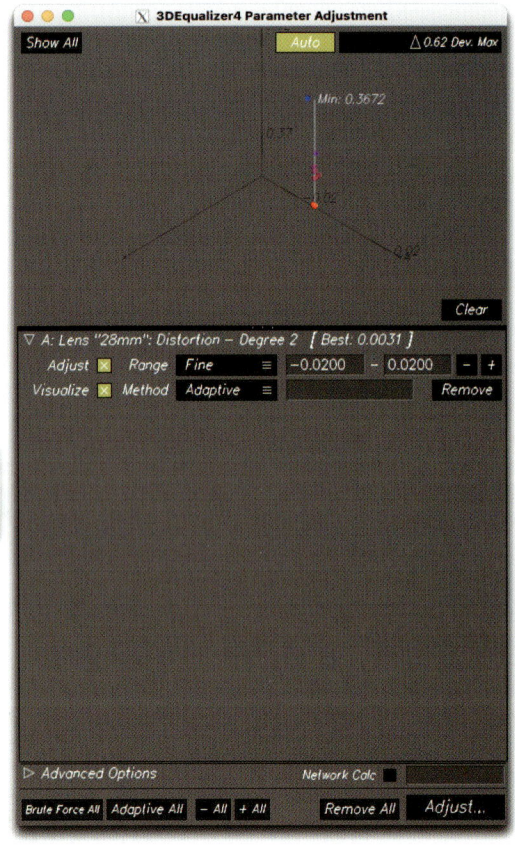

5. Calc / Parameter Adjustment

❻ 3DE 메뉴에서 Calc › Calc All For Scratch를 선택하여 카메라를 계산합니다.

❼ 만족할 만한 결과가 나오지 않았을 경우 Quartic Distortion – Degree 4를 Parameter Adjustment Window에 추가하여 4번부터 6번까지를 반복합니다.

❽ 만족할 만한 결과가 나오지 않았을 경우 B-Cylindric Bending을 Parameter Adjustment Window에 추가하여 4번부터 6번까지를 반복합니다.

❾ 만족할 만한 결과가 나오지 않았을 경우 U – Degree2와 V – Dgree2를 Parameter Adjustment Window에 추가하여 4번부터 6번까지를 반복합니다.

❿ 만족할 만한 결과가 나오지 않았을 경우 U – Degree4와 V – Dgree4를 Parameter Adjustment Window에 추가하여 4번부터 6번까지를 반복합니다.

⓫ 만족할 만한 결과가 나오지 않았을 경우 Focal Length를 Parameter Adjustment Window에 추가하여 4번부터 6번까지를 반복합니다.

자, 여기서 어떤 패턴을 발견하셨나요? 이해가 되셨을 수도 아닐 수도 있습니다.
사실 이 계산 패턴은 필자의 경험으로 만들어 놓은 패턴입니다. 다른 아티스트는 다른 방식으로 접근할 수도 있습니다. 마치 적당한 룰을 자신이 만들어서 푸는 퍼즐같다고 생각하면 됩니다.
Distortion 값은 현재 추가된 2D 트랙포인트를 기반으로 만들어집니다. 만약 이미지 전체에 고르게 뿌려진 2D 포인트가 아니라 한쪽으로만 치우쳐져 있다면 2D 트랙포인트가 없는 곳은 Distortion 값이 제대로 나오지 않을 수도 있습니다. 무엇이 정확한 것인가에 포커스를 맞추는 이론과 기술적 정답이 필요한 것이 아니라 현재 필요한 상황이 무엇인가가 우선 시 되는 아티스트적 관점도 때로는 필요하다는 의미입니다.

우선 각 채널이 이미지를 어떻게 변화시키는지를 알아야 합니다. 그래야만 어떤 형식으로 변형을 시켜야 하고 어떤 채널을 선택해야 할지를 알 수 있기 때문입니다. 채널별 이미지 변화는 챕터3을 참고하시기 바랍니다.

필자가 만들어 놓은 패턴은 다음과 같습니다.

렌즈는 정해져 있으므로 렌즈보다는 Distortion 채널 중에 이미지가 대칭적으로 변화되는 채널을 우선 찾아서 Adjust를 합니다. 이 Distortion Model에서는 Distortion Degree 2와 Quaritic Distortion - Degree 4 입니다. 필자는 이 둘을 한꺼번에 계산하는 대신, 1개씩 계산하여 접근하는 방식을 택했습니다.

그 다음으로 찾은 채널이 B - Cylindric Bending 입니다. 이 채널은 위 아래 또는 양 옆에서 눌러서 찌그러뜨리는 듯한 방식입니다. 마지막으로 UV 방식으로 회전시키는 채널, B - Cylindric Bending 과 연동되서 이미지가 변형되는 Phi - Cylindric Direction을 차례대로 계산한 후 마지막으로 Focal Length를 계산해줌으로써 변화된 Distortion에 다시 Focal Length를 조정해준 것입니다.

다시 한 번 정리를 해 보겠습니다.

렌즈 디스토션의 계산은 가장 큰 변화가 보이는 채널부터 시작합니다.
앞에서 사용된 3DE Radial - Standard, Degree4 렌즈 모델로 예를 들어 보겠습니다.

> **Distortion - Degree 2 / Quartic Distortion - Degree 4**
>
> 명백하게 좌우가 똑같이 핀쿠션이나 배럴의 형식으로 값에 따라 변합니다. 대부분의 렌즈는 이렇게 핀쿠션이나 배럴 형식으로 되어 있으므로 이 2개의 채널부터 시작하게 됩니다. 단, 순서별로 Degree2로 시작하고 나중에 Degree4를 더해주는 것이 더 좋을 듯 합니다.
>
> 보통 이 2개의 채널값을 계산해 주는 것으로 Deviation 값이 꽤 낮아집니다만, 간혹 LiDAR와 같은 서베이 모델을 기준으로 Distortion 값을 계산하다 보면 좌우 양끝이 안 맞는 경우가 생기고는 합니다. 이런 경우 양 끝을 늘렸다 줄였다를 할 수 있는 B-Cylindric Bending을 계산해 볼 수도 있습니다.
>
> 이 정도로 대부분의 그리드 촬영을 하지 않은 플레이트의 Distortion 값 계산은 끝이 납니다. 보통 공중에 떠 있는 CG를 넣을 때 말입니다. 하지만 만약 건물의 라인을 맞추려고 할 때는 UV 값을 따로 계산 할 수 있는 Degree-2 와 Degree-4 채널을 계산해야 할 수도 있습니다. 보통 Degree-2의 UV부터 계산하면서 Degree-4의 UV를 차례대로 할 수 있습니다.

이렇듯 기본적으로는 단계별로 계산하는 것을 추천 드리며, 상황에 따라 한꺼번에 모든 것을 넣고 계산해야 하는 경우도 생깁니다. 그 만큼 이 Distortion 값의 계산은 마치 결과값을 쫓으면서 자신이 과정을 만드는 퍼즐과도 같습니다.

5. Calc / Parameter Adjustment

7 Dynamic Distortion 값 계산

줌 렌즈나 포커스 랙이 사용된 경우 렌즈 디스토션이 눈에 띄게 변화되는 것이 보이는 경우가 있습니다. 또는 어떠한 이유로 인하여 정확히 라인업이 되어야 할 LiDAR가 일정한 곳에서 눈에 띄게 미끌어지는 경우도 있습니다. 이러한 경우 Distortion을 애니메이트시켜야 하는데 이때 사용되는 메뉴가 Adjustment Curve Vertices 입니다. 이 메뉴는 Calc 메뉴와 동일한 기능을 하지 않고 몇 단계의 과정을 거쳐야 합니다.

❶ Attribute Editor 〉 Lens 〉 Lens Distortion의 Dynamic Lens Distortion 풀다운 메뉴 옵션에서 Driven by Focal Length Only를 선택합니다.

❷ F3 Distortion 뷰포트 모드에서 Animate Distortion 버튼을 클릭하거나, Edit 메뉴에서 Distortion Animation Tool을 선택합니다.

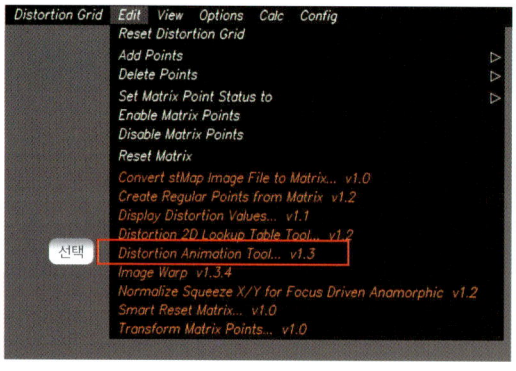

5. Calc / Parameter Adjustment

❸ 키를 주고자 하는 프레임으로 타임라인을 설정한 뒤 UI에서 키프레임을 주려면 원하는 렌즈 디스토션 채널 위의 삼각형 표시바 위를 가운데 마우스 버튼으로 앞/뒤로 클릭합니다. 모든 채널에 키를 주기 위해서는 Key All 버튼을 누르면 됩니다.

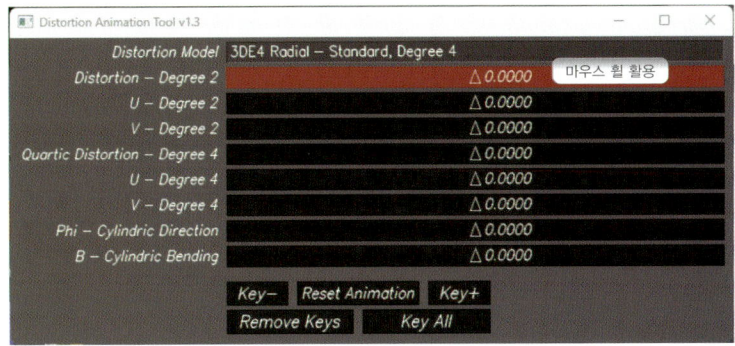

마우스의 가운데 버튼으로 2번 클릭하는 이유는 개별적인 채널에 직접 키프레임을 주는 기능이 없기 때문입니다. 일종의 트릭이죠.

❹ Curve Editor를 열어서 Distortion 채널을 열어보면 방금 키를 넣었던 채널에 키가 생긴 것을 볼 수 있습니다.

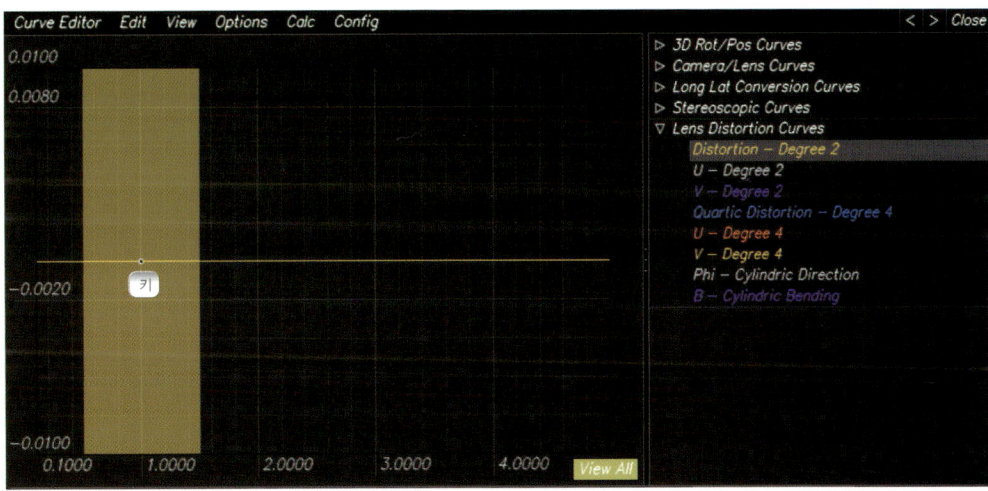

❺ Curve Editor 윈도우에서 Alt+클릭+드래그로 키를 선택한 후 Menu 〉 Adjustment 〉 Adjust Curve Vertices를 선택하고 선택된 채널의 영역을 정해주는 UI가 뜨면 OK 버튼을 누릅니다.

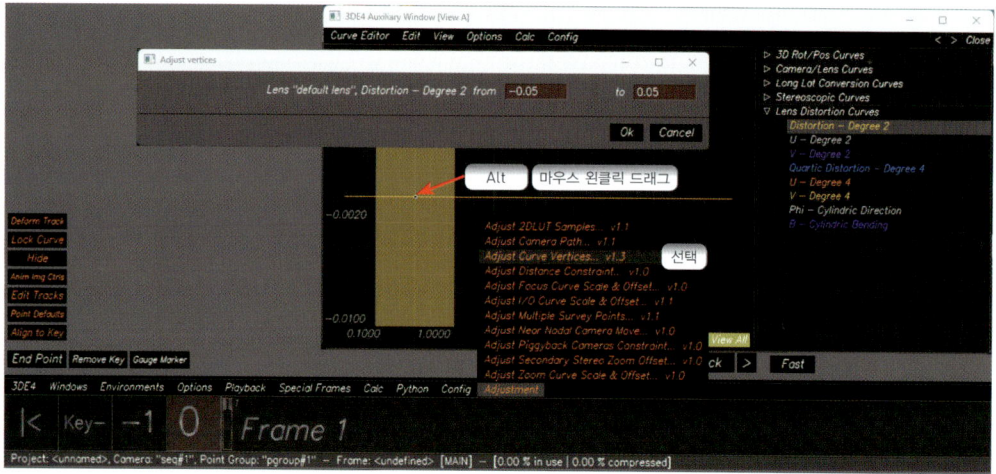

❻ Parameter Adjustment Window에 선택했던 Distortion 채널이 나타납니다. Adjust를 눌러서 계산합니다.

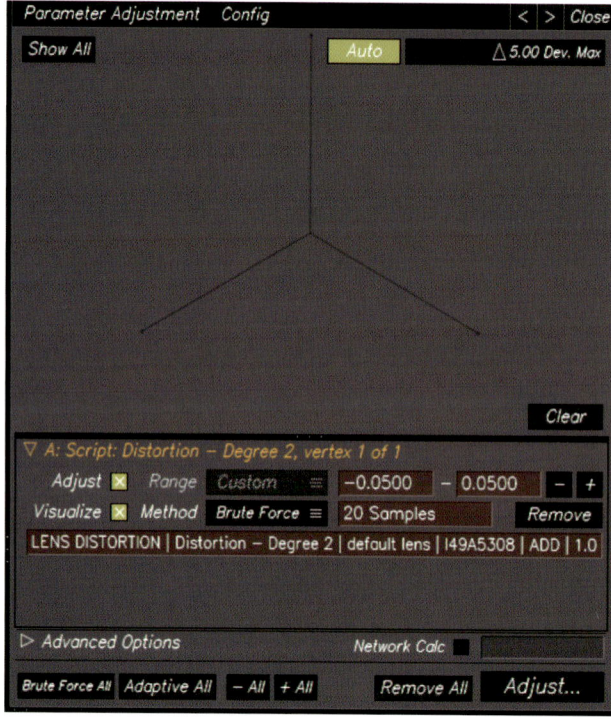

❼ 다른 원하는 프레임에서도 같은 방식으로 반복하여 키프레임을 Parameter Adjustment Window 에서 계산합니다.

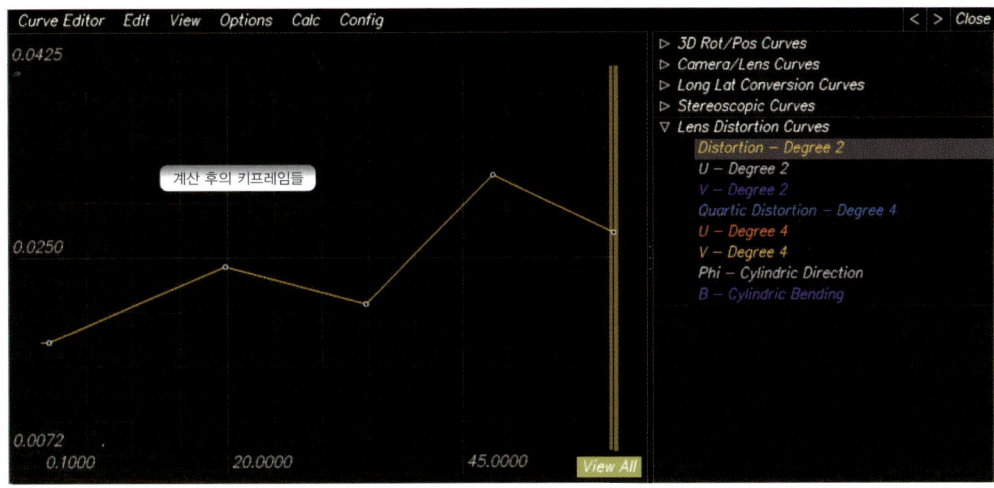

❽ 키프레임이 만들어졌으면 Calc All을 하여 카메라를 다시 계산합니다.

Distortion에 키를 주는 경우는 그다지 자주 발생하지는 않습니다만, 포커스 브리딩이 발생했을 때, 줌 계산으로 대체될 수 없을 경우, 또는 드물게 광각 렌즈로 촬영하고 Pan & Tilt 카메라 움직임을 LiDAR와 라인업 할 때 가장자리가 미끄러지는 경우가 있습니다. 여기에 세트를 연장하는 장면에서는 LiDAR의 라인업이 정확히 맞아야 하기 때문에 렌즈 값과 Distortion 값으로 해결이 안 되는 경우 Dynamic Distortion을 사용하게 됩니다.

Distortion에 키를 주려면 어떤 채널을 선택하여 애니메이션 키를 만들지 몇 프레임에 키를 주어야 할지 정하는 것이 가장 중요합니다. Distortion의 변화가 일어나는 부분이 분명하게 보인다면 키프레임을 어느 프레임에 만들지 명확해지지만, 변화가 눈으로 확인될 만큼 크지 않다면 매 프레임마다 키 값을 주어야 할 수도 있습니다. 또한 어떤 채널에 키를 넣어서 계산을 할지도 중요한데 계산하는 채널과 키프레임이 많아질수록 계산 시간이 엄청나게 길어집니다. 시간 절약을 위하여 어떤 채널을 선택할지, 어떤 키프레임을 만들지가 작업자의 결정에 달려 있는 셈입니다.

6
오브젝트 트래킹

캐릭터와 오브젝트
Point Group
오브젝트 트래킹 준비
트래킹 포인트
오브젝트 트래킹 계산

오브젝트 트래킹은 모든 트래킹 소프트웨어들이 지원을 하고는 있지만 사실상 아티스트의 손으로 거의 이루어진다고 봐야 합니다. 그만큼 오브젝트 트래킹이란 것이 까다롭고 시간이 절대적으로 걸리며 소프트웨어의 기능과 촬영 방식을 이용하여 그 시간을 단축하거나 더 정확한 움직임을 포착을 할 수 있습니다.

이 챕터에서는 오브젝트 트래킹을 하기 위하여 지켜야 할 기본적인 준비나 방식에 대하여 알아본 후 다음 튜토리얼에서 실제로 헤드 트래킹을 해보도록 하겠습니다.

1 오브젝트 트래킹

캐릭터와 오브젝트

오브젝트 트래킹은 2가지로 나누어 볼 수 있습니다.
첫 번째로 Rigging이 되어 있는 캐릭터의 움직임을 트래킹하는 rotomation(rotoanim, matchmove 또는 matchmation이라고 불립니다.)

두 번째로 모양의 변형이 없고 형태가 일정한 오브젝트를 트래킹하는 말 그대로 Object Tracking이 있습니다.

첫 번째 캐릭터는 3DE에서 완벽히 지원하지 않습니다. 물론 기능적으로 가능하게 만드는 Rotomation Editor 메뉴가 있지만 실제 작업에 사용하기에는 아직 많이 부족합니다. 대부분의 스튜디오에서는 아티스트가 손으로 직접 하는 방식을 취하고 있습니다. 물론 여러가지 도움을 3DE에서 제공할 수 있습니다.

여기에서는 모양의 변형이 없고 형태가 일정한 오브젝트를 트래킹하는 방식을 통하여 3DE에서의 오브젝트 트래킹을 알아보겠습니다.

Point Group(포인트 그룹)

3DE에서 카메라 트래킹과 오브젝트 트래킹은 point group으로 구분하여 작업하게 됩니다.
3DE UI에서 왼쪽 상단에 위치한 Object Browser를 보면 Scene 안에 Camera와 Point Groups로 크게 구분되어 있습니다. 기본적으로 만들어져 있는 pgroup#1을 클릭하고 Attribute Editor 윈도우의 Point Group 탭을 보면 Point Group Type이 Camera로 설정되어 있습니다. 3DE에서의 point group은 Camera, Object, MoCap 세종류가 있는데 오브젝트 트래킹을 하기 위해서는 Object Type 인 pgroup을 하나 더 만들어 주면 됩니다.

새로운 pgroup을 추가로 만들게 되면 자동적으로 Type이 Object인 pgroup#2가 만들어집니다.

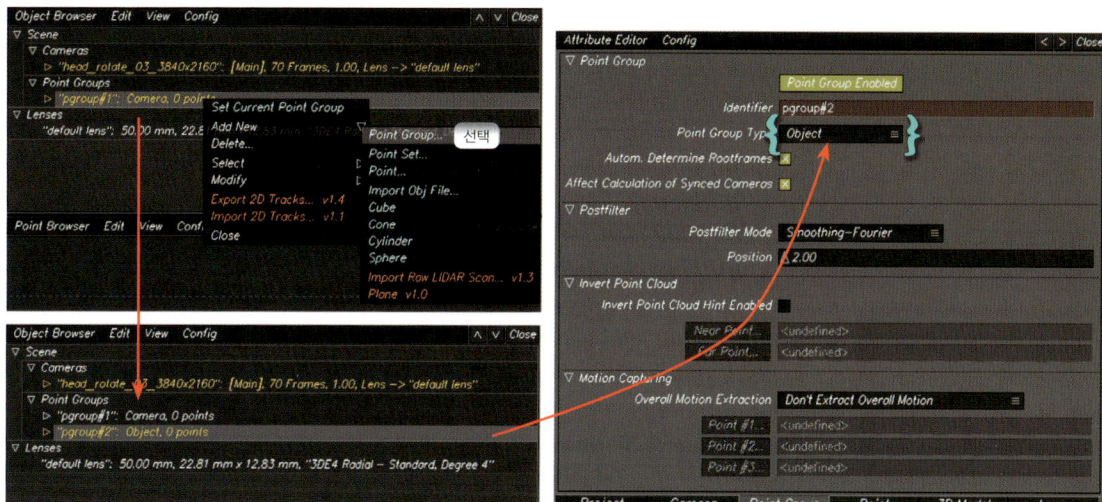

오브젝트의 모양과 크기

오브젝트 트래킹에서 가장 중요한 것은 트래킹하는 3D 소프트웨어에서 만들어진 오브젝트의 모양과 크기입니다. 오브젝트 트래킹의 특성상 해당 이미지의 오브젝트와 실제 3D 오브젝트가 정확히 맞아야 하는 것이 "오브젝트 트래킹"의 목적이므로 반드시 그 모양이 정확하게 일치를 해야 합니다. 또한 크기 또한 실제 크기와 같아야만 실제 세트를 재구축하고 그 안에서 사용된 오브젝트를 트래킹하는데 문제가 생기지 않습니다. 단. 스튜디오마다 세트의 크기와 CG에서 세트의 크기를 1:1 또는 1:0.1로 정해서 사용하기도 하므로 작업에 따라 비율은 달라질 수도 있습니다.

이렇게 오브젝트의 크기와 모양이 아주 중요한데 작은 스튜디오의 경우 세트장에서 만족할 만한 정보를 가져오지 못하기 때문에 모델러들이 대략의 형태로 모델을 만들어서 제공하는 경우가 아주 많습니다. 그 모델이 레이저 스캔된 데이터가 아닌 이상 100% 똑같다는 것 자체가 말이 안 되기는 합니다. 그리고 이렇게 80~90% 정도의 정확도만 가지고 작업해야 하는 것이 작은 스튜디오의 현실입니다. 대형 스튜디오들의 경우는 스캔데이터 위에 다시 모델링 작업을 해서 95% 이상까지 모델링을 맞춰 줍니다. 요즘은 포토그래머트리 기술이 발전해서 꽤 정확한 모델을 쉽게 만들 수 있으니 다행이라 생각됩니다.

트래킹 포인트

트래킹 포인트는 XYZ축을 모두 커버할 수 있다면 적게는 4개 정도로도 솔빙이 가능합니다. 이렇게 솔빙된 오브젝트 트래킹 포인트가 만족스럽다면 다행이지만, 이런 경우는 사실 적은 개수의 트래킹 포인트를 찍을 수 있는 간단한 오브젝트가 움직임이 적을 때만 가능합니다. 포인트를 찍는 방식은 카메라의 방식과 동일합니다. 평면적으로 생각하지 마시고 공간적으로 포인트를 추가해 주면 훨씬 좋은 결과물을 얻을 수 있습니다.

만약 헤드 트래킹 같이 움직이지 않는 부위와 피부처럼 움직이는 부위가 동시에 있는 오브젝트일 경우 굉장히 많은 포인트들이 필요합니다. 이 경우에는 포인트들의 웨이트 값까지 조절해 가면서 적절히 그 평균에러값을 내리는 동시에, 이상적인 움직임이 나오고 있는가도 확인해야 합니다. 이러한 헤드 트래킹의 경우는 이후 튜토리얼 챕터에서 다시 한 번 자세히 다뤄보겠습니다.

오브젝트 트래킹 계산

계산에는 2가지 방식이 있습니다.

- **일반 계산 방식인 Calc All From Scratch**

카메라 계산과 마찬가지로 메뉴에서 Calc All From Scratch를 선택하여 오브젝트의 움직임을 계산합니다. 이 경우 카메라 계산 때처럼 Deviation Browser에 각 포인트별 그래프들이 나타납니다.

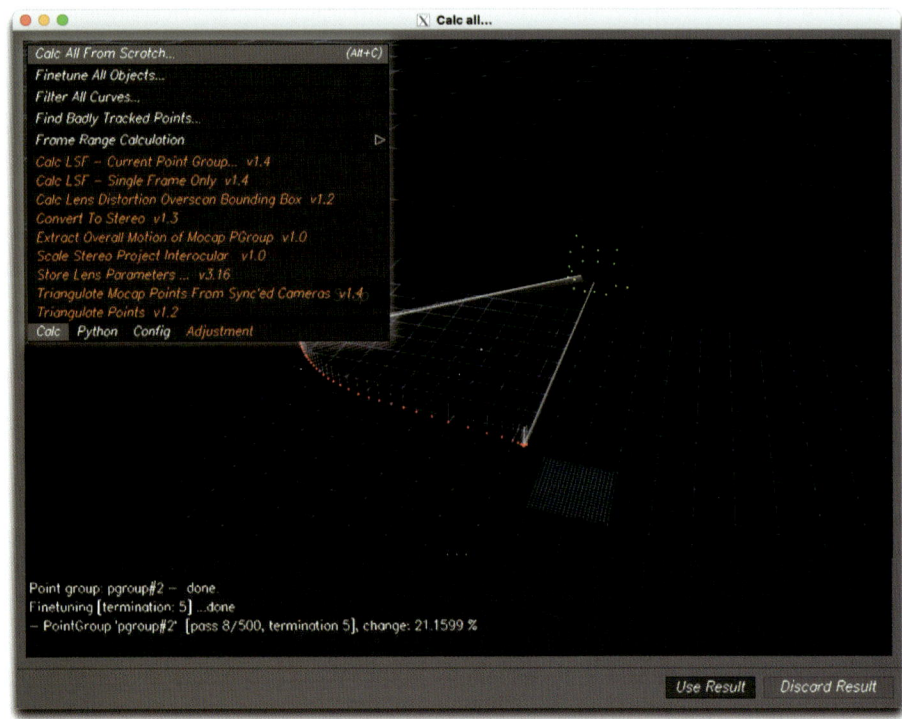

• 오브젝트 채널별 계산이 가능한 방식인 Calc LSF

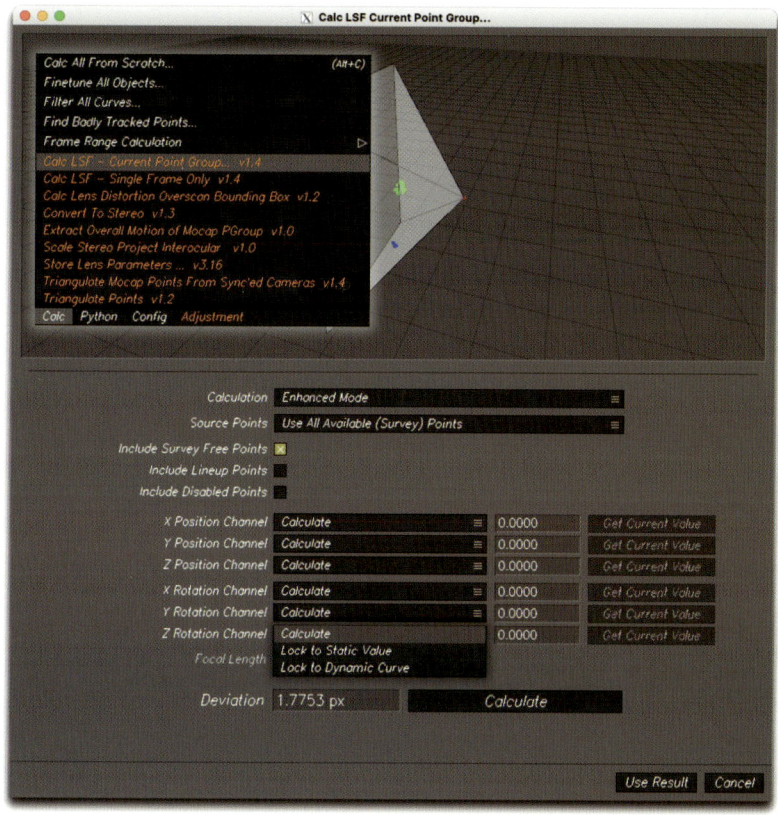

- 이 방식은 카메라 pgroup뿐만 아니라 오브젝트 pgroup의 움직임을 채널별로 계산해 줄 수 있어서 좀 더 자세한 방식으로 계산이 가능합니다. 이 경우에는 Deviation Browser에 평균 값 그래프만 나타납니다.
- Calculation은 Enhanced Mode와 Performance Mode 2가지 방법을 지원합니다.
- Source Points는 기본적으로 Survey Points를 사용하며, 아래에 옵션으로 Survey Free Points, Lineup Points, Disabled Points를 선택적으로 추가할 수 있습니다.
- 각 채널들은 기본값 Calculate으로 선택되어 계산하도록 되어 있으며, 만약 이미 계산된 채널을 그대로 이용하고 싶다면 해당 채널을 Lock to Dynamic Curve로 선택하면 됩니다.

이 두 가지 방식 중 어느 것이 더 좋은 계산 방식은 없습니다. LSF 방식이 각 채널들을 개별적으로 계산할 수 있고 최근에 나온 방식이기는 하나 LSF에서 계산이 잘 안 되는 것이 일반 Calc에서 잘 나오는 경우도 있기 때문입니다. 2가지를 적절히 선택하여 사용할 수 있습니다.

한 가지 더 오브젝트 트래킹을 계산할 때 카메라 pgroup이 같이 계산되지 않도록 카메라 pgroup을 잠궈주는 편이 좋습니다. 경우에 따라서 카메라와 오브젝트를 동시에 계산해야 하는 경우도 있지만, 보통 스튜디오에서는 카메라를 퍼블리쉬하고 오브젝트를 트래킹하는 경우가 많은데 이 경우 카메라까지 같이 계산되면 이미 퍼블리쉬 된 카메라를 업데이트 해 주어야 하기 때문입니다.

Tutorial 04
헤드 트래킹 시작하기

예제데이터 제공 : Tut04_헤드 트래킹 시작하기.zip

앞 챕터에서 오브젝트 트래킹에 대한 기본적인 사항을 알아봤으니,
이번 튜토리얼에서는 오브젝트 트래킹의 기본인 헤드 트래킹을 해 보겠습니다.

이번 챕터의 헤드 트래킹을 통해서 좀 더 정확한 2D 트래킹의 이해와 해당 샷의 목적이 무엇인지 그리고 그에 맞는 결과물을 어떻게 만들어 내야 하는지를 알 수 있을 것입니다.

카메라의 경우 배경이 없는 장면의 카메라 트래킹 트릭으로 스캔된 오브젝트를 이용한 스케일 및 위치 추측으로 카메라의 모션을 만들어 볼 예정입니다. 오브젝트 트래킹의 경우 움직이는 피부 위에 포인트들이 위치해 있기 때문에 발생하는 에러의 수치값을 어떤 방식으로 해결할 수 있는지 배우실 수 있습니다.

이 튜토리얼에서 제공되는 헤드 모델링은 photogrammetry 방식을 이용하여 RealityCapture라는 소프트웨어를 이용하여 모델링을 만들었습니다. 사용된 카메라는 sony a7c, 렌즈는 canon 50mm를 사용하였습니다.

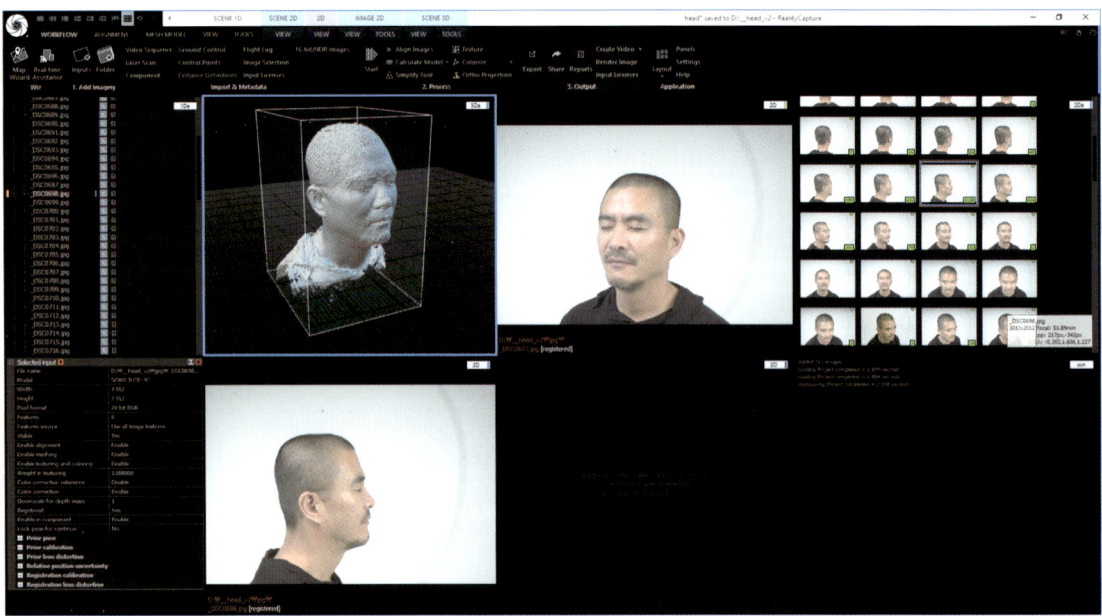

RealityCapture에서 사진으로 작업된 헤드 모델링

1. 플레이트와 렌즈 불러오기

Object Browser에서 Scene > Cameras > Seq#1을 선택한 후 Attribute Editor 윈도우의 Camera탭에서 Live Action Footage 아래 Browse…버튼을 클릭하여 Head_rotate_03 플레이트를 불러옵니다. 미리 만들어져 있는 렌즈도 불러옵니다.

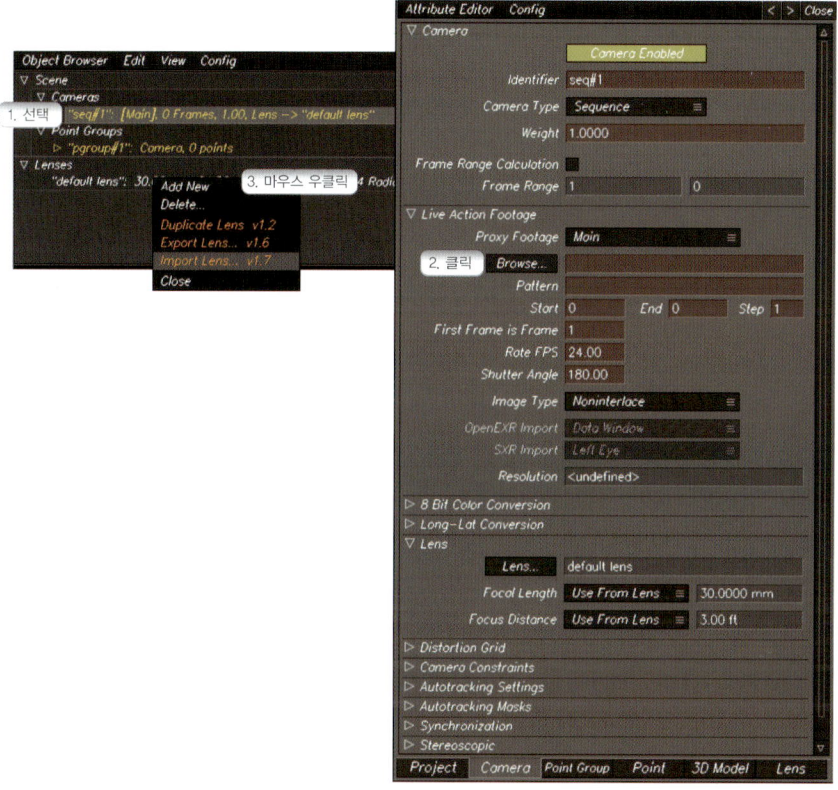

- 플레이트 : ../Tutorials/Tut06/plate/head_rotate_01/head_rotate_01_3840x2160.####.jpg
- 렌즈 : ../Tutorials/Tut06/sony_a7c/canon_50mm_sony_a7c_3840x2160.tx

2. 카메라 트래킹하기

이 플레이트는 카메라가 움직이지 않는 lock off 카메라이지만 오브젝트 트래킹을 위해서는 카메라가 계산 되어 있어야 합니다. 그 의미는 카메라의 키프레임이 생성되어 있다는 의미와 같습니다. 하지만 백그라운드가 단색으로 되어 있고 패럴렉스와 트래킹 마커가 없는 이와 같은 샷은 조금 트릭을 사용해야 합니다. 이 경우에는 현재 헤드 모델이 있기 때문에 이 모델을 서베이로 사용할 수 있습니다.

메뉴얼로 카메라를 한 프레임을 정하여 라인업을 한 후,
curve editor에 있는 Calc > 3D Rot/Pos Curves > Make Rotation Curves Consistent를 이용하여 키프레임을 만들어 줄 수 있습니다.

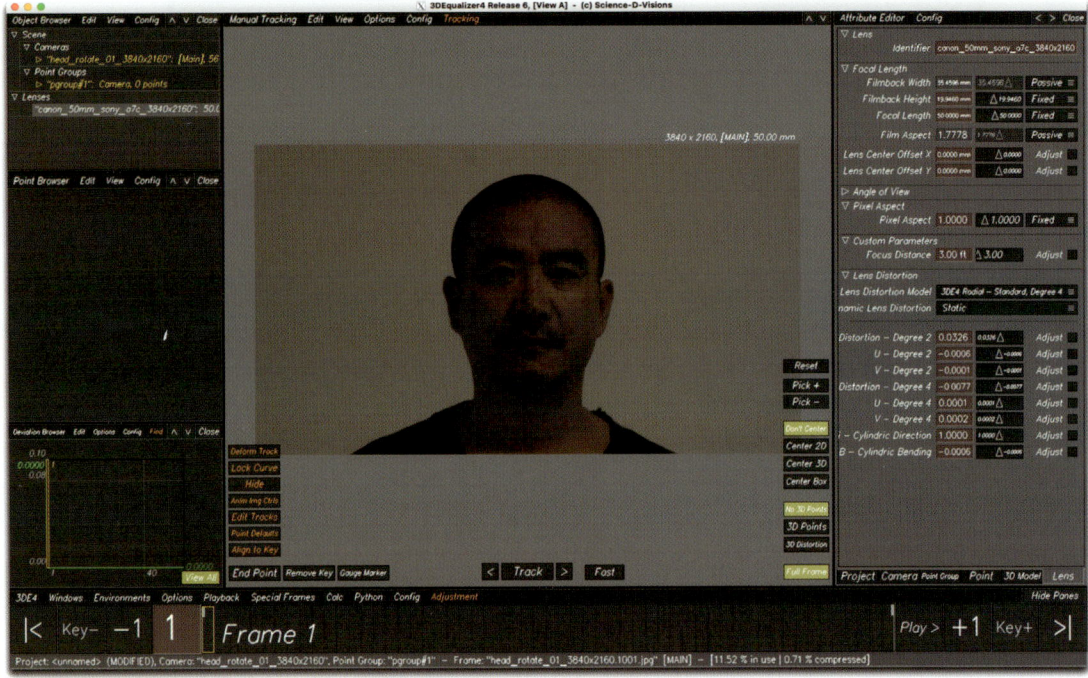

[Tutorial 04] 헤드 트래킹 시작하기

싱글 프레임 라인업

카메라의 싱글 프레임 라인업은 헤드 모델링을 이용해 보겠습니다.

그 이유는 샷에서 정면을 응시하는 장면이 있고 모델링을 불러왔을 때 위치와 대략적으로 비슷하기 때문입니다. 이렇듯 아무 정보가 없는 상태보다는 서베이 모델로 사용될 수 있는 어떠한 것이라도 존재할 경우 카메라 트래킹에 아주 많은 도움이 됩니다.

싱글 프레임 라인업은 크게 2가지 방식이 있습니다.

첫 번째는 트랙포인트를 먼저 찍고 해당 포인트들을 서베이 모델에 연결시켜서 Match Frame으로 라인업하는 방식과 두 번째는 마우스로 카메라를 움직여서 적당히 라인업을 한 후, 라인업 트랙포인트로 마무리를 하는 방식입니다. 2가지 모두 정확히 라인업을 하려면 라인업 포인트로 재조정해 주고 렌즈와 디스토션 값을 조정해 주면 됩니다.

3DE의 Lineup viewport 상에서의 카메라 움직임은 Maya나 3ds Max같은 3D 툴처럼 조정이 쉽지 않기 때문에 카메라 우선이든 포인트 우선이든 결국에는 2가지 방법을 혼합하여 사용해야 합니다.

a. Point Groups 〉 pgroup#1을 오른쪽 마우스 버튼을 클릭하여 Import Obj File…을 선택하여 헤드모델을 불러옵니다.

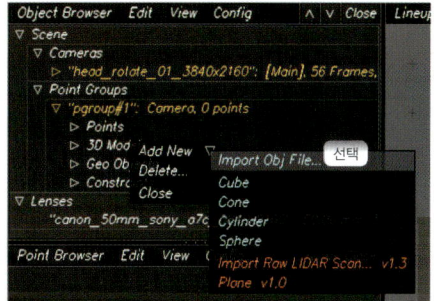

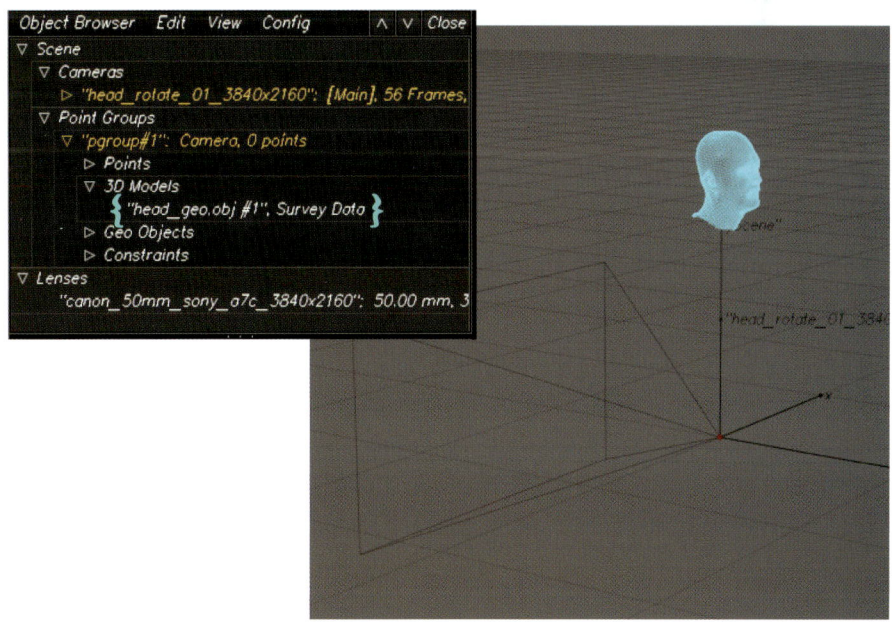

b. 정면을 응시하고 있는 적당한 프레임을 찾아서 ctrl+왼쪽 마우스 버튼을 클릭하여 2D 트랙포인트를 양쪽 귀, 코, 이마 정도에 만듭니다. 튜토리얼에서는 첫 번째 프레임을 사용하였습니다.

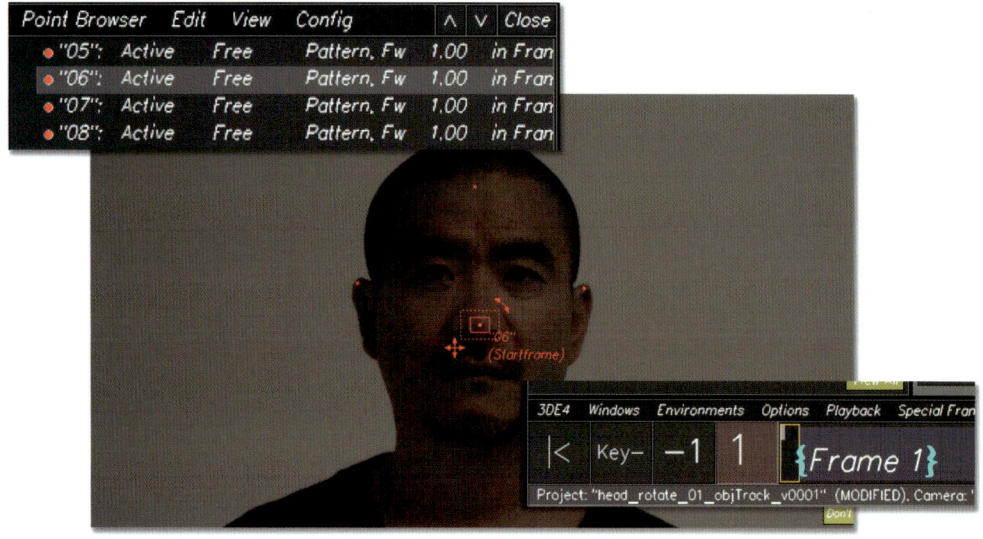

c. 생성된 트랙포인트들을 모두 선택한 후 Attribute Editor의 Point 탭에서 3D Calculation 〉 Survey Type 풀다운 메뉴에서 Lineup Only Surveyed를 선택합니다.

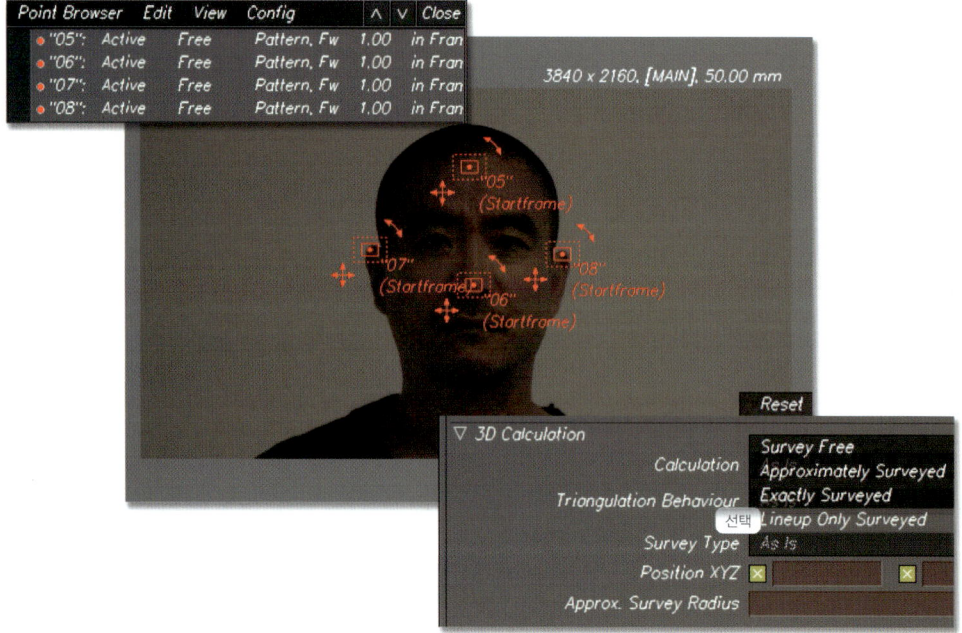

d. 생성된 트랙포인트 중에서 코 위에 추가한 트랙포인트를 선택하고 viewport 모드를 F6를 눌러서 Manual Tracking Control 모드에서 3D Orientation Controls 모드로 바꾼 후 Extract Vertex 버튼을 클릭하여 활성화 시킨 후 헤드 모델링에서 대략의 위치를 찾아서 3D 포인트를 붙여줍니다.

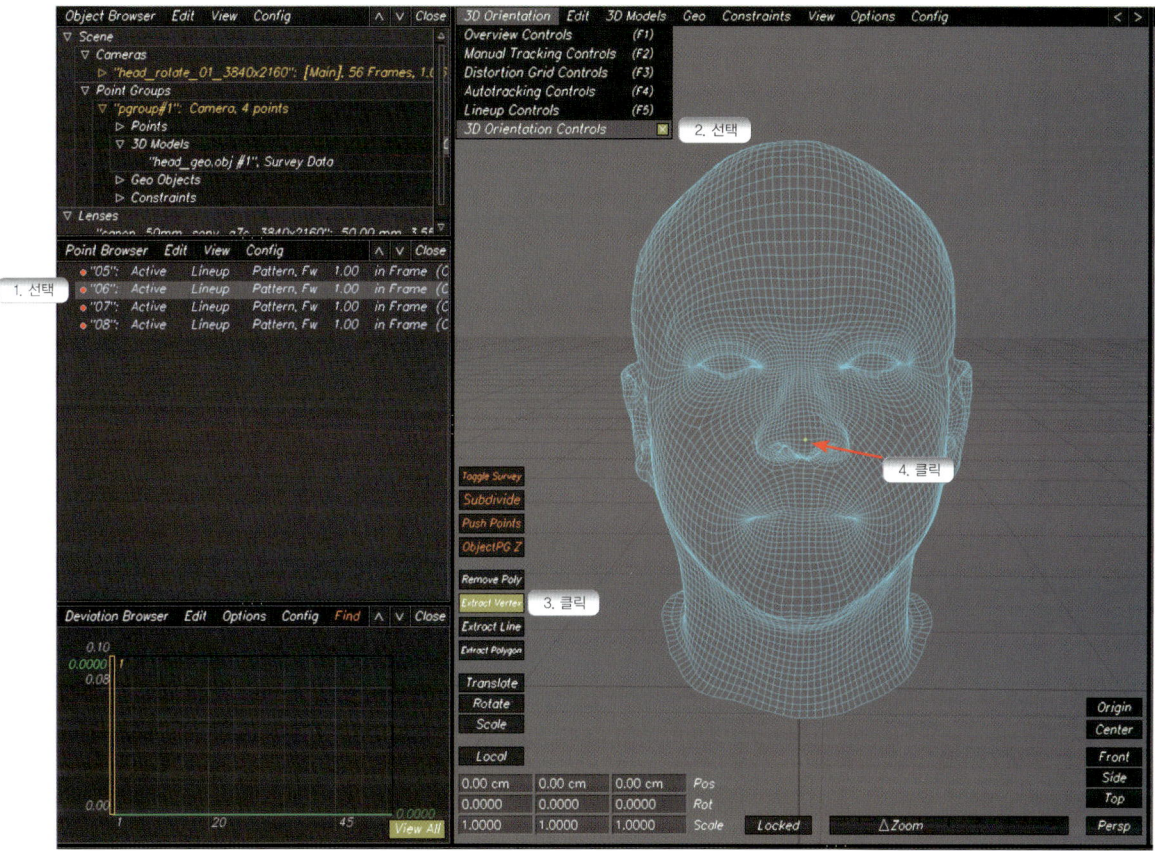

e. 나머지 트랙포인트들도 위와 같은 방식으로 각각의 위치를 찾아서 모델링의 버텍스에 붙여줍니다.

f. F5를 눌러 Lineup 뷰포트로 전환한 후 Match Frame 버튼을 눌러서 라인업 합니다.

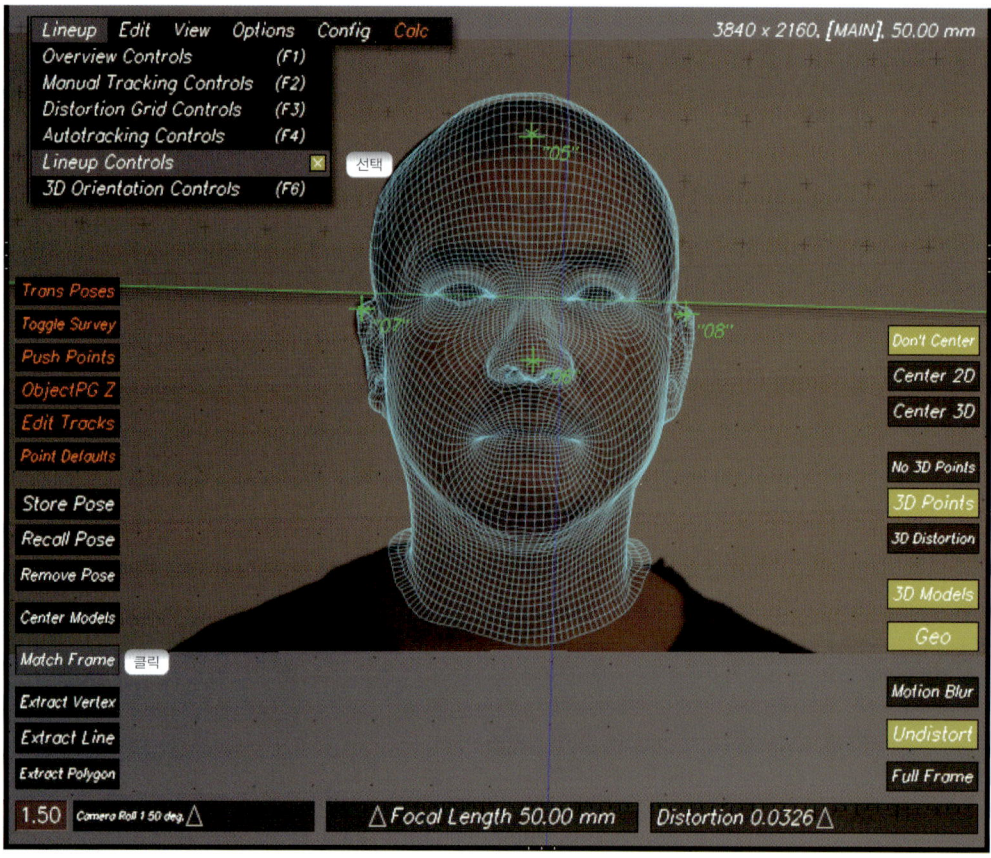

g. 포인트 전체를 선택하여 Edit > Reel in Points Current Frame 메뉴를 선택합니다.

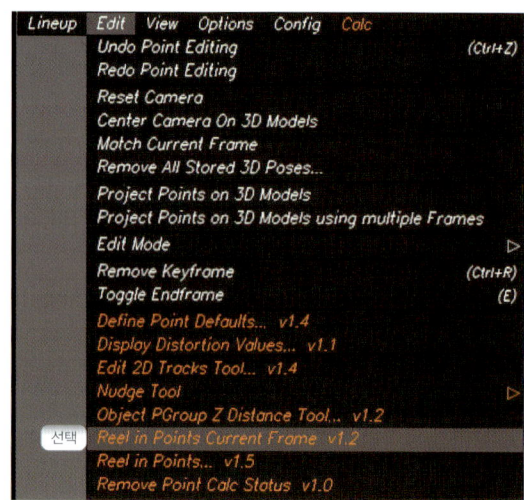

+모양의 2D 라인업 트랙포인트와 모델링에 연결된 X 모양의 3D 포인트들은 정확한 위치가 아니기 때문에 match frame을 한 후에 자세히 보면 모든 포인트들이 약간씩 어긋나 있습니다.

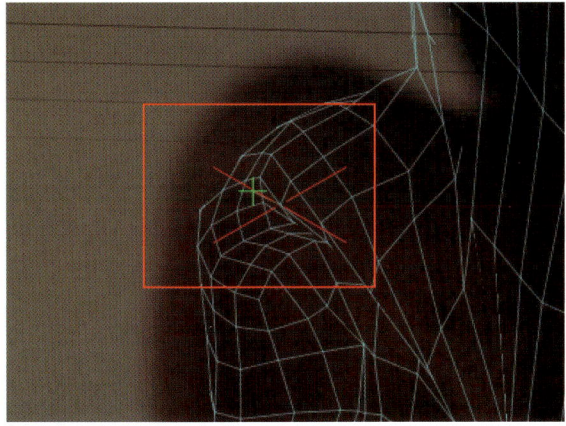

현재 중요한 포인트는 2D 포인트보다는 모델링에 연결되어 있는 3D 포인트들이기 때문에 2D 포인트들을 현재 연결된 3D 포인트에 맞추기 위해서 위의 메뉴를 사용하게 됩니다.

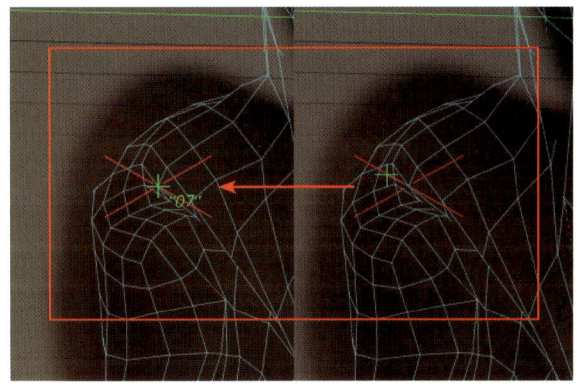

h. 이제 라인업을 더 정확히 하기 위해서 각 2D 트랙포인트들을 하나씩 움직여가며 세밀하게 카메라의 위치를 조정합니다.

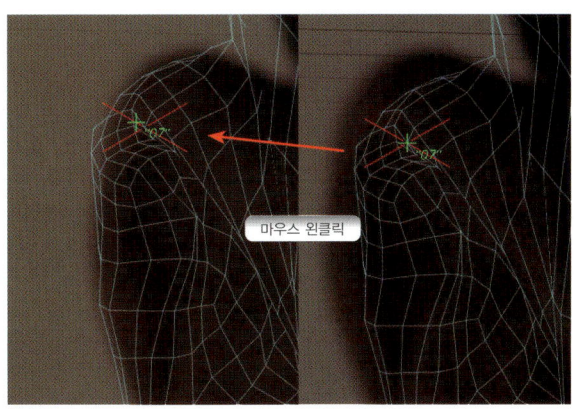

i. 카메라의 위치가 조정된 후, 모든 2D 트랙포인트들을 선택한 후 다시 한 번 Edit 메뉴에서 Reel in Points Current Frame을 선택하여 2D 포인트들을 3D 포인트 위치에 맞춰 줍니다.

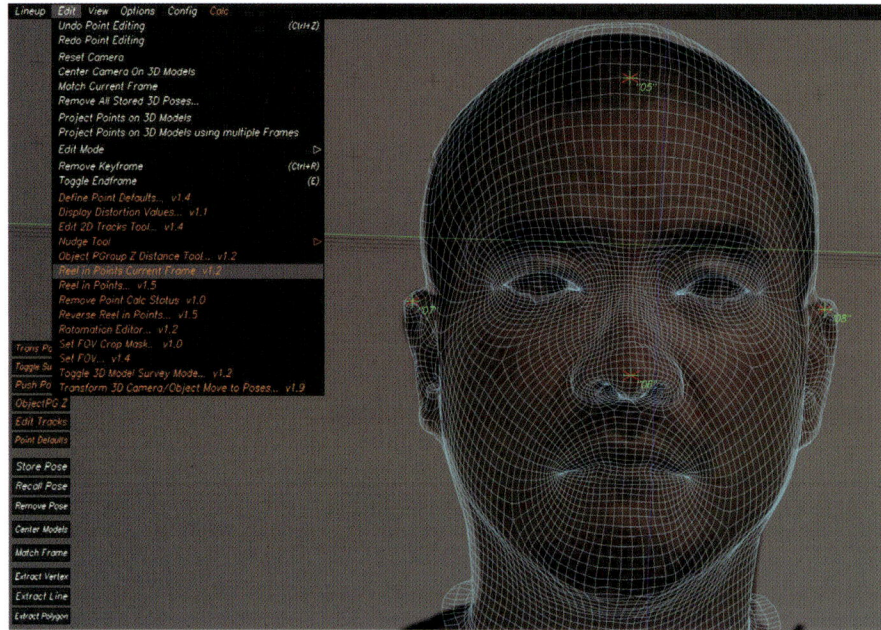

j. 라인업이 완성된 후 라인업 뷰포트 위의 Store Pose 버튼을 눌러 현재 라인업 위치를 저장시킵니다. 타임라인에 빨간색으로 저장이 되었다고 표시가 됩니다.

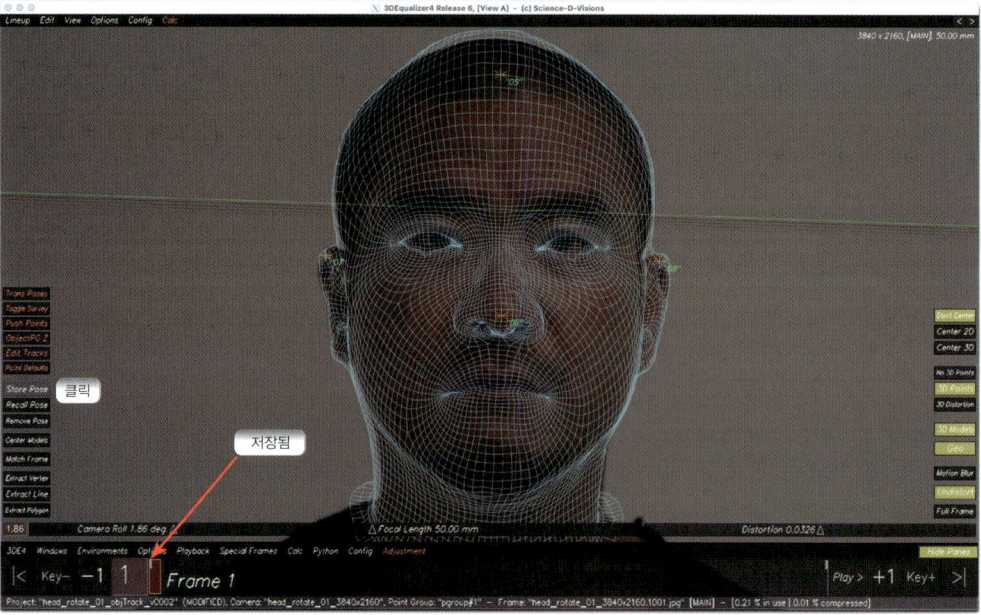

이렇게 싱글프레임 라인업이 끝이 났습니다.

카메라 트래킹을 하기 위해서 싱글 프레임 라인업을 하는 것은 굉장히 중요한 과정입니다. 서베이 모델이 없을 경우는 이 단계를 건너뛸 수 있지만 이 단계는 서베이 모델을 이용하여 렌즈와 디스토션 값까지도 더 자세히 유추할 수 있는 작업이기 때문에 서베이 모델이 있는 경우에는 꼭 싱글프레임 라인업을 하는 것을 권장합니다.

싱글 포인트 카메라 트래킹

플레이트에 트래킹 할 포인트가 전혀 없지만, 현재 카메라는 고정된 상태이고 한 프레임이 라인업이 되어 있는 상태이므로 싱글 2D 트랙포인트를 이용하여 카메라의 계산이 가능합니다. (참고 Tutorial 1) 다만 프로젝션 할 수 있는 서베이 모델이 백그라운드에 없기 때문에 임의로 3D 포인트를 만들어서 위치시켜 주어야 합니다.

a. F2를 눌러서 Manual Tracking Controls 뷰포트로 이동합니다.

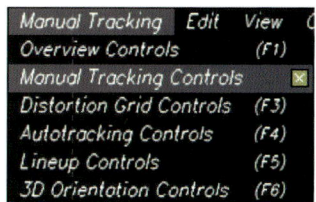

b. 라인업이 되어 있는 첫 번째 프레임에서 플레이트의 백그라운드 아무 곳이나 ctrl+LMB를 하여 2D 트랙포인트 하나를 만듭니다.

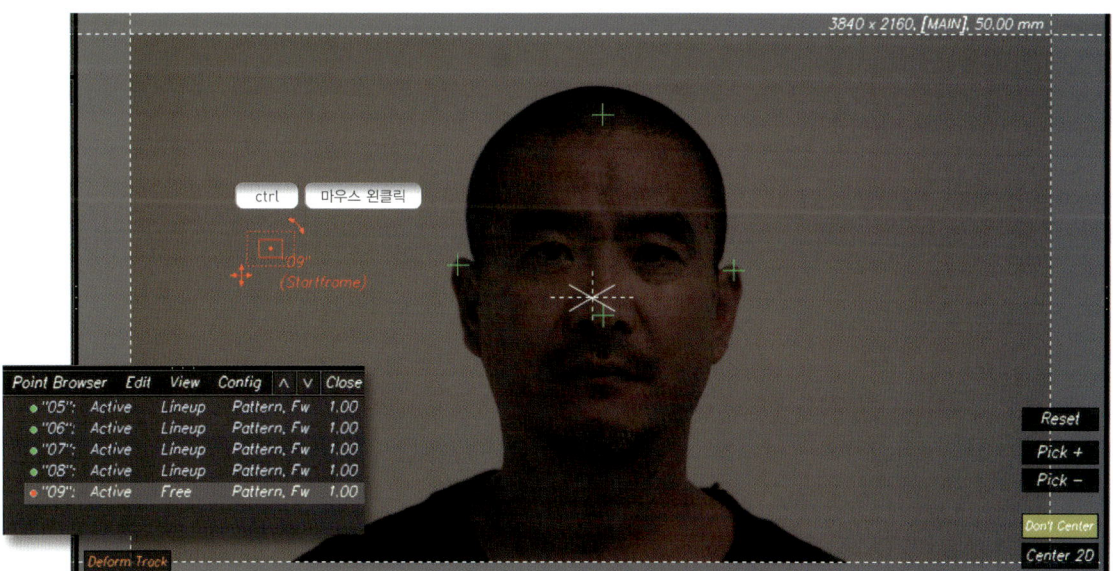

c. 현재 만들어진 2D 트랙포인트는 아직 트랙이 되어 있지 않은 Spline 상태이므로,
Edit 〉 Set Curve 〉 Tracked를 선택하여 Tracked 상태로 변환합니다.

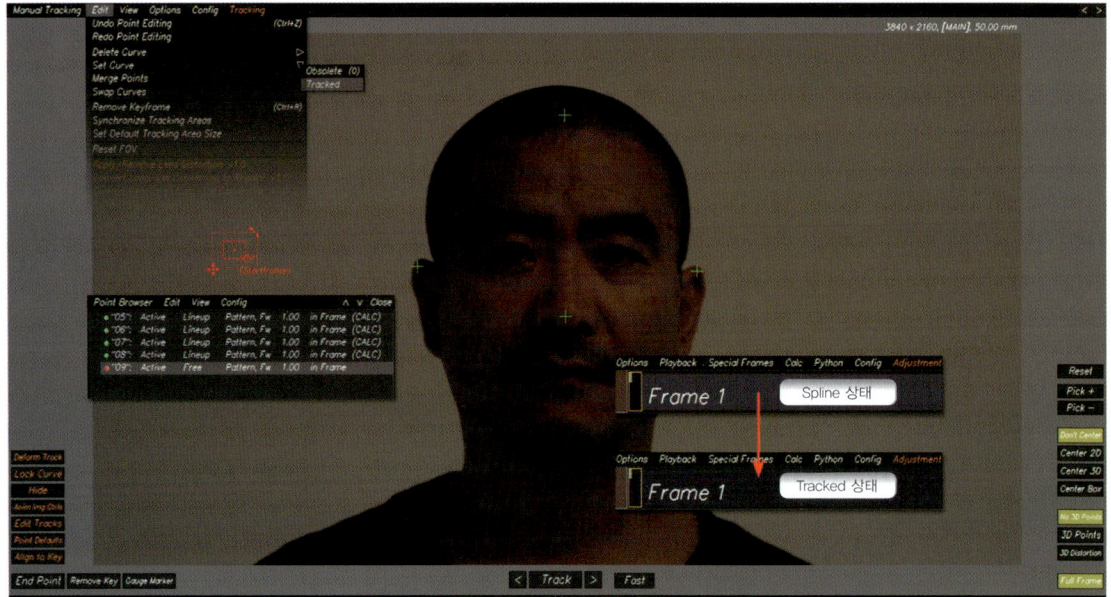

2D 트랙포인트가 트래킹되어 있는 상태가 되었습니다.
이제 이 2D 트랙포인트를 3D 트랙포인트로 강제 변환해 보겠습니다.

d. 2D 트랙을 프레임 1에서 선택한 후 Attribute Editor 윈도우에서 3D Calculation 〉 Survey Type
을 Exactrly Surveyed로 바꿉니다.

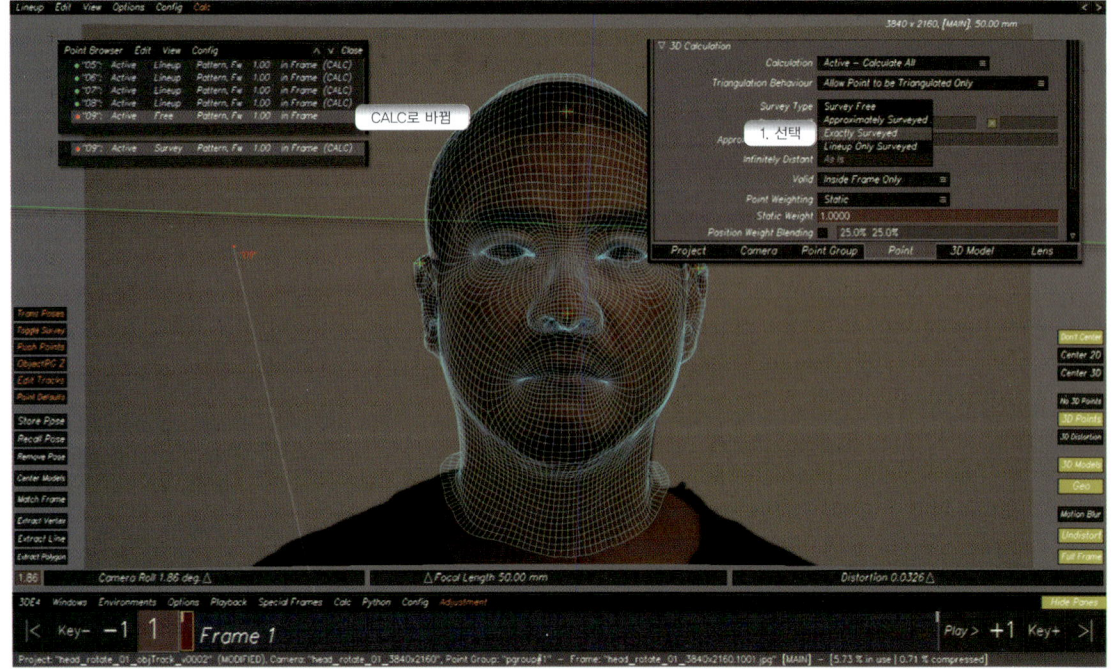

e. 이렇게 3D 포인트가 강제로 생성된 후에는 그 위치가 0, 0, 0에 만들어집니다. 해당 3D 포인트를 2D 트랙포인트 위치로 이동하기 위해서는 Lineup 뷰포트에서 Edit 〉 Reverse Reel in Points를 선택하여 Lineup 뷰포트 상에서 같은 위치가 되도록 만듭니다.

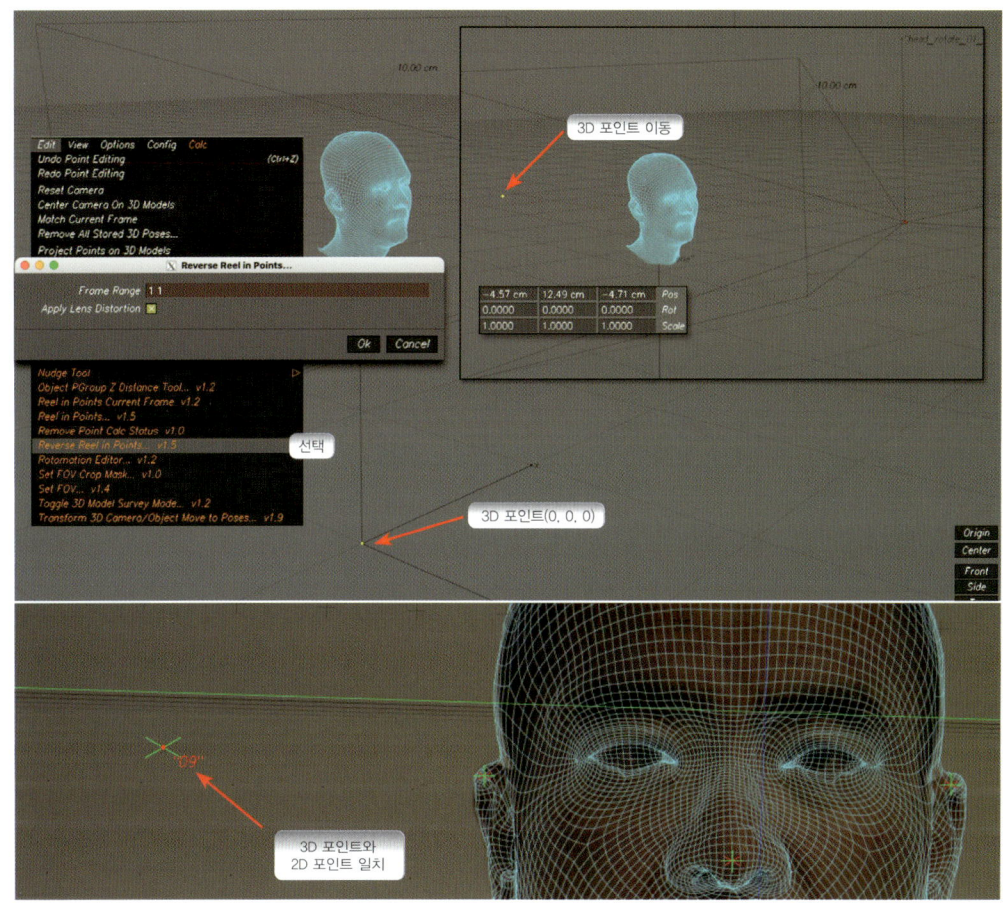

f. 마지막으로 백그라운드는 촬영된 머리보다 뒷쪽에 있으므로 3D 트랙포인트를 약간 뒤로 이동시키기 위하여 Lineup 뷰포트 위의 Push Points를 눌러서 Push Points Tool 조절판을 엽니다.

g. Push Factor를 적절히 조정하여 포인트가 이동하는 거리를 정한 후, Pivot Mode는 Camera Position 기본 값으로 놓고 AWAY 버튼을 눌러 3D 트랙포인트를 머리 뒷쪽으로 밀어서 적당히 이동시킵니다.

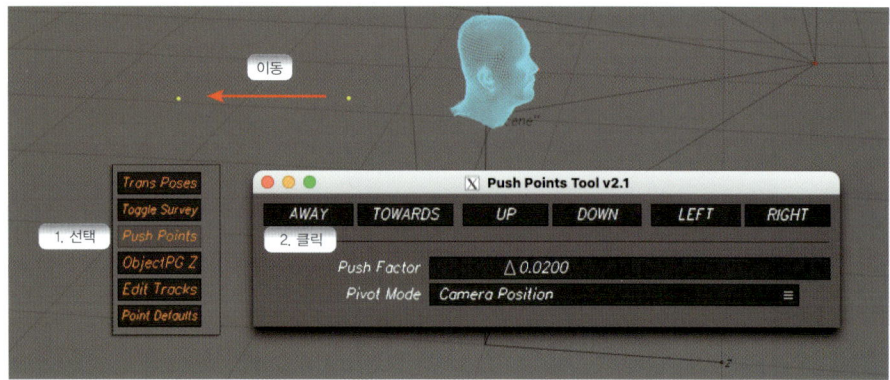

이제 2D 트랙포인트와 이에 해당되는 3D 트랙포인트까지 위치가 정해졌습니다. 그래프를 임의로 만들 시간입니다. 이 다음부터는 [Tutorial 1]에서 카메라를 계산했던 방식과 동일합니다.

h. 타임라인 위의 Windows 메뉴에서 Curve Editor를 선택하거나 Alt +4를 눌러서 Curve Editor 윈도우를 꺼냅니다.

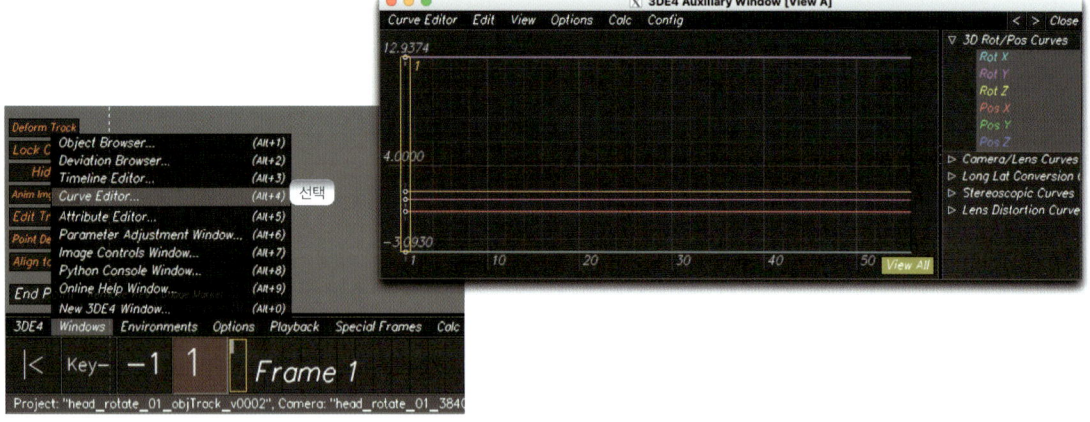

i. Curve Editor의 메뉴에서 Calc > 3D Rot/Pos Curves > Make Rotation Curves Consistent를 선택합니다.

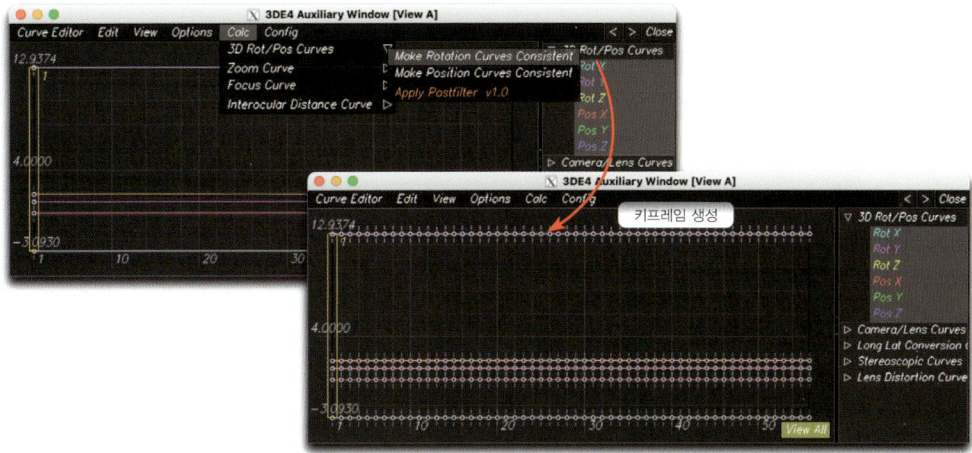

카메라에 강제로 키프레임을 주고 난 후 자세히 보면 Z축이 약간 기울어져 있습니다. 보통 촬영을 할 때는 이렇게 기울게 촬영을 하지 않습니다. 그래프를 한 번 고쳐보겠습니다.

j. Curve Editor의 오른쪽 채널 중 Rot Z를 선택한 후 아래 View All을 클릭, alt + LMB를 드래그 해서 전체 키프레임을 선택합니다.

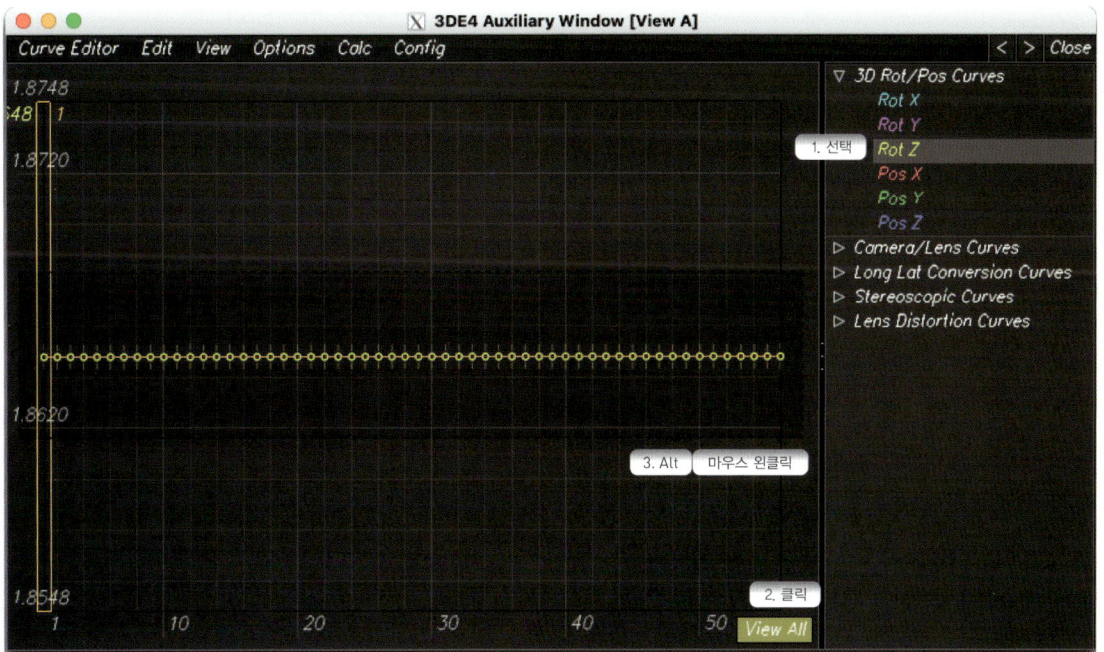

k. 키프레임을 선택 한 후 Edit 〉 Edit Curve Keys 를 선택하여 나온 대화상자에서 Y 값으로 0을 넣어줍니다.

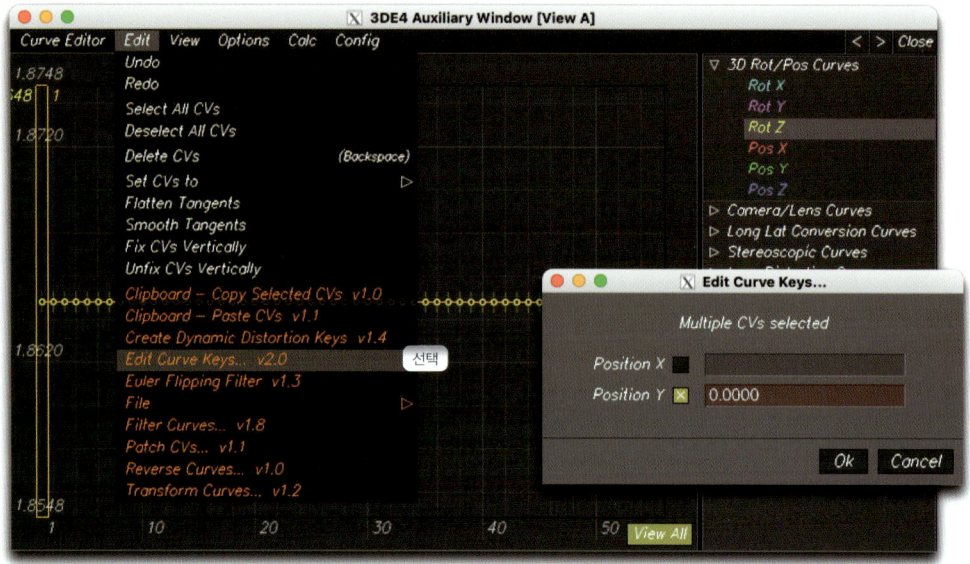

라인업 뷰포트 모드에서 확인하면 Horizontal 라인은 수평으로 바뀌었지만 그래프만 바꿨기 때문에 카메라의 2D 포인트와 3D 포인트가 벌어져 있게 됩니다. 이 부분만 수정하면 카메라 트래킹은 끝이 납니다.

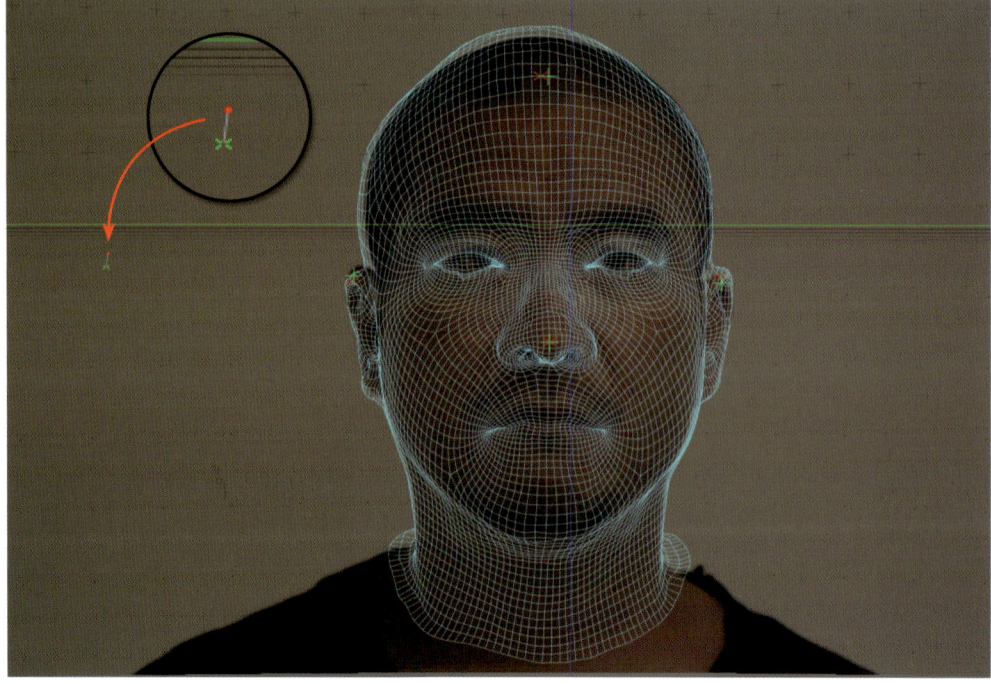

1. 라인업 뷰포트 모드에서 트랙포인트를 선택한 후, Edit > Reverse Reel in Points를 선택한 후, 대화상자에 첫 프레임과 마지막 프레임을 넣어주고 OK 합니다.

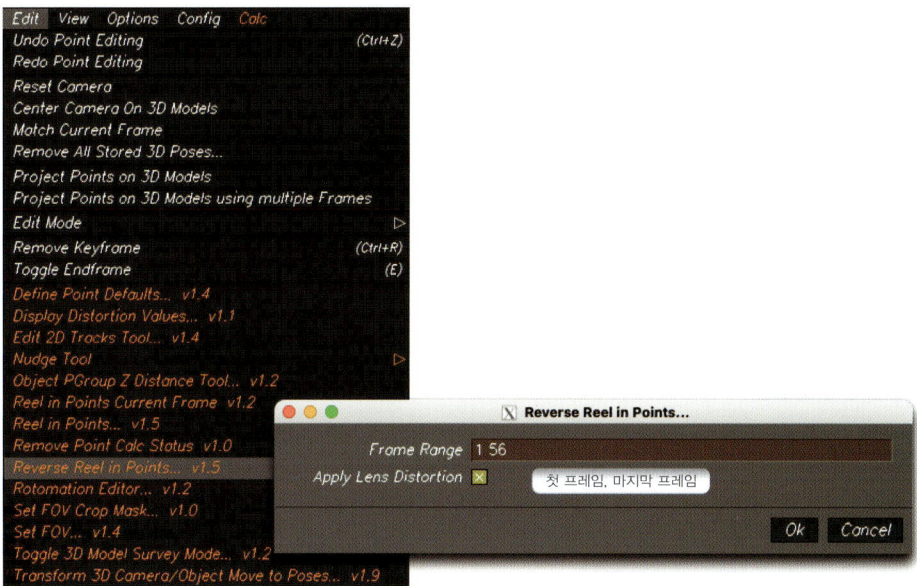

이로써 그래프까지 강제로 만들어졌습니다. 모든 카메라 트래킹이 끝이 났습니다. 굉장히 독특한 방식으로 카메라 트래킹을 계산까지 마무리 했지만 이 단계들은 메뉴얼 방식으로 카메라를 계산하는 기본적인 단계를 포함하고 있기 때문에 잘 이해를 하시는 편이 좋습니다.

다시 정리해 보면 카메라 트래킹의 기본은 다음과 같습니다.

❶ 2D 트래킹 포인트 생성

❷ 2D 트래킹 포인트에 해당되는 3D 트랙포인트를 해당 위치에 생성

❸ 해당 3D 트래킹 포인트의 위치에 따른 카메라 움직임 생성

❹ 헤드 트래킹 하기

카메라 트래킹이 끝났으므로 이번에는 헤드 트래킹을 해 보겠습니다.

a. Object browser에서 Point Groups을 RMB 클릭하여 Add New 〉 Point Group을 선택하여 새로운 Point Group을 만듭니다. 그리고 카메라 Point Group은 비활성화시킵니다.

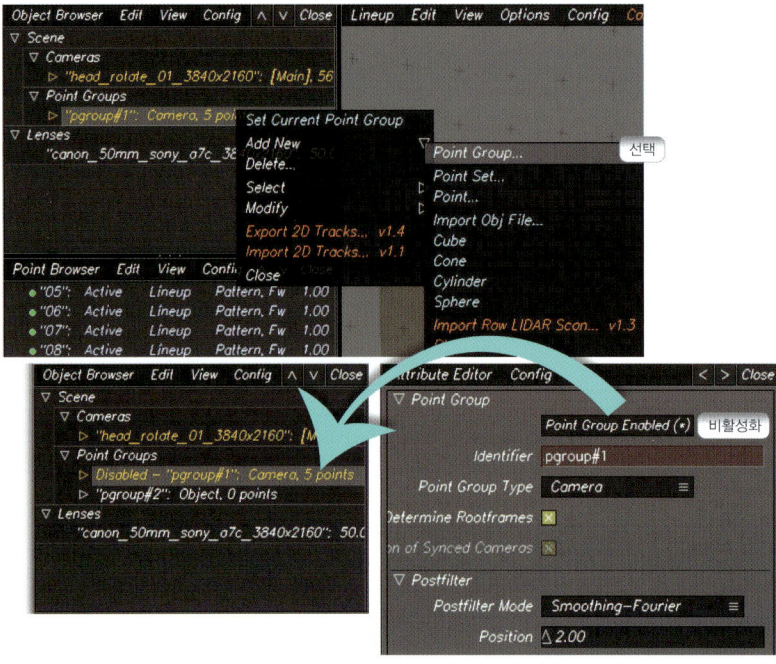

카메라 포인트 그룹을 비활성화시키는 이유는 이미 계산된 카메라를 잠궈 놓은 상태에서 오브젝트 포인트 그룹만 계산하기 위해서입니다. 하지만 항상 예외가 있듯이 카메라와 오브젝트를 같이 계산해야 하는 경우도 있기는 합니다. 그럴 경우에는 활성화 상태에서 계산해 주면 됩니다.

b. 새로 만들어진 Point Group은 오브젝트 트래킹을 위한 포인트 그룹이며, 더블 클릭하거나 RMB 클릭으로 Set Current Point Group을 선택하여 활성시킵니다.

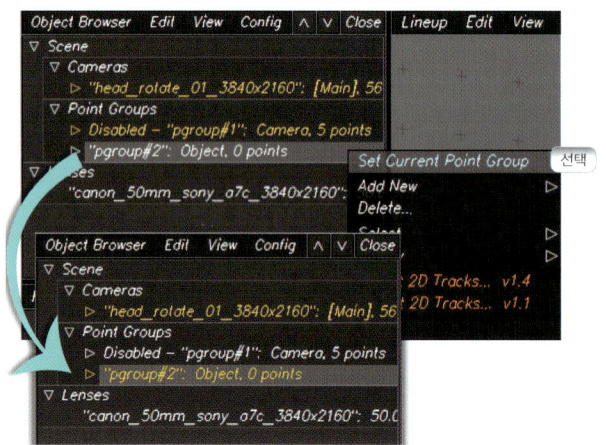

오브젝트를 트래킹 할 준비가 되었습니다.

다음은 촬영된 얼굴의 포인트에 적당한 개수의 2D 트래킹을 추가해 줍니다. 얼굴을 트래킹을 할 경우에는 피부가 가장 덜 움직이는 부분을 트랙해 주는 것이 중요합니다. 대체로 코뼈, 광대뼈, 귀나 귀 주변, 눈물 언덕, 앞 이빨 등의 위치가 가장 좋습니다. 생각보다 이마 부분은 눈을 위아래로 움직일 때 꽤 많이 움직임이 있는 곳이라 에러가 많습니다. 하지만, 표정의 변화가 많은 얼굴 플레이트의 경우에는 최대한 많은 포인트를 확보하여 평균값을 내는 것이 중요합니다. 생각보다 3DE는 얼굴 트래킹을 잘 계산해줍니다.

c. RMB 클릭으로 오브젝트를 불러옵니다. 그리고 카메라 포인트 그룹(pgroup#1)안에 있던 헤드모델링은 show 3D Model을 클릭하여 감춰줍니다.

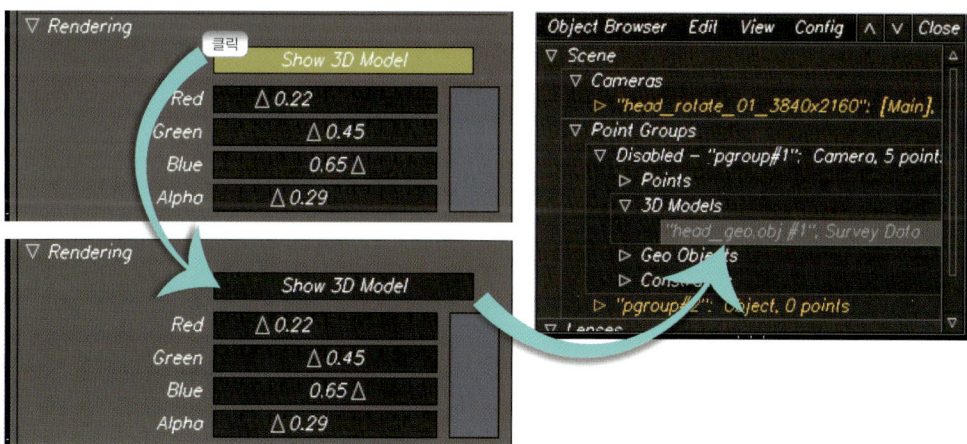

불러온 오브젝트는 첫 프레임에 적당히 라인업이 되어 있는 상태입니다. Lineup 2D 트랙포인트를 추가하여 좀 더 자세하게 얼굴모양에 맞게 싱글 프레임 라인업을 해야 합니다. 싱글 프레임 라인업의 중요성과 과정에 대해서는 위의 '싱글 프레임 라인업'을 우선 참고해 주시면 됩니다. 여기에서는 좀 더 간단히 설명을 하고 넘어가겠습니다.

d. Lineup control 뷰포트에서 [V]키를 누르거나 Extract Vertex 버튼을 누른 후 ctrl + LMB로 코위에 X 마크가 나오는 곳에 클릭하여 트랙포인트를 추가시킵니다. 이 방법으로 일반 2D 트랙포인트가 아닌 Lineup 트랙포인트를 바로 만들 수 있습니다.

라인업 트랙포인트를 생성한 후에는 마우스로 드래그하여 모델링 위의 위치를 조절할 수 있습니다.

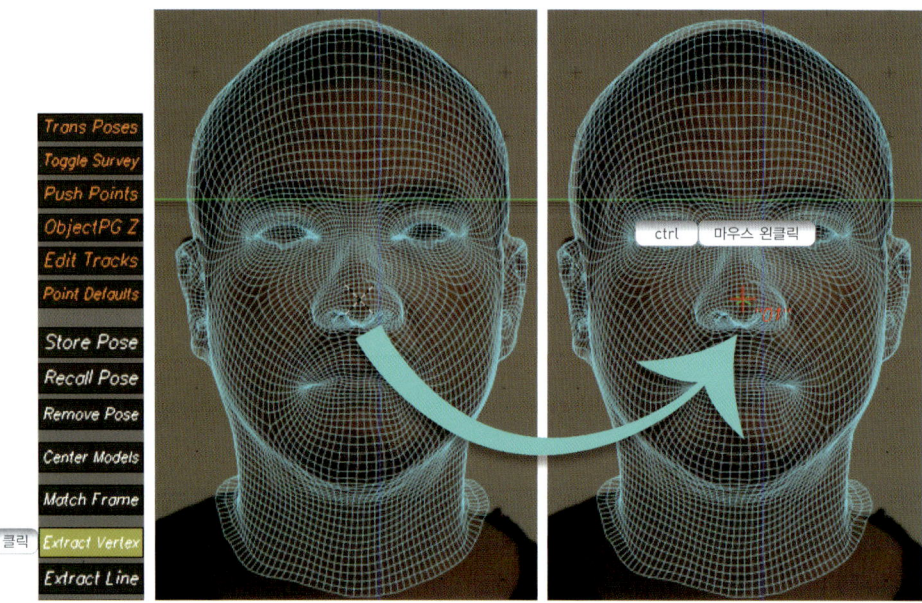

e. 다른 곳들, 양 쪽 귀볼과 이마 그리고 턱쪽에 포인트들을 더 추가하고 이 트랙포인트들을 조정하여 좀 더 정확한 라인업을 만든 후 Store Pose 버튼을 눌러 현재의 포즈를 현재 프레임에 저장합니다.

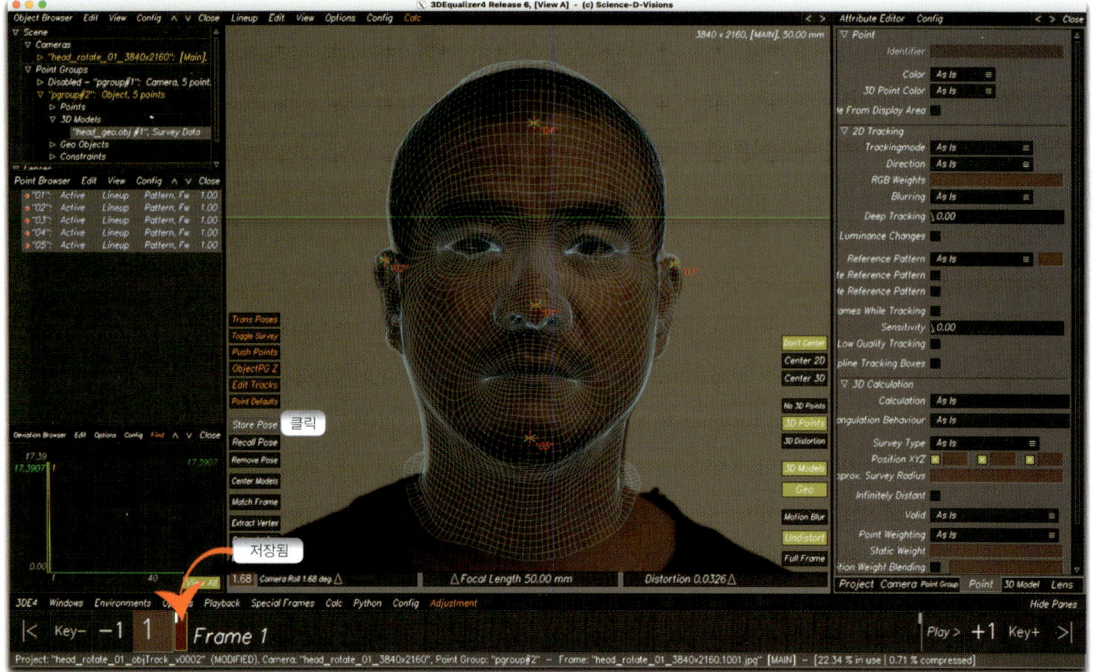

f. 이제 제대로 된 2D 트랙포인트들을 얼굴 위 점위에 추가하여 트래킹을 해 줍니다.

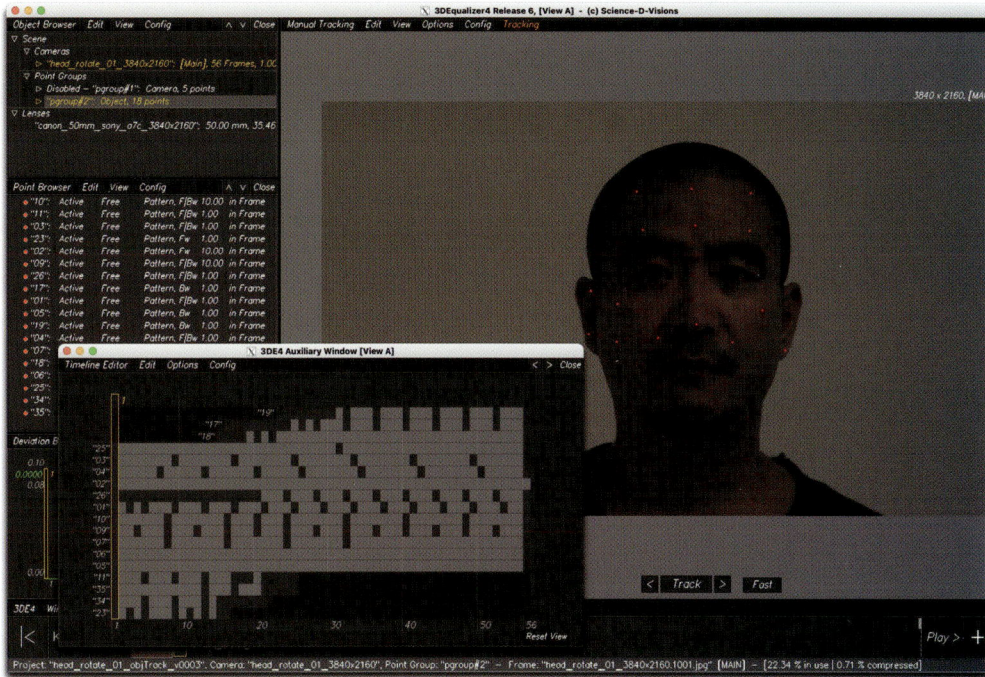

튜토리얼에서는 모두 20개 미만의 2D 트랙포인트를 추가했으나, 각자 작업 방식에 따라서 그 개수는 바뀔 수 있습니다. 포인트를 어디에 얼마만큼 추가할 것인가에 대한 것은 앞 챕터에서도 언급했듯이 모든 공간에 골고루 추가해 주는 것이 기본입니다. 머리의 경우 머리를 둘러가며 전체적으로 트랙포인트를 추가하는 것이 좋지만 카메라를 계산하기 앞서 너무 많은 포인트를 한꺼번에 추가하는 것은 효율상 그다지 좋은 방법은 아닙니다. 적절한 개수와 적절한 장소에 트랙포인트들을 추가한 후 카메라를 계산해 가면서 모자른 부분에 더 추가를 하는 방식이 효율적입니다.

또한, 얼굴의 피부는 끊임없이 움직이는 부위가 많기 때문에 얼굴 위 트랙마커에 정확히 맞춰 트래킹을 했더라도 실제로는 미세하게 움직이고 있는 상태입니다. 이러한 트랙포인트의 어쩔 수 없는 오류는 높은 에러값을 만들어 냅니다. 하지만 결국에는 많은 포인트들의 움직임에 평균값을 계산해 주고 그 위에 필터링이 더해지므로, 반드시 정확한 결과값이 필요한 부분이외의 트랙포인트 에러는 어느정도 넘어갈 수도 있습니다.

얼굴의 중심이 도는 코와 눈 주변처럼 중요한 부분의 트랙포인트들은 weight 값을 높게 설정함으로써 에러를 낮출 수 있습니다. 예제에서는 이 부분의 트랙포인트 weight 값을 10으로 맞춰 두었습니다.

트랙마커를 트래킹하다보면 몇 프레임만 정확히 맞을 뿐 나머지는 계속 벗어나는 것을 볼 수 있습니다. 이러한 경우에는 임의로 키프레임을 중간중간에 만들어주면서 트래킹하거나 키패드로 임의로 이동을 시켜주면서 수동으로 트랙포인트를 마커에 맞춰야 하는 경우도 생깁니다.

실제로 작업하게 되면 모션블러나 포커스 블러 또는 여러 가지 상황에서 트랙포인트가 자동으로 트랙을 할 수 없게끔 하는 경우가 많습니다. 필자는 16프레임(또는 경우에 따라서 8프레임, 4프레임, 2프레임)마다 키프레임을 주면서 한 프레임씩 트랙포인트를 진행시킵니다. 다시 한 번 강조하지만 정확한 트래킹이 더 좋은 결과물을 만들어 냅니다.

g. 적당한 개수의 2D 트랙포인트들이 추가되었으면 첫 프레임으로 타임라인을 이동한 후 가장 길게 트래킹된 포인트들과 중요한 포인트들을 라인업 뷰포트 모드에서 Edit 〉 Project Points on 3D Models 를 선택하여 서베이 모델 위에 붙혀줍니다. 만약 선택된 포인트들 중에서 프로젝션되지 않는 포인트가 있다면 RMB 버튼을 드래그하여 화면을 약간 줌인 한 후 다시 메뉴를 선택하면 프로젝션이 됩니다.

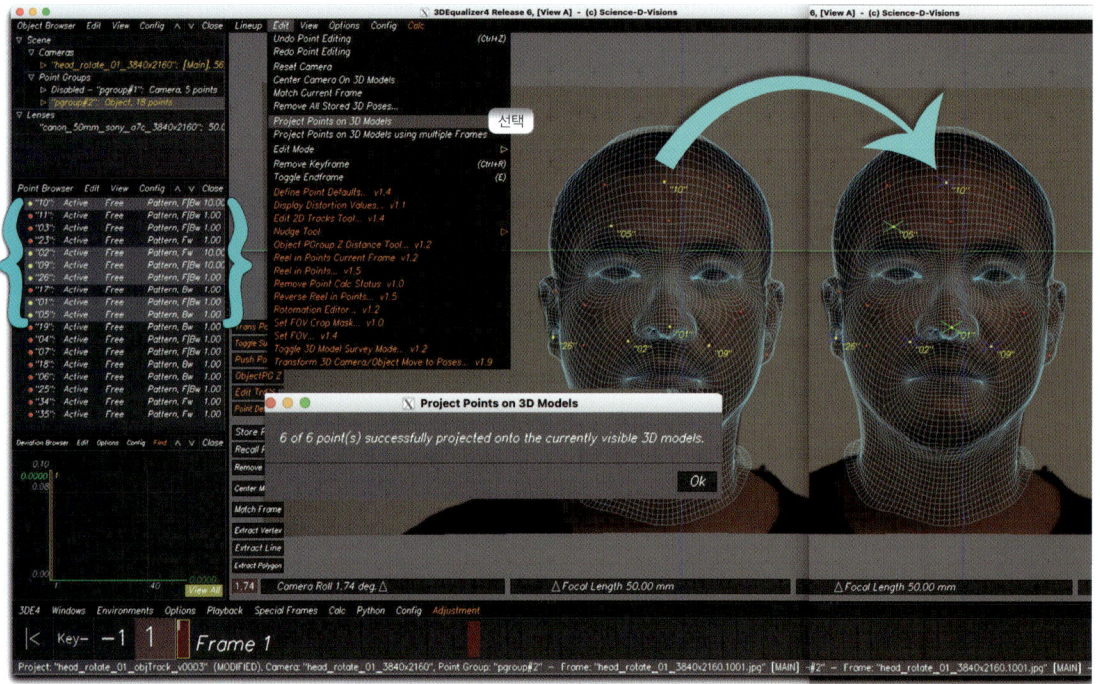

h. 포인트들이 오브젝트에 붙었으니 오브젝트를 솔빙해 보겠습니다.
가장 길게 트래킹된 포인트 또는 중요한 포인트들만 서베이모드로 만들어 주는 이유는 너무 많은 포인트들을 서베이 모드로 만들어 놓으면 오히려 에러가 높아질 수도 있기 때문입니다. 현재 모델링의 상태가 실제 배우와 100퍼센트 완벽하게 맞다는 보장이 없으며, 추가해 놓은 트랙포인트들도 피부가 움직이면서 정확하게 트래킹되었다고 할 수 없습니다. 이러한 에러들이 모여서 강제로 서베이 모드로 만들어 놓게 되면 트래킹이 끊기는 곳에서 튀게 됩니다.

[Tutorial 04] 헤드 트래킹 시작하기

이제 오브젝트 트래킹을 계산해 주면 됩니다. 앞 챕터에서 오브젝트 트래킹의 계산 방법에는 2가지가 있다고 알려드렸습니다. 기존 방식인 Calc > Calc All From Scratch를 선택하거나, Calc > Calc LSF – Current Point Group을 선택하면 됩니다. 여기에서는 기존 방식인 Calc All From Scratch로 계산을 해 보겠습니다.

i. 카메라 pgroup이 Disabled 되어 있는지 확인하고 Object pgroup이 활성화되어 있는지 확인한 후 Calc > Calc All From Scratch를 선택하여 오브젝트 그룹을 계산합니다.

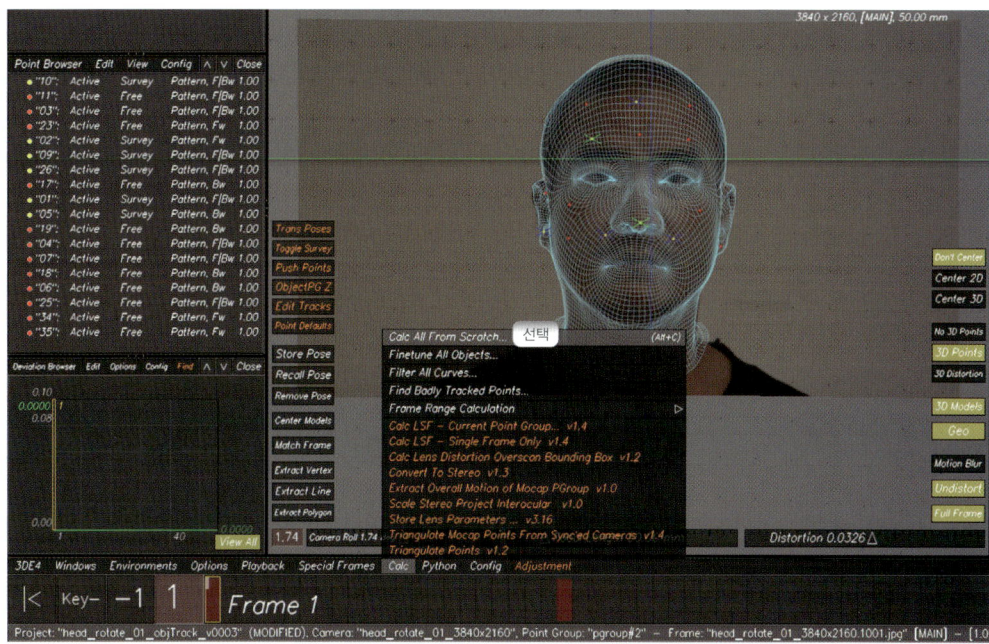

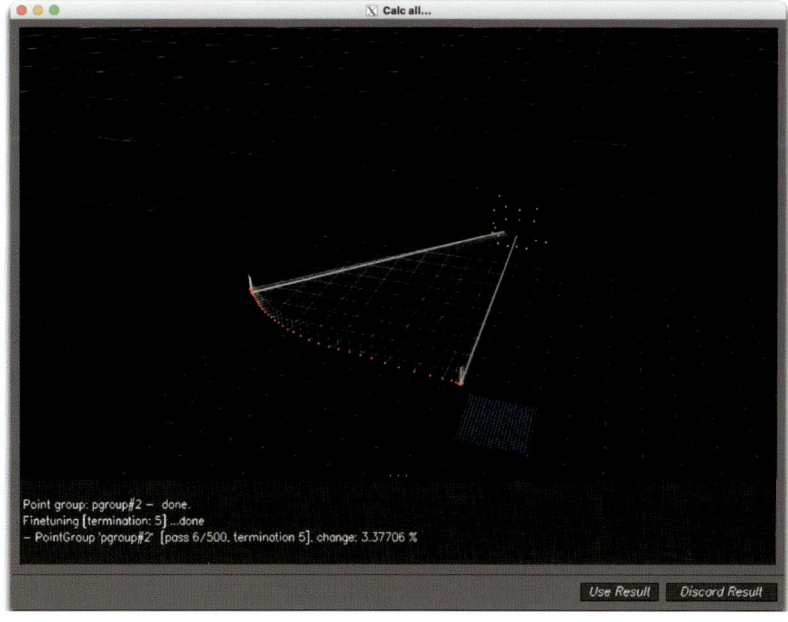

195

계산한 후 플레이를 해 보면 스크린 오른쪽 얼굴 옆 라인업이 살짝 마지막에 맞지 않는 것을 알 수 있습니다. 이 경우는 스크린 오른쪽 볼에 추가한 포인트가 중간에 끊어짐으로 나타나는 결과입니다. 모든 포인트들이 첫 프레임부터 마지막 프레임까지 모두 커버를 했다면 괜찮았겠지만 exact survey 모드의 포인트 하나가 중간에 사라졌기 때문에 그 부분부터 계산에 오류가 생긴 것입니다. 이러한 부분을 수정하기 위해서는 다음과 같은 상황을 체크해 보아야 합니다.

- 포인트는 충분한가
- 적절한 위치의 포인트가 Exactly Surveyed 로 되어있는가
- 적절한 프레임에서 포인트들이 프로젝션 되어있는가
- 포인트마다의 weight 값이 적절한가

조건들을 하나씩 살펴보면 우선 포인트의 개수는 충분해 보입니다. 그렇다면 두 번째 Exactly Surveyed 포인트가 적절하게 배치되어 있는가입니다. 이 부분도 아직까지는 잘 확신이 안 섭니다. 세 번째인 포인트들이 적절한 프레임(얼굴의 위치)에서 프로젝션 되어 있는가인데 이 부분을 우선 수정해 보겠습니다.

j. 얼굴이 살짝 회전하여 대부분의 포인트가 다 보이는 곳인 23번째 프레임에서 다시 프로젝션을 해 보도록 하겠습니다. 그러기 위해서는 다시 한 번 해당 프레임에서 라인업을 해야 합니다. 라인업을 다시 한 후 Store Pose를 합니다.

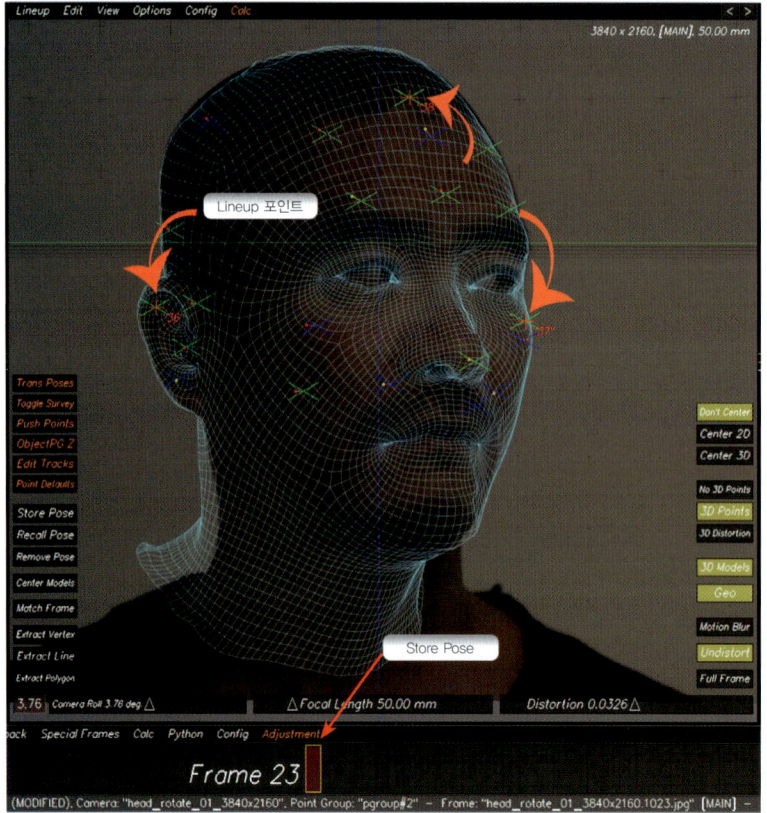

k. 이번에는 이마와 광대 그리고 팔자주름쪽의 포인트들을 23번째 프레임에서 프로젝션한 후 Calc 〉 Calc All From Scratch를 선택하여 오브젝트를 다시 한 번 계산합니다.

계산 후 플레이를 해 보면 첫 번째 계산보다는 좋아졌지만 여전히 첫 프레임에서 스크린 오른쪽 귀부분의 라인업이 살짝 아쉬워 보입니다.

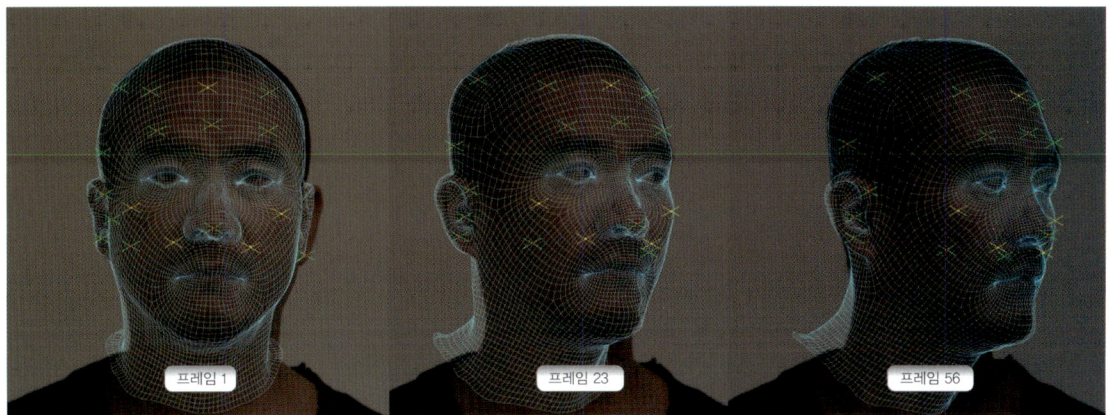

마지막으로 첫 번째 프레임의 귀부분만 라인업을 살짝 고친 후 다시 한 번 계산해 보겠습니다.

l. 첫 프레임으로 타임라인을 이동시킨 후 귀 부분에 라인업 트랙포인트를 추가해서 라인업을 수정한 후 다시 Calc 〉 Calc All From Scratch를 선택하여 오브젝트를 다시 한 번 계산합니다.

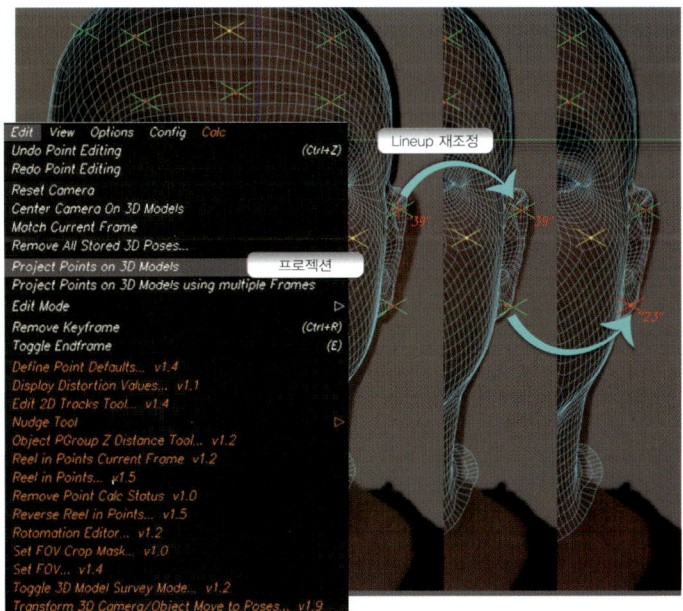

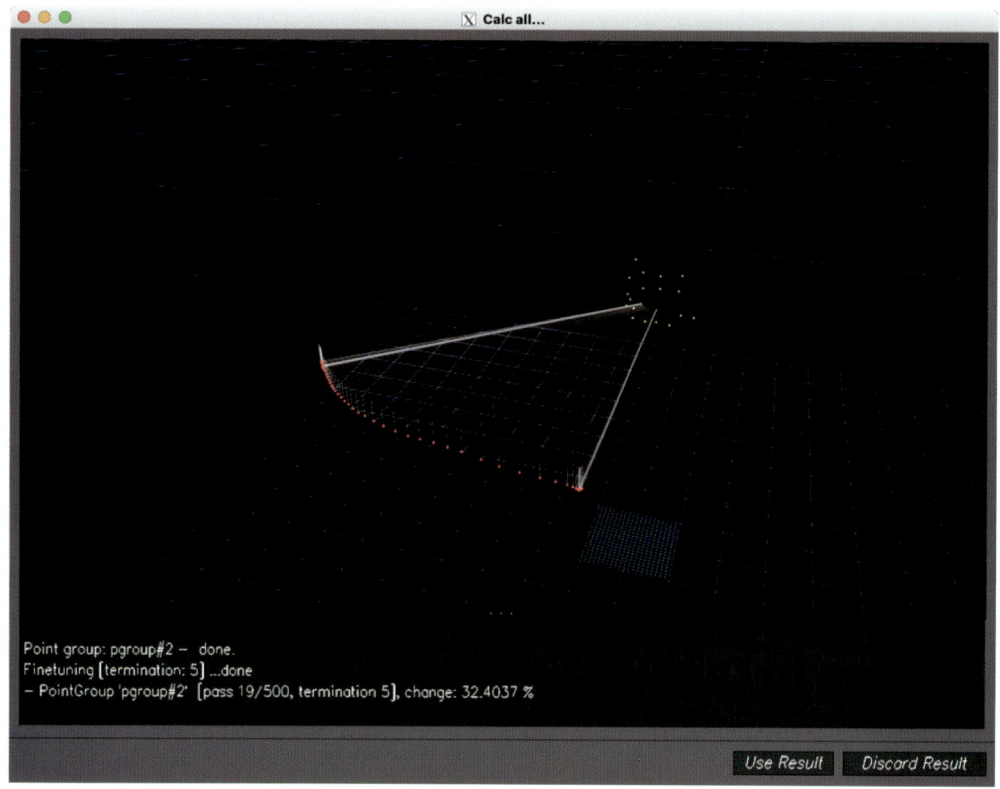

라인업 결과물이 훨씬 더 나아졌습니다.

이번 튜토리얼 결과물의 중점은 머리 전체의 실루엣을 맞추는 방향이었기 때문에 귀 부분이 조금 벗어나 있는 것처럼 보이긴 하지만 얼굴 전면과 전체 머리의 외곽 부분은 꽤 잘 맞는 것을 볼 수 있습니다.

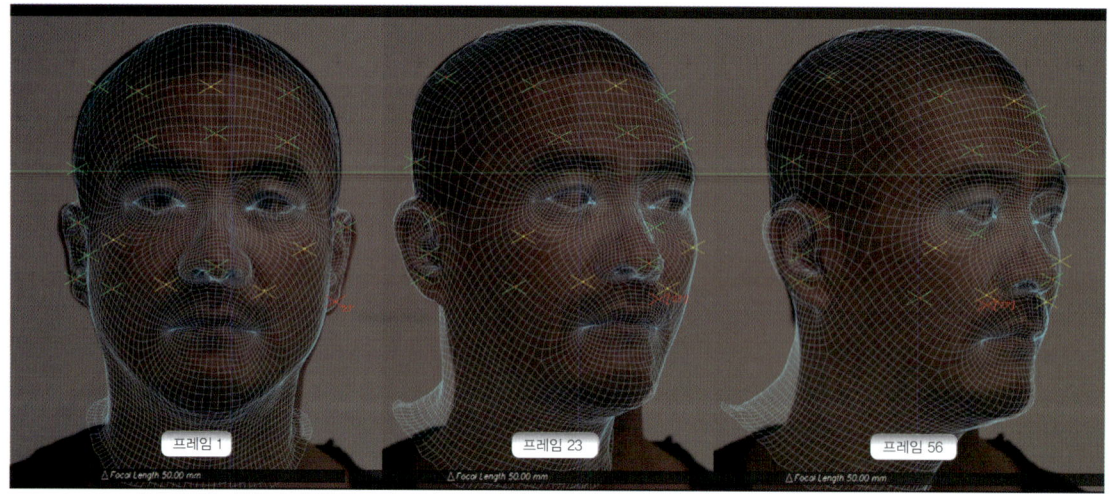

이제는 움직임의 그래프와 포인트의 deviation browser에서의 에러율 그래프를 확인하면서 미세 조정을 해 보겠습니다.

m. Deviation Browser에서 녹색 라인만 보인다면 Deviation Browser 〉 Show Point Deviation Curves 〉 All Points를 선택하여 모든 포인트의 그래프가 나오도록 합니다.

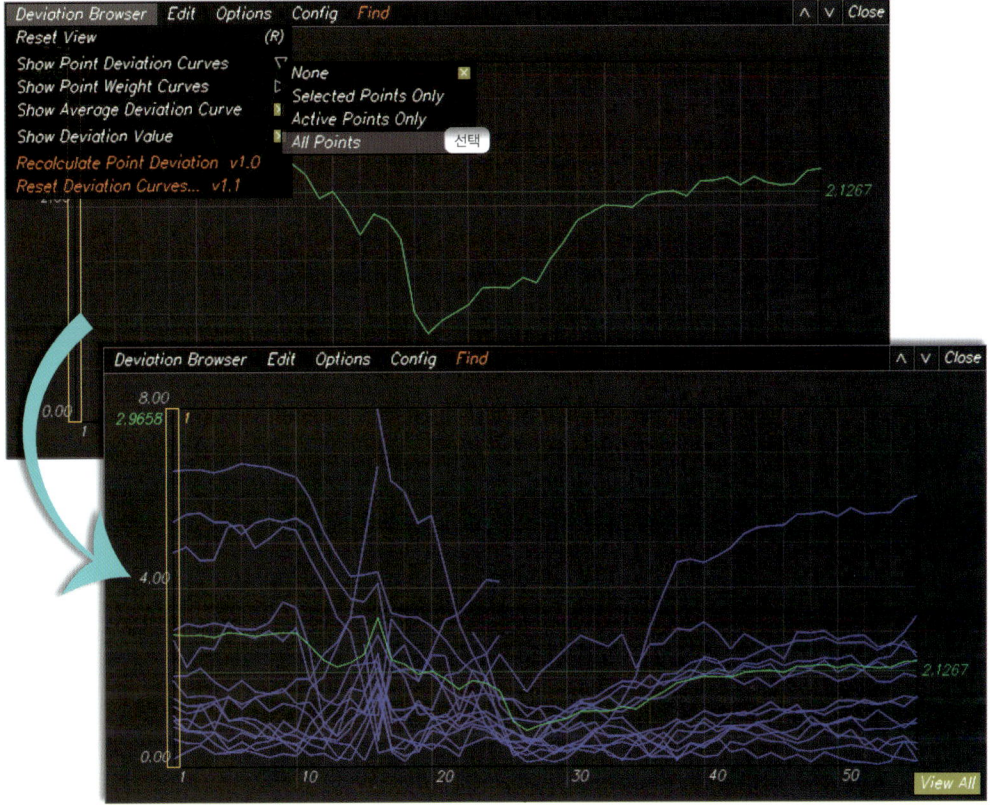

그래프를 보면 녹색선은 평균에러값이고 나머지는 각각의 포인트가 가지고 있는 에러값입니다. 프레임 16에서 두개의 트랙포인트가 만나면서 높은 피크가 만들어져 있습니다.

이제 curve editor 윈도우도 살펴보겠습니다.

n. Windows 〉 Curve Editor를 선택하거나 Alt +4를 눌러서 Curve Editor를 엽니다.

Curve Editor가 열리면 오른쪽에서 3D Rot/Pos Curves 앞에 삼각형 표시를 클릭하여 Pos X/Y/Z를 살펴봅니다.

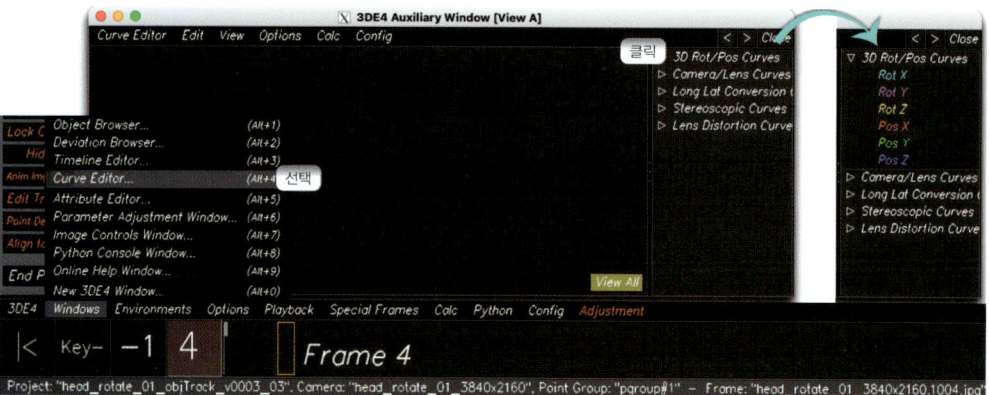

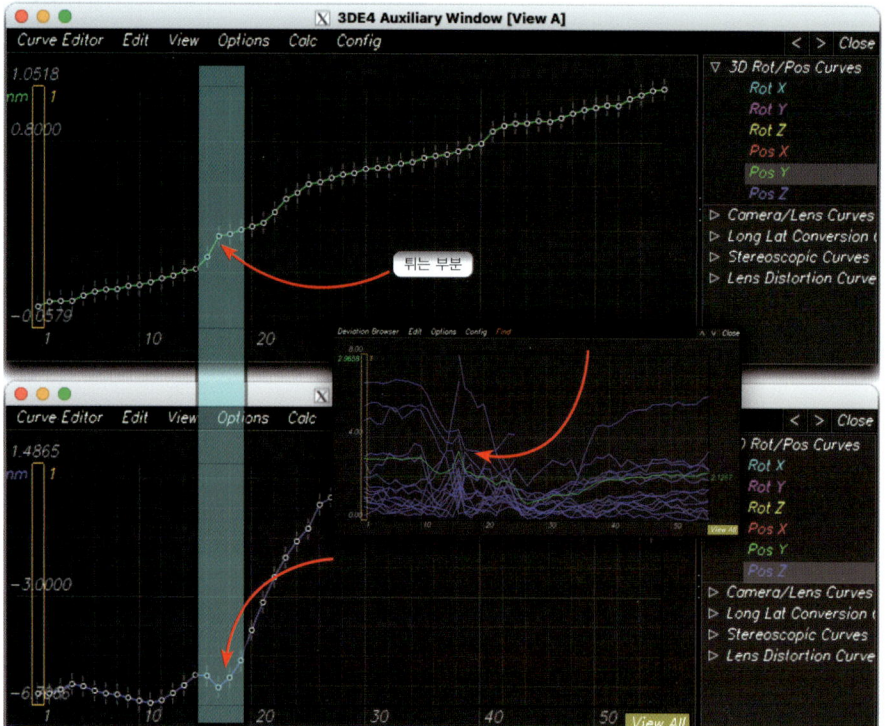

역시 프레임 16에서 약간의 계단이 보입니다.

원인을 살펴보면 exactly surveyed로 되어 있는 스크린 오른쪽 귀에 연결된 트랙 포인트 23번이 17프레임부터 사라지고 있으며, 스크린 왼쪽 머리 위에서 트랙 포인트 17번이 프레임 16부터 시작되고 있습니다. 이 두 포인트가 피크를 만들고 있습니다.

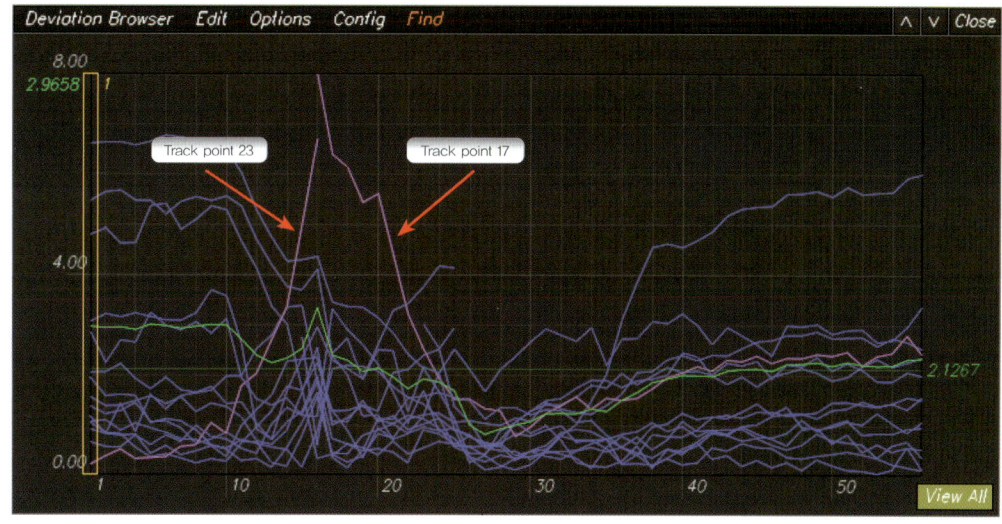

가장 기본적인 해결 방식은 각각의 트랙포인트의 끊어진 부분을 몇 프레임 더 트랙해 주어 교차되는 부분을 더 많게 만드는 방법입니다. 하지만 두 포인트 모두 얼굴이 회전하면서 사라지기 때문에 그 방법은 불가능합니다.

두 번째는 트랙포인트를 블렌딩하는 방식입니다.
그 말은 weight에 ease-in 또는 ease-out을 주어서 해당 트랙포인트가 부드럽게 연결될 수 있도록 해 주는 방식입니다. 튜토리얼의 경우에는 이 두 번째 방법으로 해 보겠습니다.

· Deviation Browser에서 alt+LMB 드래그해서 둘 중 왼쪽 트랙포인트 선택한 후 Attribute Editor 의 Point 탭에서 Timeline Weight Blending을 체크하고 프레임은 5프레임을 넣어줍니다.

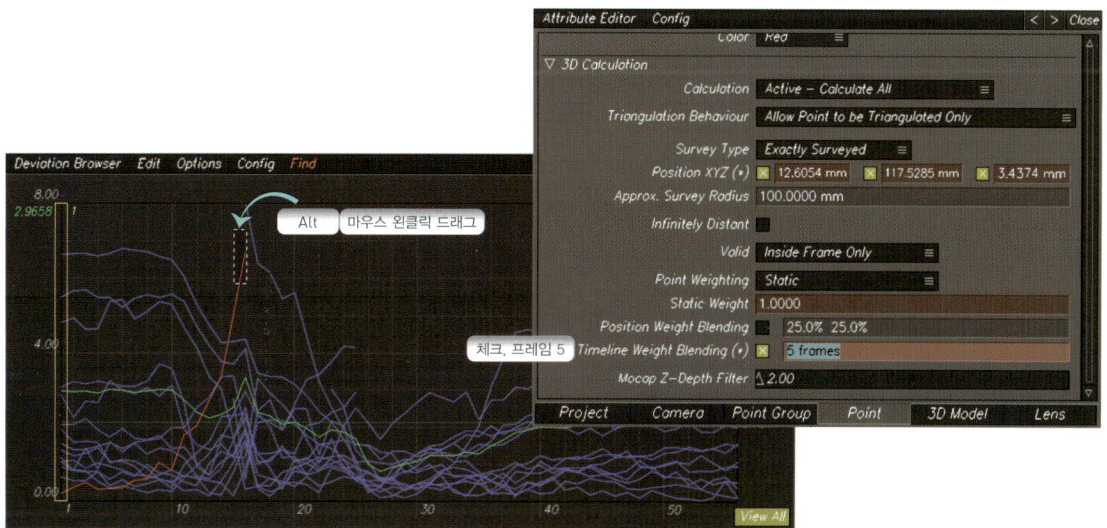

오른쪽 트랙포인트 17번도 역시 Timeline Weight Blending을 체크해준 후 프레임은 10프레임을 넣어 줍니다. 블렌딩을 할 때 프레임 수는 기본값으로 10프레임을 블렌딩하도록 되어 있지만 트랙포인트의 길이에 따라서 조절해 줄 수 있습니다.

이러한 피크 문제는 전체 프레임을 트래킹하지 못한 포인트들에서 종종 나타납니다. 특히 exactly surveyed로 되어 있는 포인트일 수록 더 자주 이런 현상이 나타납니다. 현재 튜토리얼에서도 몇 군데 더 이러한 현상이 나타나는데 이를 해결하기 위해서 중간에 끊어지는 트랙포인트 11번, 19번, 35번을 10프레임으로 블렌딩을 해 주었습니다.

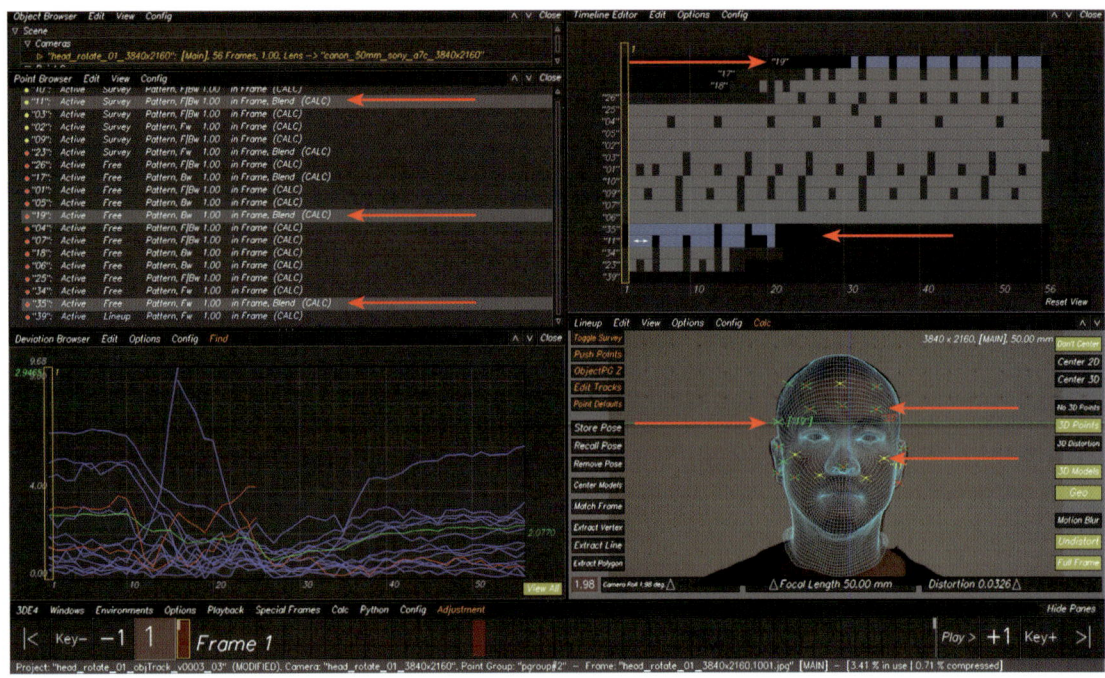

p. 트랙포인트들을 블렌딩한 후 다시 한 번 Alt+C를 누르거나 Calc 〉 Calc All From Scratch를 선택하여 오브젝트를 다시 한 번 계산합니다.

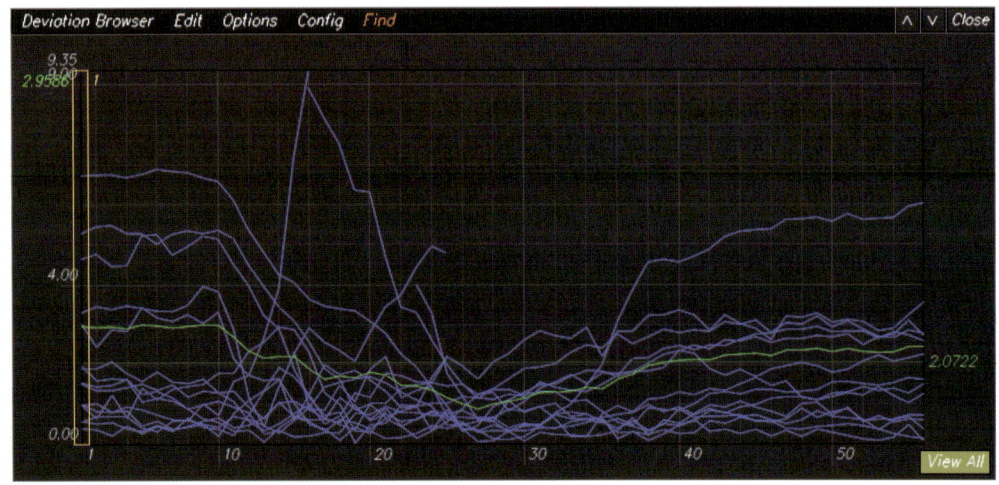

피크는 사라졌지만 평균에러값을 나타내는 녹색선이 일정치 않은게 걸리네요.
좀 더 평평하게 만들어 보죠.

우선, exactly surveyed로 되어있는 포인트들을 프레임 23에서 다시 한 번 프로젝션한 후, Calc를 해줍니다. 그 이유는 처음 프로젝션을 한 이후로 포인트들을 미세하게나마 수정했기 때문에 해당 프레임에서 정확해야 할 프로젝션들이 살짝 어긋나 있을 수 있는 가능성 때문입니다.

그러면 에러율이 높은 트랙포인트들부터 살펴보아야 합니다.
Deviation Browser에서 중간 왼쪽으로 에러율이 높은 몇 개의 트랙포인트들이 보입니다. 프레임 1-10 사이에서 가장 높은 에러율이 보이는 그래프를 선택해보니 이마 중앙에 위치한 06번 트랙포인트입니다.

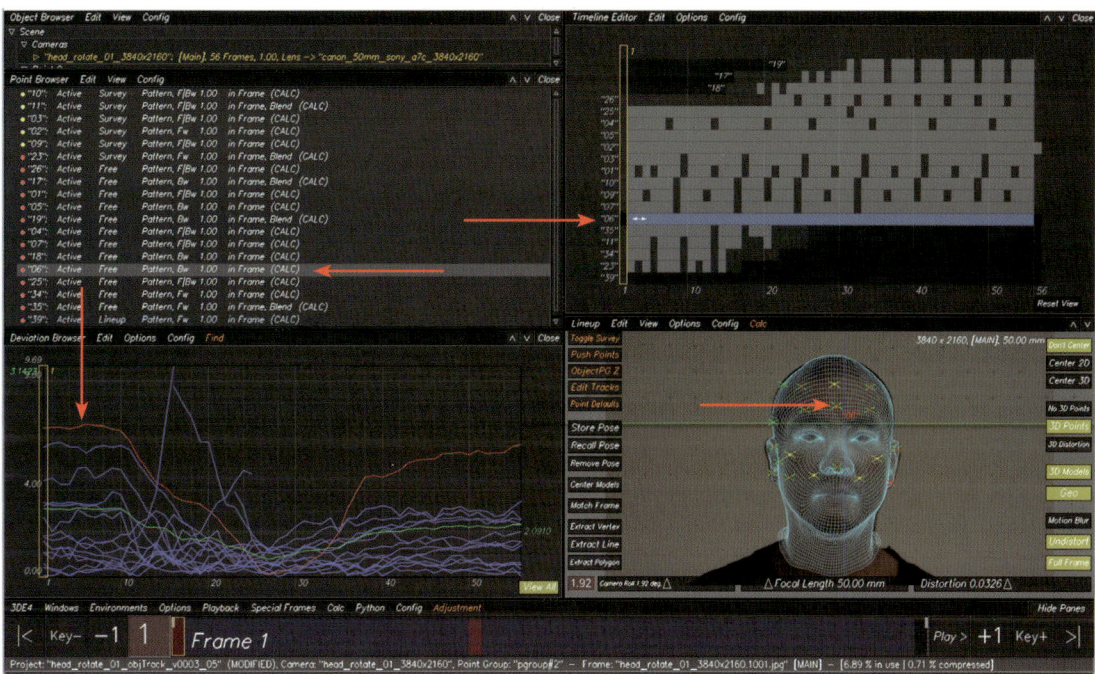

Free 모드인데도 이 정도로 에러가 높다면 배우가 얼굴을 돌리면서 이마를 움직인 것이라고 추측할 수 있습니다. 이건 빼도록 하겠습니다. 포인트가 선택된 상태에서 Attribute Editor 〉 Point 〉 Calculation 〉 Off를 선택해 주거나 Point Browser에서 해당 포인트를 RMB 클릭 〉 Modify 〉 Calculation 〉 Disabled를 선택해 줍니다.

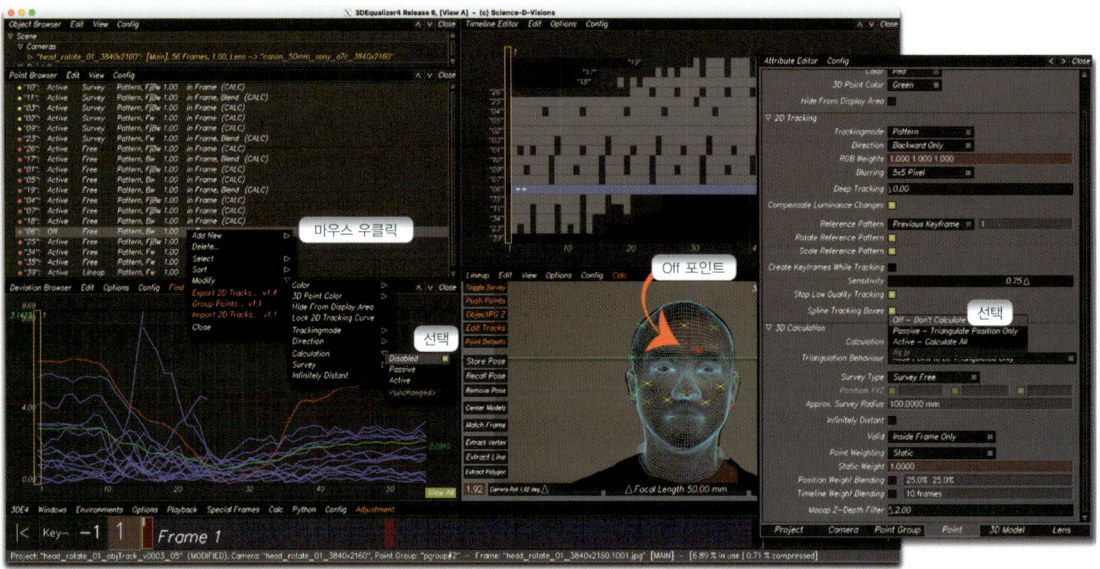

q. 다시 Calc All을 해 줍니다.

Deviation Browser에서 해당 포인트의 그래프가 사라지고 평균선이 훨씬 더 평평해졌습니다.

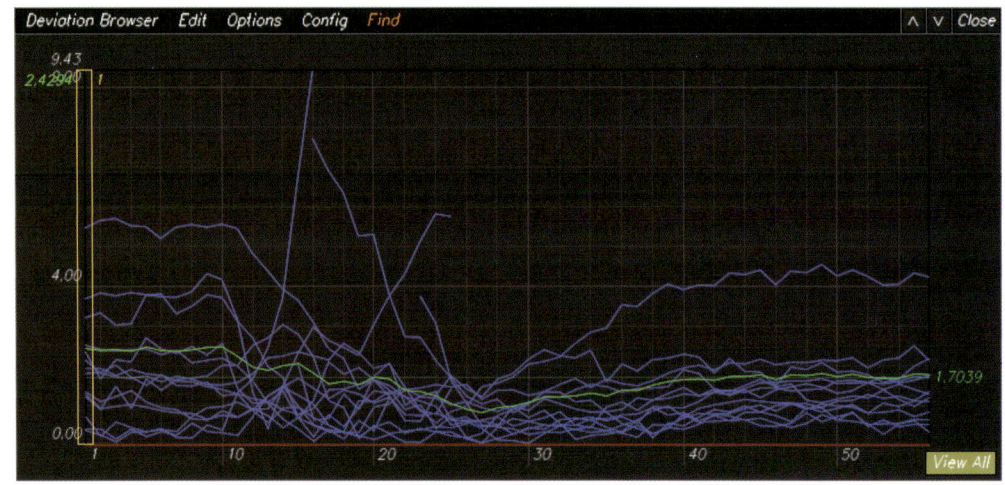

다음 에러율이 높은 그래프를 선택해 보면 스크린 오른쪽의 팔자 주름 근처입니다.

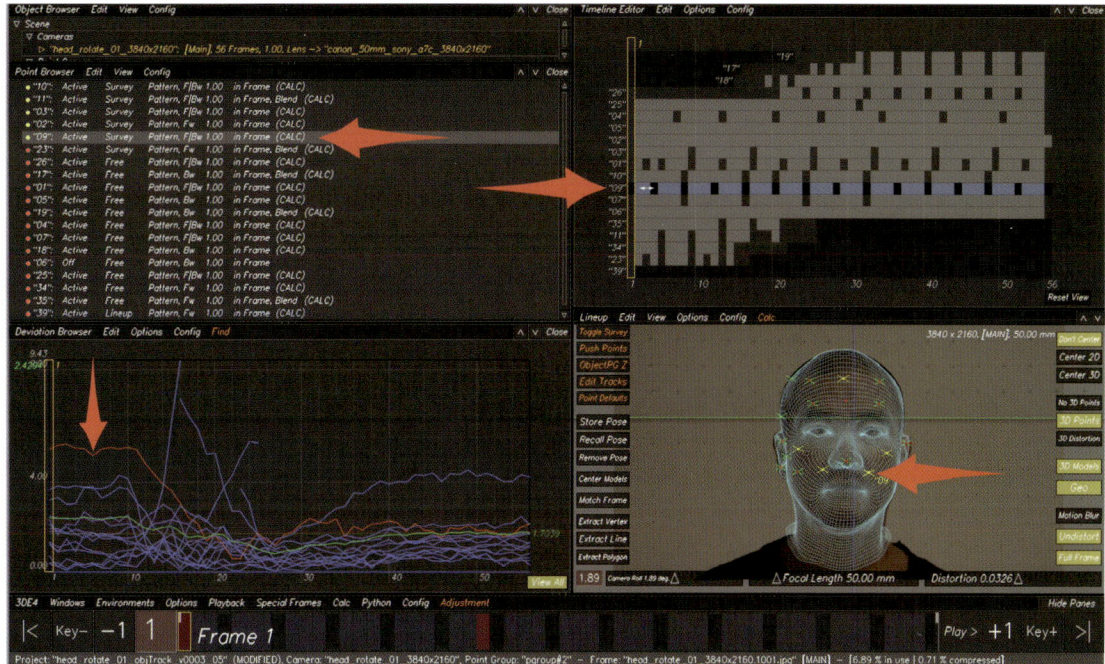

이 포인트는 얼굴 전면을 잡아주는 포인트인지라 오히려 강제로 더 오브젝트에 붙여놓아야 합니다. 다른 서베이 모드의 포인트들 역시 얼굴 전면을 잡아주는 중요한 부분이니 이 포인트들을 모두 weight을 높여줍니다. 10을 주겠습니다.

r. 트랙포인트 중에서 이마, 코 양 옆, 광대 위치에 있는 다섯 개의 포인트를 선택한 후 Attribute Editor 〉 Point 〉 Static Weight에 10을 넣은 후 다시 한 번 Calc All을 합니다.

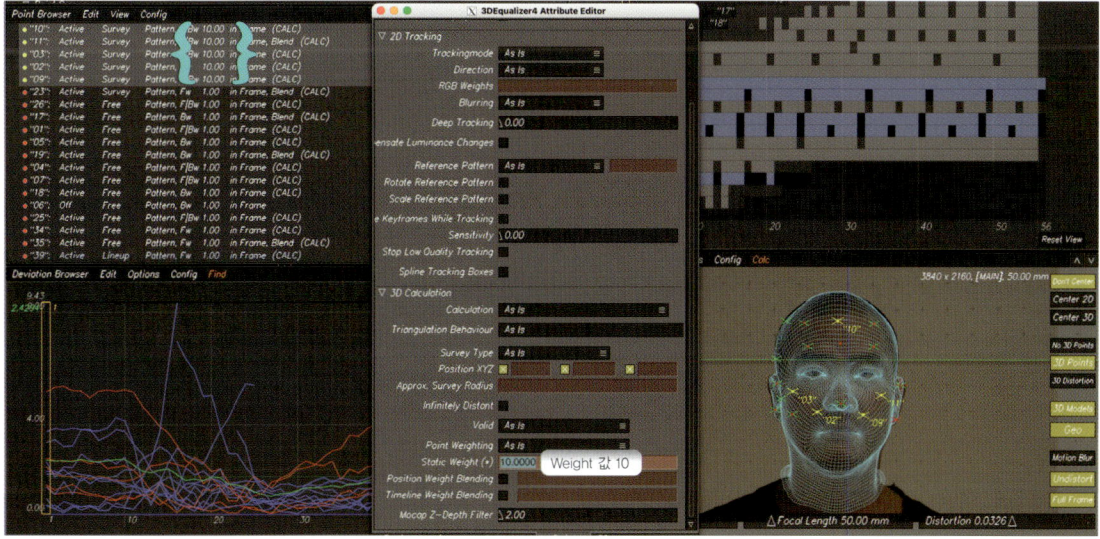

조금 더 평균선이 평평해지고 에러율이 낮아졌습니다.

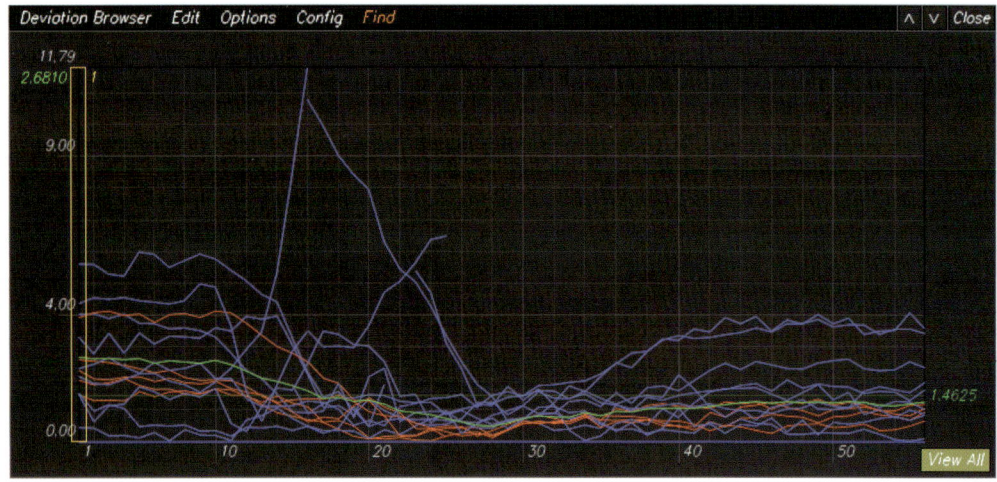

다음 에러율 높은 포인트인 스크린 왼쪽 이마 부분의 07번도 Free 모드로 에러율만 높이고 있는 것처럼 보입니다. 과감히 빼줍니다.

s. 스크린 왼쪽 이마 부분 트랙포인트 07번을 선택한 후 Attribute Editor 〉 Point 〉 Calculation 〉 Off 를 선택해 주거나 Point Browser에서 해당 포인트를 RMB 클릭 〉 Modify 〉 Calculation 〉 Disabled를 선택하고 다시 Calc All을 해 줍니다.

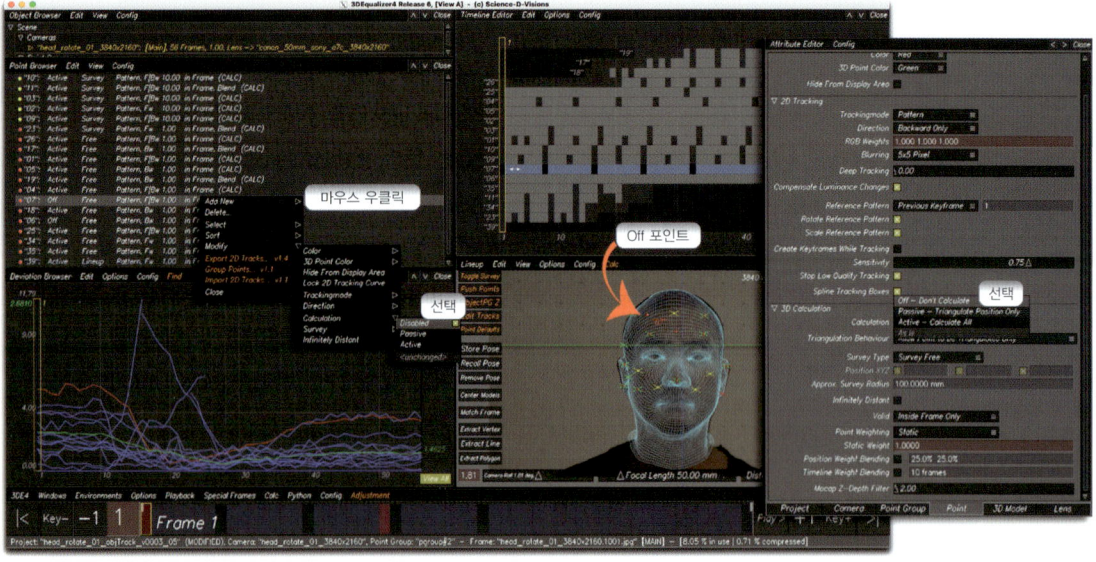

역시 에러율은 낮아지고 모션에는 별 영향이 없습니다.

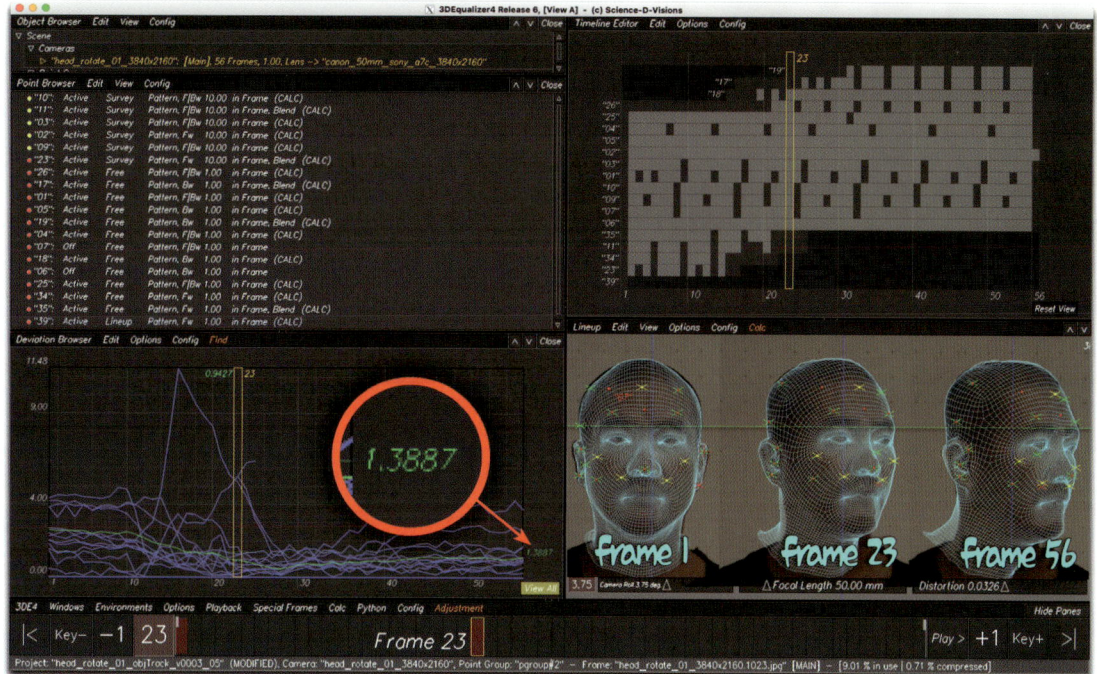

현재 평균 에러율은 1.3887px 이며 1-10프레임 사이가 2.6px 정도입니다. 보통 카메라 트래킹의 경우 평균 에러율을 1px 이하로 만드는 노력이 필요하지만, 플레이트의 레졸루션이 약 4K 정도 되고 얼굴 표정을 트래킹하는 것이 아닌 전체 모션을 트래킹하는 것이므로 이 정도면 꽤 괜찮은 에러율이라고 할 수 있습니다.

헤드 트래킹이 모두 완료되었습니다.

튜토리얼에서 트랙포인트의 Weight을 조절하거나 Blending하는 방식으로 평균에러율을 낮추었지만 모든 경우에 이 방식이 다 맞는 것은 아닙니다. 여러 가지 방법 중 사용자가 어느 방식을 선택해서 어느 순서로 작업을 하느냐에 따라서 결과가 많이 달라집니다. 그리고 실제로 이 튜토리얼을 따라하다 보면 에러값이 책과는 다르게 나오게 될 것입니다. 그 이유는 필자가 트랙한 2D 포인트들을 정확히 1 픽셀도 틀리지 않게 따라하는 게 불가능하기 때문입니다. 조금씩 에러값이 다르겠지만 접근 방법을 숙지하시기 바랍니다.

또한, 이러한 헤드 트래킹의 경우 목적에 따라서 실루엣을 맞추거나 특정 부분을 더 자세히 맞추는 방식으로 어느 지점에서 끝을 내야 하는가 역시 해당 샷마다 다를 수 있습니다. 더 자세한 라인업이 요구될수록 제공되는 서베이 모델도 실제 배우에 근접해야 합니다.

매치무브
MATCHMOVE

7

Export와 오버스캔

Export Workflow
Export 종류
Maya Camera Export
Nuke 노드 Export
언디스토트 플레이트 Export(Undistort plate)
오버스캔(Overscan)

1 Export Workflow

3DE에서 트래킹 작업이 모두 끝난 후에는 다음 단계를 위하여 Export를 해야 합니다. 일반적인 워크플로우에서는 3DE 〉 Maya, 3DE 〉 Nuke, 3DE 〉 언디스토트 플레이트 이 3가지가 가장 주요한 Export 입니다. 하지만 각 스튜디오의 파이프라인에 따라 3ds Max나 Houdini 같은 다른 3D 소프트웨어를 사용한다면 그에 맞는 Export를 해 주어야 합니다. 또한 언디스토트 플레이트를 3DE에서 직접 Export하지 않고 Nuke를 통해서 만들기도 합니다. 이 챕터에서는 어떠한 종류와 방식의 Export 종류가 있는지 알아보겠습니다.

Export 종류

3DE에서는 꽤 많은 종류의 Export 옵션을 제공해 줍니다. CG에서 기본적으로 사용되는 대부분의 소프트웨어로 작업한 결과물들을 보내줄 수 있습니다. 크게는 계산된 모든 3DE의 결과물을 Export 할 수 있는 Export Project와 부가적으로 사용될 수 있는 각 포인트들, 디스토션 데이터 또는 오브젝트 등을 각각 Export 시켜주는 Export File로 나뉘어져 있습니다.

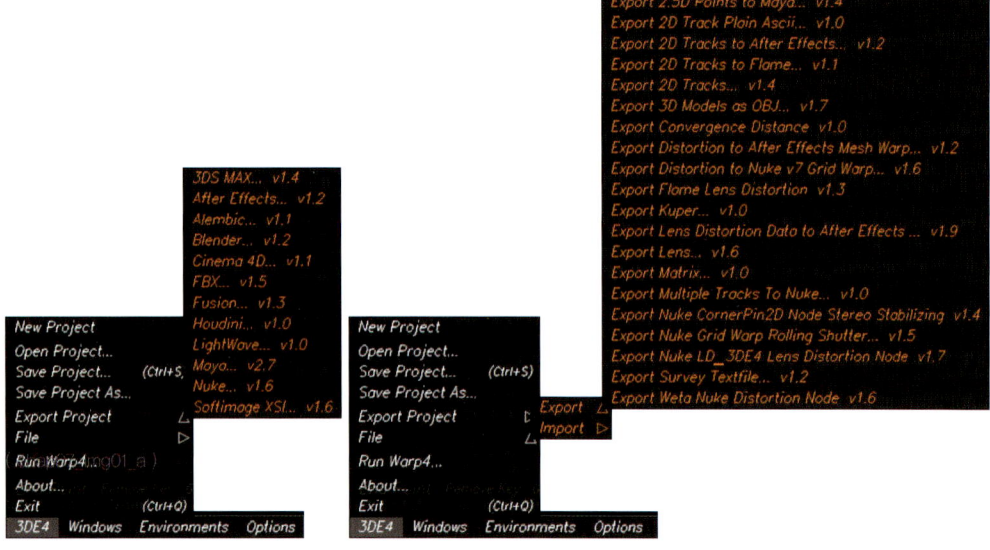

대부분의 메뉴는 직관적으로 무엇을 위한 것인지 충분히 알 수 있습니다. 여기에서는 가장 많이 사용되는 중요한 몇 가지에 대해서 알아보도록 하겠습니다.

Export 2.5D Points to Maya

이 메뉴는 3DE에서 트랙된 2D 트랙포인트를 Maya에서 Import한 카메라에 2D 트랙포인트처럼 사용할 수 있도록 해줍니다. 여기서 Export되는 포인트는 X와 Y값만 가지고 있기 때문에 Maya에서 Depth 값을 임의로 각 프레임마다 정해줘야 합니다. 주로 싱글 트랙포인트를 이용해서 오브젝트를 Maya에서 트랙킹하기 위해서 사용되는 경우가 많습니다. 이 방식을 사용하게 되면 rotation xyz 채널과 카메라에서 보이는 depth 채널 1개만 사용하면 되기에, Maya에서 손으로 처음부터 오브젝트 트래킹을 하는 것보다 훨씬 유용하게 사용할 수 있습니다.

Export 2D Track Plain Ascii

트랙된 2D 포인트들을 Ascii 형식으로 Export 해줍니다.

Export 2D Tracks

트랙된 2D 포인트들을 3DE에서 사용하는 형식으로 Export 해줍니다.

Export Lens

현재 사용되고 있는 렌즈를 Export 해줍니다. 나중에 같은 렌즈가 필요할 때 Import해서 사용하면 됩니다.

Export Kuper

Kuper는 모션컨트롤 카메라에서 사용되던 기술적 용어로 3D 소프트웨어와의 카메라 모션 공유를 가능하게 합니다. Ascii 파일이며 계산된 카메라 모션의 로테이션 값과 포지션 값들을 이용합니다. Maya에도 Kuper Import/Export 스크립트를 이용하여 서로 카메라의 모션을 공유할 수 있습니다.

Export Nuke Grid Warp Rolling Shutter

3DE에서 계산된 Rolling Shutter 값을 Nuke의 Grid Warp 노드로 Export 해줍니다.

Export Nuke LD_3DE4 Lens Distortion Node

3DE에서 사용된 렌즈 디스토션 값을 Nuke의 커스텀 노드로 Export 해 줍니다. 이 노드를 사용하기 위해서는 Nuke에 3DE에서 제공하는 플러그인을 설치해 주어야 합니다.

Maya Camera Export

3DE에서 Maya로의 Export는 mel script 포맷을 이용하여 카메라와 로케이터 그리고 선택에 따라 사용된 오브젝트도 Export 할 수 있습니다.

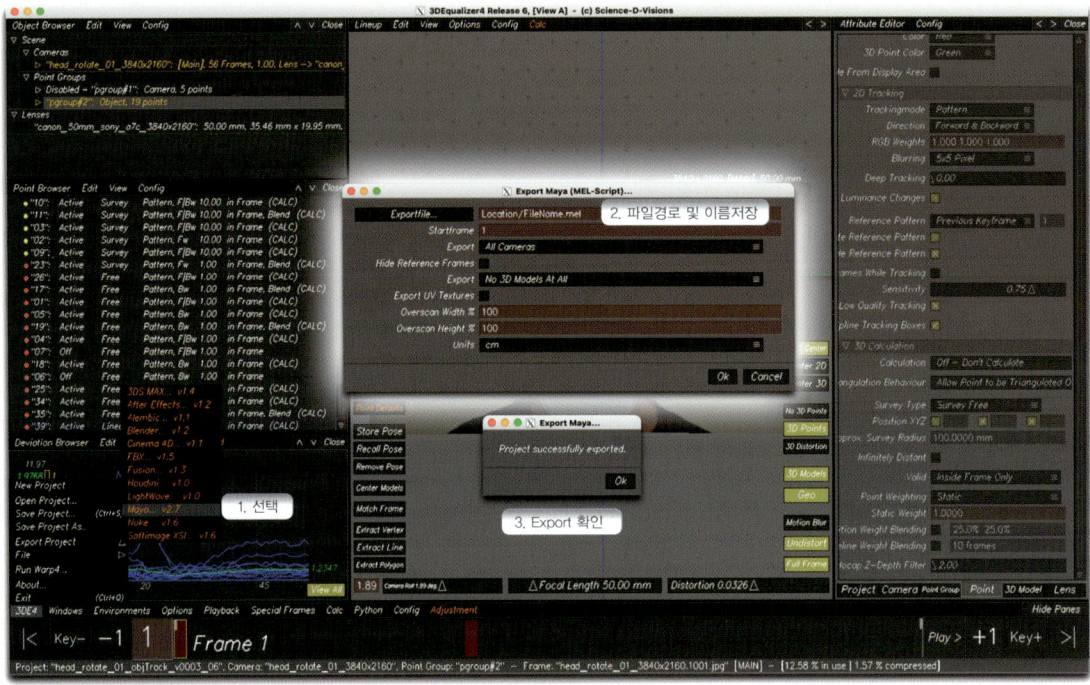

Exportfile : Export할 파일의 위치와 이름을 정합니다.

Startframe : Export하는 카메라의 시작 프레임을 정해 줍니다.

Export : 어떠한 카메라들을 Export할 것인지 선택해줍니다.
- All Cameras
- Current Camera Only
- Selected Cameras Only
- Sequence Cameras Only
- Reference Cameras Only

Hide Reference Frames : Reference Camera가 있을 경우 Maya Import 시 해당 카메라를 Maya에서 '숨김'으로 만들어 줍니다.

Export : 사용된 모델을 obj 파일로 Export 해줍니다.
- No 3D Models At All
- Selected 3D Models Only
- All 3D Models

Overscan Width % : 언디스토트된 플레이트가 원래의 플레이트 레졸루션보다 커졌을 때 플레이트의 가로 사이즈를 몇 %나 키워서 커버할 것인지 정해줍니다.

Overscan Height % : 언디스토트된 플레이트가 원래의 플레이트 레졸루션보다 커졌을 때 플레이트의 세로 사이즈를 몇 %나 키워서 커버할 것인지 정해줍니다.

Units : 사용될 유닛을 선택합니다.
- cm, m, mm, in, ft, yd

Maya로 Export 시 오브젝트는 동시에 Export 하는 것을 추천하지 않습니다. 간단한 오브젝트는 괜찮지만 폴리곤이 많은 오브젝트들은 Export 시 시간이 너무 오래 걸리거나 에러가 나는 경우가 있습니다. Maya에서 따로 Import해서 사용하기를 권장합니다.

오버스캔(Overscan)은 대부분의 CG 아티스트들이 이해하기 어려워 하는 부분입니다. 이 부분에서는 뒤에서 더 자세히 설명하겠습니다.

Nuke 노드 Export

3DE에서의 Nuke Export는 2가지로 나눠집니다.
전체 템플릿을 Export 해 주는 Export Project 〉 Nuke와,
렌즈디스토션 노드나 Grid Warp 같은 부분 노드만 Export 해 주는
File 〉 Export 〉 Export Nuke LD_3DE4 Lens Distortion Node로 나눌 수 있습니다.

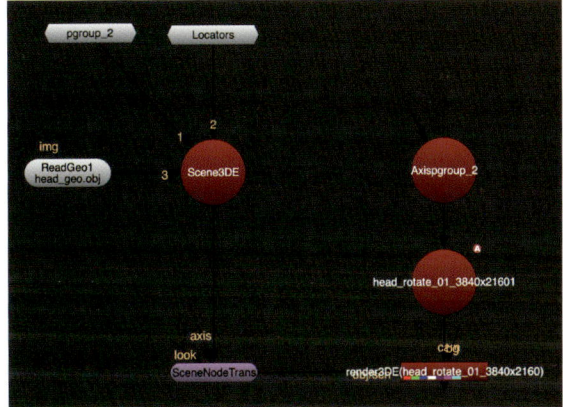
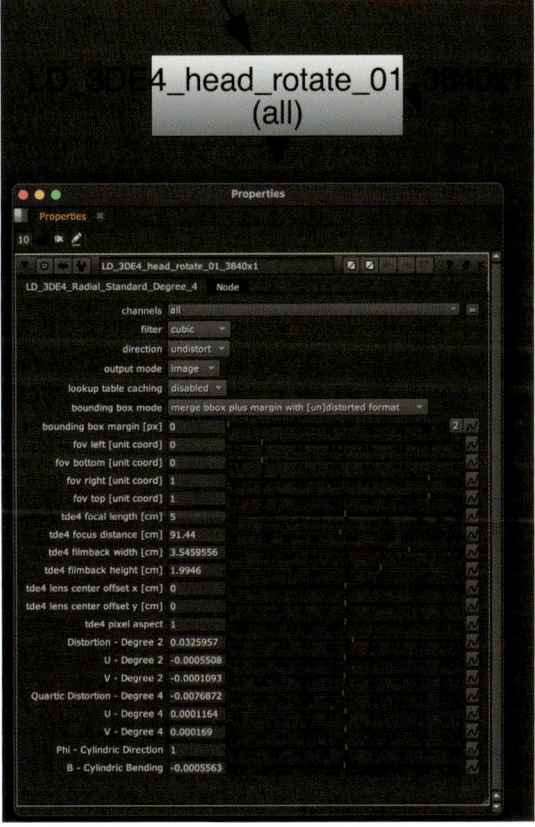

언디스토트 플레이트 Export (Undistort plate)

언디스토트 플레이트(Undistort plate)를 만드는 단계가 매치무빙을 하고 그 위에 CG를 넣는 과정 중에서 가장 중요합니다. 대부분의 스튜디오들이 이 단계를 자동화하여 3D 부서 뿐만 아니라 합성 단계까지 매치무빙을 하는 부서에서 만들어지는 언디스토트 플레이트와 함께 디스토션 노드까지 모두 공유를 할 수 있도록 하고 있습니다. 3DE에서는 이를 언디스토드 플레이트(Undistort plate)라고 부르며 스튜디오마다 부르는 방식은 다릅니다. 여기에서는 3DE에서 부르는 방식인 언디스토트 플레이트 라고 부르겠습니다.

Maya와 Nuke 노드를 Export 했다면 다음은 Maya에서 카메라와 같이 사용하는 이미지플레인(플레이트)도 Export를 해 주어야 합니다. 만약 플레이트의 Distortion이 거의 없거나 사용 렌즈를 알지 못하여 렌즈에서 Distortion 채널을 전혀 사용하지 않았다면 단순히 Maya에서 작업하기 편한 용량이 작고 퀄리티가 좋은 jpg로만 컨버팅을 해도 좋지만, 렌즈 그리드를 촬영하여 만든 렌즈를 사용했거나 렌즈의 Distortion 채널 값들을 계산하여 사용했다면 꼭 언디스토트 플레이트를 Export 해야 합니다.

3DE 에서 언디스토트 플레이트를 Export 하는 방법은 2가지가 있습니다.

> ❶ 3DE4 > Run Warp4 메뉴를 이용하거나
> ❷ Distortion Grid 뷰포트 상에서 Edit > Image Warp 메뉴 또는 Image Warp 버튼을 이용

이 중 첫 번째 방법은 3DE가 오래 전부터 가지고 있던 기능으로 단순히 언디스토트 플레이트만 Export 해 주는 반면, 2번의 방법인 Image Warp는 새로운 방식으로 STMap까지도 Export 해 줄 수 있습니다. 이 챕터에서는 새로운 방식인 Image Warp만 살펴보겠습니다. 3DE 버전 R7부터는 Warp4가 사라지고 Image Warp만 남아있습니다.

Export 할 카메라를 선택한 후 Distortion Grid 뷰포트 상에서 Edit > Image Warp 메뉴선택 또는 Image Warp 버튼을 클릭합니다.

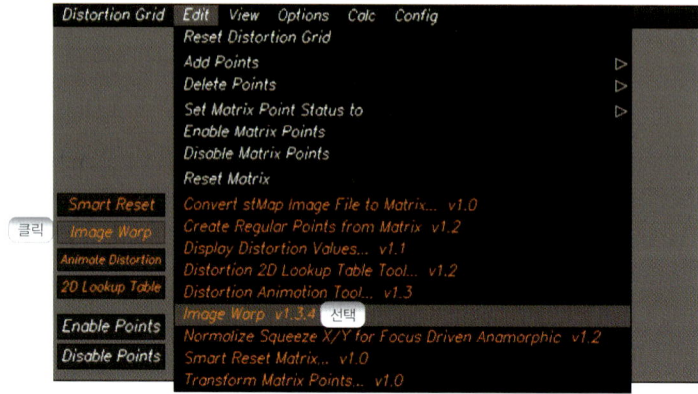

선택된 카메라가 UI 목록에 나오면 선택을 한 후 Edit 버튼을 클릭해 줍니다.

이제 언디스토트 플레이트나 STMap을 Export 할 수 있는 UI가 나옵니다 어떤 기능이 있는지 하나씩 알아보겠습니다.

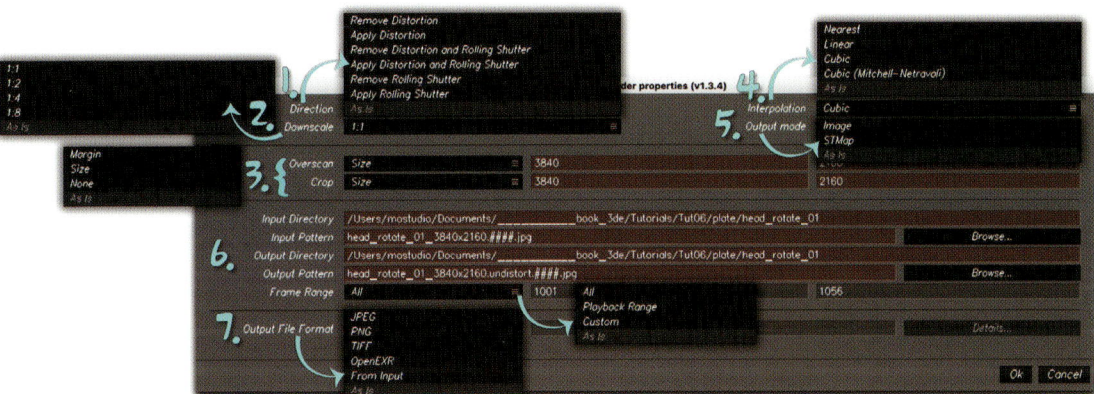

❶ Direction

Distortion과 Rolling Shutter의 적용 방식을 선택합니다. Distortion과 Rolling Shutter를 제거하는 경우에는 언디스토트 플레이트와 STMap 두 가지를 만들 경우이며, 다시 적용시키는 경우는 주로 STMap을 만들 경우에 사용됩니다.

- **Remove Distortion** : 언디스토트 플레이트를 만듭니다.
- **Apply Distortion** : 언디스토트 플레이트에 다시 디스토션을 적용시켜 줍니다.
- **Apply Distortion and Rolling Shutter** : 언디스토트 플레이트에 다시 Distortion과 Rolling Shutter를 적용시켜 줍니다.
- **Remove Rolling Shutter** : Rolling Shutter를 없애줍니다.
- **Apply Rolling Shutter** : Rolling Shutter를 다시 적용시켜 줍니다.

❷ Downscale

Export 될 이미지의 사이즈를 조절해줍니다.
1 : 1 / 1 : 2 / 1 : 4 / 1 : 8

❸ Overscan / Crop

오버스캔 레졸루션이나 크기를 조절해 줍니다.
- **Margin** : 현재 레졸루션에서 추가로 픽셀을 위/아래, 좌/우로 각각 더하여 오버스캔 사이즈를 정해줍니다. 입력된 숫자의 2배가 적용됩니다.
- **Size** : 오버스캔되는 전체 레졸루션을 직접 정해줍니다.
- **None** : 원래의 레졸루션으로 Export 해줍니다.

❹ Interpolation

이미지의 필터링의 종류를 정해줍니다.
- Nearest / Linear / Cubic / Cubic (Mitchell-Netravali)

❺ Output mode

Export를 이미지로 할지 STMap으로 할지를 정해줍니다.
- Image / STMap

❻ Input / Output Directory, Frame Range

현재 사용되는 플레이트와 Export되는 플레이트의 위치와 이름 그리고 프레임 영역을 정해줍니다.
- All
- Playback Range
- Custom

❼ Output File Format

Export되는 플레이트의 파일 포맷을 정해줍니다.
- JPEG / PNG / TIFF / OpenEXR / From Input
- Export 할 플레이트의 옵션을 모두 선택하였으면 OK를 눌러 저장한 후, Image Warp UI에서 해당 카메라를 선택한 후 아래의 Run 버튼을 눌러줍니다.

언디스토트 플레이트를 Export하는 것은 굉장히 직관적이라 쉽게 이해하실 수 있습니다. Export 후에 Maya에서 카메라를 Import하고 언디스토트 플레이트를 불러온 카메라에 연결시켜 주면 됩니다.

조금 까다로운 부분이 여기서부터입니다. 바로 오버스캔의 문제입니다.
기본적으로는 3DE에서 Maya의 카메라를 Export 할 때 카메라와 언디스토트 플레이트 모두 오버스캔 없이 Export하면 아무 문제없이 그대로 사용할 수 있습니다. 하지만 만약 오버스캔이 10%가 되어서 레졸루션이 원래보다 커졌다면 카메라 필름백 사이즈 변화가 필요합니다. 이러한 오버스캔 워크플로우에 대해서는 아래에서 좀 더 자세히 알아보겠습니다.

3DE에서 작업된 것들을 Maya로 Export하여 다음 단계를 위하여 카메라와 레이아웃 및 렌즈 디스토션 값을 퍼블리싱하는 워크플로우는 다음과 같습니다.

> ❶ 3DE에서 Maya 카메라 Export 하기
>
> ❷ 왜곡이 펴진 언디스토트 플레이트 Export, 아래는 다양한 Export 방식입니다
>
>   a. 3DE의 Image Warp를 이용한 플레이트 Export
>
>   b. STMap을 이용하여 Nuke에서 플레이트 Export
>
>   c. Nuke_LD_3DE node를 이용하여 Nuke에서 플레이트 Export
>
>   d. Grid Warp node를 이용하여 Nuke에서 플레이트 Export
>
> ❸ 3DE에서 Export된 mel script 파일을 Maya에서 Import 하기
>
> ❹ 왜곡이 펴진 언디스토트 플레이트를 Maya 카메라에 Import 하기
>
> ❺ Maya에서 Import 된 카메라에 맞추어 레이아웃 추가 작업
>
> ❻ Maya 카메라 퍼블리싱
>
> ❼ 오브젝트나 캐릭터 퍼블리싱

오버스캔(Overscan)

Maya나 3ds Max같은 3D 소프트웨어에서는 실제 카메라 렌즈가 가지고 있는 왜곡을 표현해 주지 못합니다. 3D 애니메이션의 경우 소프트웨어에서 제공하는 렌즈만을 사용할 수 있어 왜곡에 신경을 쓰지 않아도 되지만, 실제 카메라로 촬영할 경우 렌즈로 인한 왜곡이 생기고 이것을 3D 소프트웨어로 불러들여서 작업할 경우 이 왜곡을 펴는 작업이 필요하게 됩니다. 앞서 챕터3에서 왜곡에 대한 작업을 어떻게 하는지 설명을 하였으니 참고하기 바랍니다.

이렇게 작업된 플레이트는 왜곡을 평평하게 펴는 작업으로 인하여 기존의 플레이트보다 커지는 경우가 생깁니다. 이 차이는 렌즈마다 각각 다르게 만들어지기 때문에 3D 소프트웨어에서 렌더링하는 경우에 각 샷마다 렌더링 레졸루션이 달라지는 문제뿐만 아니라 렌더링 시간에 대한 부담도 생기게 됩니다. 또한 각 샷마다 달라지는 설정에 대한 문제는 대량의 샷을 작업할 때 커뮤니케이션의 오류로 인하여 잘못된 결과물을 만들 수도 있게 됩니다.

이는 단순하게는 이미지의 왜곡이 있는 부분을 펴서 다른 버전의 이미지 플레이트를 만든다는 의미이지만, 3D를 넣고 합성까지 해야 할 경우 플레이트가 펴지면서 이미지가 원래 레졸루션보다 커지는 오버스캔 문제는 3D 부서나 합성 부서에서 원리나 사용 이유를 모르는 경우가 많습니다.

그 이유로는 순수한 3D 그래픽만 렌더링하는 경우에는 3D 소프트웨어에서 제공하는 카메라들이 실제 렌즈가 가지고 있는 왜곡 현상을 전혀 지원하고 있지 않기 때문입니다. 그렇기에 Full CG 애니메이션을 작업하는 아티스트에게는 왜곡에 대한 문제를 전혀 생각하지 않고 렌더링을 하고 Comp를 해도 아무 문제가 없었기 때문입니다.

실사 플레이트를 사용하면서 발생하는 이러한 오버스캔 문제를 각 스튜디오들이 고민을 많이 하고 있으며 스튜디오마다 자신들에 맞는 방식으로 자동화시킴으로써 휴먼 에러를 원천적으로 차단하는 파이프라인을 구축하고 있습니다. 그리고 이 과정에서 플레이트의 왜곡을 펴주는 작업을 하는 아티스트가 바로 매치무버입니다.

오버스캔의 작업 프로세싱

기본적으로 렌즈의 왜곡이 없을 경우 오버스캔 현상이 나타나지 않습니다. 또한 3DE에서 카메라와 렌즈사이의 플레이트는 필름백 사이즈를 기준으로 맞춰집니다. 결국 플레이트의 레졸루션과 필름백 사이즈는 서로 연결된 관계입니다. 결국 오버스캔이란 플레이트의 레졸루션이 바뀌는 것이고, 카메라의 필름백이 바뀌어야 한다는 의미입니다. 예를 들어 오버스캔이 10% 발생한 플레이트는 그 레졸루션 값이 10% 커졌다는 의미이고 그에 따른 카메라의 필름백도 10% 커져야 한다는 의미입니다.
하지만, 이러한 필름백 변화는 매치무빙 다음단계 파이프라인에서 많은 혼란을 만들 수 있으므로 반드시 정확한 룰을 기반으로 한 파이프라인이 만들어져야 합니다. 여러 가지 경우의 수가 있으며 그중 가장 큰 틀의 몇 가지 방식을 알아보겠습니다.

7. Export와 Overscan

오버스캔이 없을 경우					
구분		이미지	Maya camera	렌더링
매치무브 파트	3DE에서 퍼블리쉬	오리지널 플레이트 익스포트	오리지널 필름백 사이즈 익스포트	
	Maya에서 퍼블리쉬	UD 플레이트 (오리지널 레졸루션)	오리지널 필름백 사이즈이며 world space 로 베이크 하여 퍼블리쉬 (pubCam)	현재 사용된 카메라와 UD 플레이트 설정 그대로 사용하여 랜더링
3D 파트		UD 플레이트 사용	pubCam 사용	현재 사용된 카메라와 UD 플레이트 설정 그대로 사용하여 랜더링
합성 파트		플레이트의 디스토션 값이 없으므로 원본 플레이트와 3D 랜더링 이미지를 그대로 사용할 수 있습니다.		

오버스캔 1% 이상 일어났을 경우					
카메라의 필름백과 UD 플레이트 모두 변경	장점		필름백을 UD 플레이트에 처음부터 맞추어서 작업하는 방식이므로 자동화가 덜 되어있는 직관적인 파이프라인에서 효과적입니다.		
	단점		샷마다 랜더링해야하는 레졸루션이 달라지므로 랜더링 할 때 자동화가 되어있지 않다면 실수가 일어 날 수 있습니다. 이 점은 일괄적으로 오버스캔 비율을 정해서 진행하면 단점을 조금 보완 할 수 는 있습니다.		
		구분	이미지	Maya camera	렌더링
	매치무브 파트	3DE에서 퍼블리쉬	UD 플레이트의 레졸루션을 10% 또는 20% 등 오버스캔을 커버할 수 있는 비율로 키워서 익스포트	오리지널 필름백 사이즈 익스포트	
		Maya에서 퍼블리쉬	UD 플레이트 (오버스캔 레졸루션)	필름백 사이즈를 오버스캔 비율에 맞추어 변경 후 world space로 베이크하여 퍼블리쉬	
	3D 파트		UD 플레이트 사용	pubCam 사용	현재 사용된 카메라와 UD 플레이트 설정 그대로 사용하여 랜더링
	합성 파트		오리지널 플레이트를 언디스토트 한 후 씨지 랜더링을 합성 그리고 나서 다시 전체를 다시 디스토트 하여 완성		
오리지널 카메라 필름백 사용과 UD 플레이트를 오리지널 레졸루션 값으로 크롭한 후 사용	장점		작업 하는 도중에 필름백을 전혀 건들일 필요가 없기 때문에 사용되고 있는 플레이트의 레졸루션에 대한 오류가 생기지 않습니다.		
	단점		랜더링을 할 때 각 샷 마다 다른 레졸루션을 가지고 있으므로 이러한 부분을 보완 할 수 있는 데이터베이스와 자동화 된 파이프라인이 반드시 필요합니다.		
		구분	이미지	Maya camera	렌더링
	매치무브 파트	3DE에서 퍼블리쉬	오리지널 레졸루션으로 UD 플레이트를 크롭하여 Maya Camera : 오리지널 필름 사이즈 익스포트	오리지널 필름백 사이즈 익스포트	
		Maya 에서 퍼블리쉬	UD 플레이트 (오로지널 레졸루션)	오리지널 필름백 사이즈 익스포트	
	3D 파트		UD 플레이트 사용	pubCam 사용	pubCam의 필름백이 오버스캔된 비율에 맞추어 변경된 레졸루션으로 랜더링

오버스캔 확인

현재 오버스캔이 얼마나 필요한지 알아보려면 메인 메뉴 > Calc > Calc Lens Distortion Overscan Bounding Box를 선택하여 알아볼 수 있습니다.

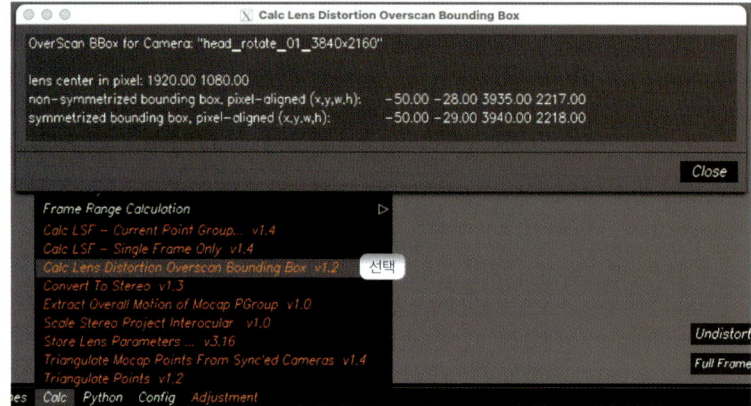

Non-seymmetrized bounding box : 가로값과 세로값 각각의 늘어난 픽셀값을 알려줍니다.
Symmetrized bounding box : 가로값과 세로값을 동일 한 비율로 늘어난 픽셀값을 알려줍니다.

오버스캔 언디스토트 플레이트 Export

다음은 오버스캔의 경우에 따른 Image Warp에서의 overscan 값과 Crop 값의 관계에 대한 설정 방식 입니다.

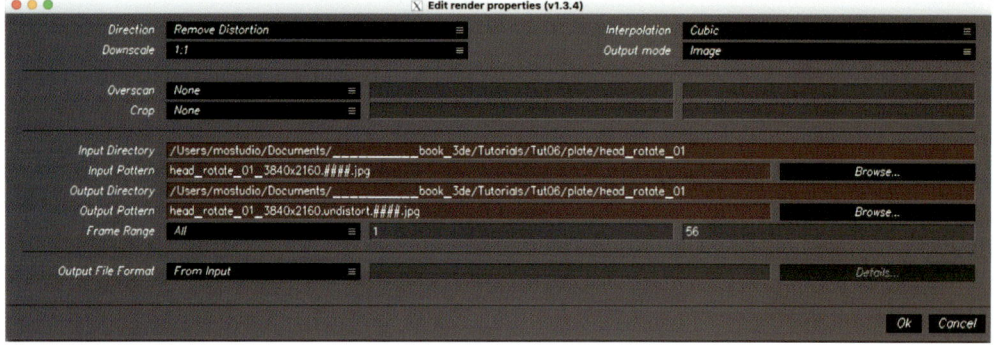

- **오버스캔 = 0%**
3DE의 디스토션이 전혀 사용되지 않았거나 배럴 디스토션으로 인하여 원래의 레졸루션보다 작아지는 경우입니다.

  - Image Warp
    Overscan / Crop

    - None / None.

- 오리지널 레졸루션 Size / 오리지널 레졸루션 Size

- 오리지널 레졸루션 Size / None

- **오버스캔 > 0%**

3DE의 렌즈에 주로 핀쿠션 디스토션이 적용되어서 플레이트의 레졸루션이 늘어나는 경우입니다.

- Image Warp

  Overscan / Crop

  - Size / None : Size는 원래의 레졸루션보다 큰 수치 값을 입력합니다.

  - Margin / None : Margin에 늘어날 픽셀 값의 절반 값을 입력합니다 (위/아래, 좌/우로 2배가 늘어납니다).

  - Size / Size : 두 곳 모두 Size 값을 임의로 정해줍니다.

  - Size / Size : 늘어난 픽셀값 만큼 전체 Size 레졸루션이 커지지만 Crop을 원래의 레졸루션 값을 넣습니다.

- **오버스캔 < 0%**

3DE 렌즈에 주로 배럴 디스토션이 적용되어서 플레이트의 레졸루션이 줄어 드는 경우입니다.
이 경우 오버스캔이 없는 경우와 동일하게 작업해 주면 됩니다.

Tutorial 05
Export 그리고 Nuke

예제데이터 제공 : Tut05_Maya_Nuke.zip

카메라와 오브젝트 트래킹이 모두 끝났습니다.
3DE는 트래킹 작업만 할 수 있는 툴이기 때문에 결과물들을 Maya나 3ds Max같은 3D 소프트웨어로 보낸 후 CG를 추가해야 합니다. 또한 이렇게 3D 소프트웨어에서의 작업이 끝나면 Nuke 같은 합성 소프트웨어에서 플레이트의 왜곡값을 다시 원래대로 돌려주고 렌더링된 CG와 합성을 위하여 Distortion 노드를 보내야 합니다. Nuke에서도 약간의 작업이 필요하며 그 방식에 대하여 이번 튜토리얼에서 알아보겠습니다.

Maya

*.mel Script Export

3DE에서의 작업이 모두 끝났다면, Maya로 결과물을 보낸 후 나머지 작업해 주어야 합니다. 3DE에서 Maya로의 Export는 mel Script로 보내게 됩니다.

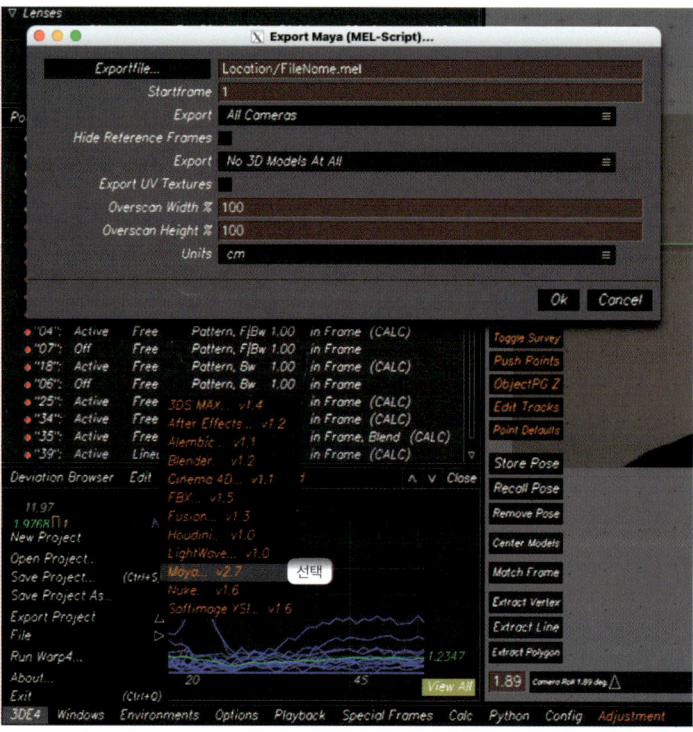

3DE > Export Project > Maya를 선택합니다. 선택 후 열리는 설정창에서 설정값은 다음과 같습니다.

> a. Exportfile ..Tut06/export/head_rotate_objTrack_v0001.mel
> b. Startframe 1001
> c. Export All Cameras
> d. Hide Reference Frames uncheck
> e. Export No 3D Models At all
> f. Export UV Texture uncheck
> g. Overscan Width 100%
> h. Overscan Height 100%
> i. Units cm

[imageWarp를 이용한 언디스토트 이미지 Export]

Maya에서 사용될 플레이트는 3DE에서 디스토션 값이 사용되었다면 언디스토트 이미지를 Maya에서 사용해야 합니다. 언디스토드 이미지를 만드는 여러 방법에 대해서는 지난 챕터에서 설명하였습니다. 튜토리얼에서는 가장 최신 툴인 Image Warp를 이용하여 만들어 보겠습니다.

a. F3 을 누르거나 뷰포트 메뉴에서 Distortion Grid 뷰포트를 선택합니다.

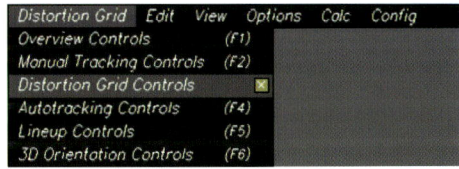

b. 카메라를 선택한 후 뷰포트 왼쪽 아래에 Image Warp을 누르거나 Edit > Image Warp를 선택합니다.

c. 설정 윈도우에서 목록에 나타난 카메라를 선택한 후 Edit 버튼을 누릅니다.

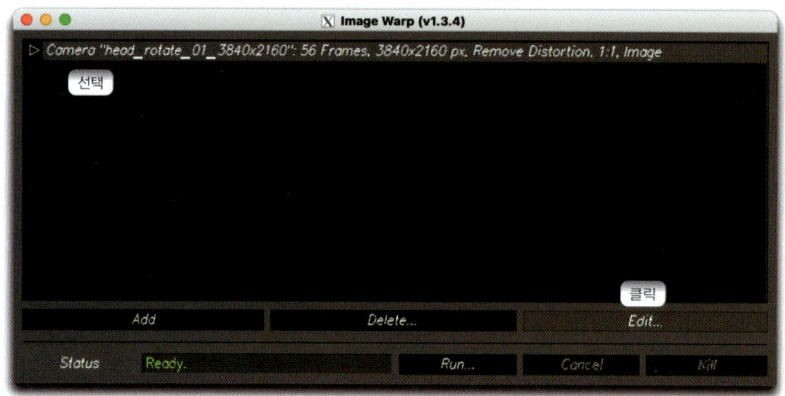

d. 버튼을 누른 후 나타난 카메라 설정 윈도우에서의 설정 값은 다음과 같습니다.

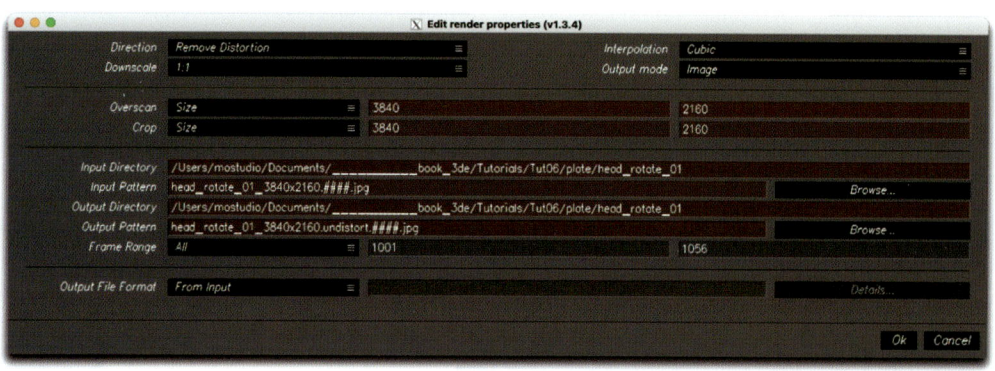

i. **Direction** : Remove Distortion

ii. **Interpolation** : Cubic

iii. **Downscale** : 1 : 1 또는 1 : 2 (Maya에서 사용을 할 이미지 플레인 사이즈)

iv. **Overscan** : Size - 3840×2160 (오리지널 레졸루션) 또는 None

v. **Crop** : Size - 3840×2160 (오리지널 레졸루션) 또는 None

vi. **Input Directory** : 현재 플레이트가 있는 디렉토리

vii. **Input Pattern** : name.####.jpg

viii. **Output Directory** : 언디스토트 플레이트가 저장될 디렉토리

ix. **Output Pattern** : name.undistort.####.jpg

x. **Frame Range** : All - 1001, 1056

xi. **Output File Format** : JPEG

xii. **Detail** : 100

e. 설정을 완료한 후 OK버튼을 누릅니다.

f. 윈도우가 닫힌 후 Image Warp 윈도우에서 카메라가 목록에서 선택된 것을 확인한 후 Run 버튼을 누릅니다.

g. 렌더가 될 이미지 파일의 개수를 보여주는 확인창이 나타난 후 OK 버튼을 누르면 Status에서 렌더되는 이미지의 숫자가 보여지며 완료되었을 때 팝업창이 나타나 끝났음을 알려줍니다.

[Maya에서 Import]

3DE에서 Maya mel 파일과 언디스토드 이미지들을 Export 했다면 이제는 Maya에서 Import를 해 보도록 하겠습니다.

a. Maya에서 File 〉 Import를 선택하여 3DE에서 Export mel 파일을 불러들입니다.

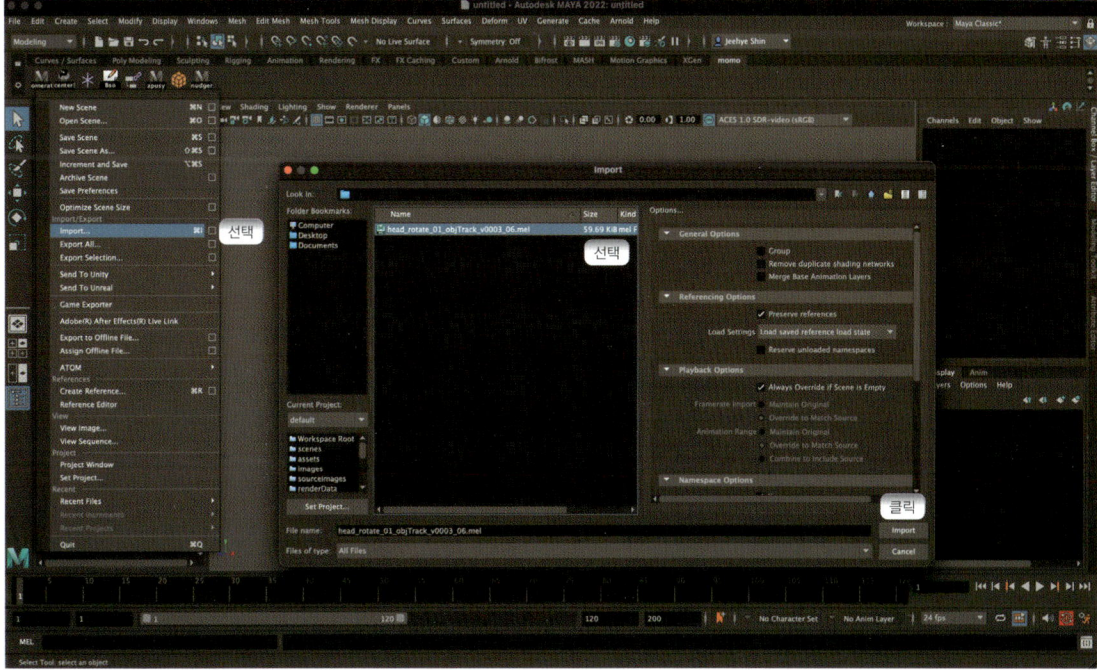

b. 카메라를 선택한 후 Attribute Editor에서 imagePlaneShape 탭을 클릭하여 3DE에서 만든 언디스토드 이미지들로 교체해줍니다.

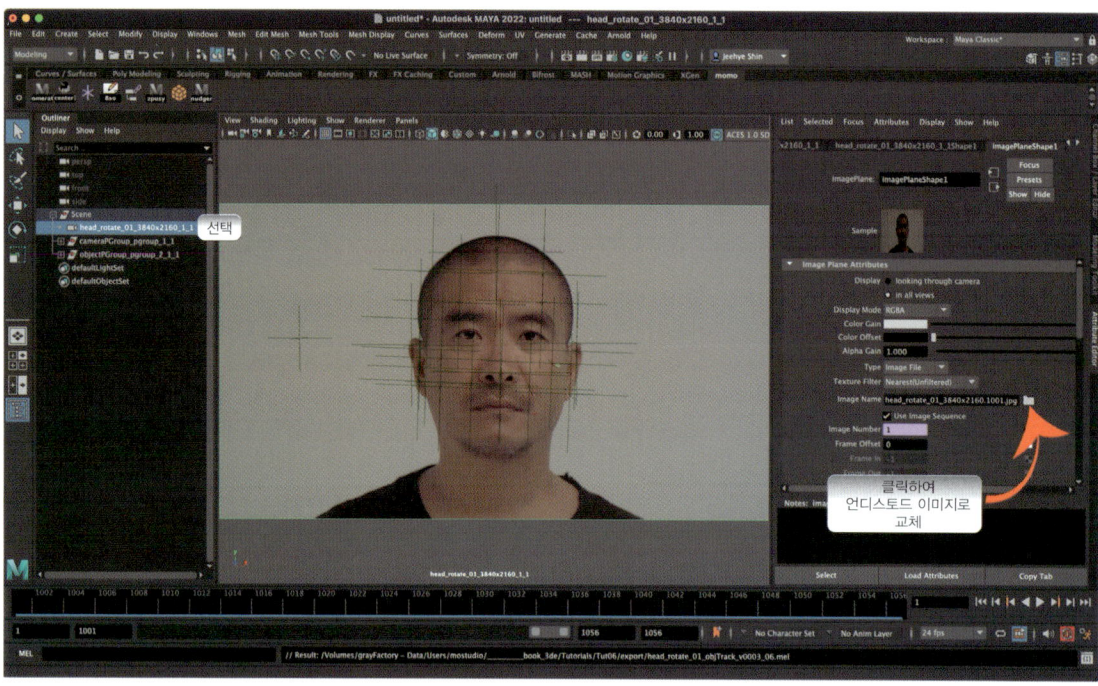

c. File 〉 Import를 선택하여 이번에는 헤드 모델링을 가져옵니다.

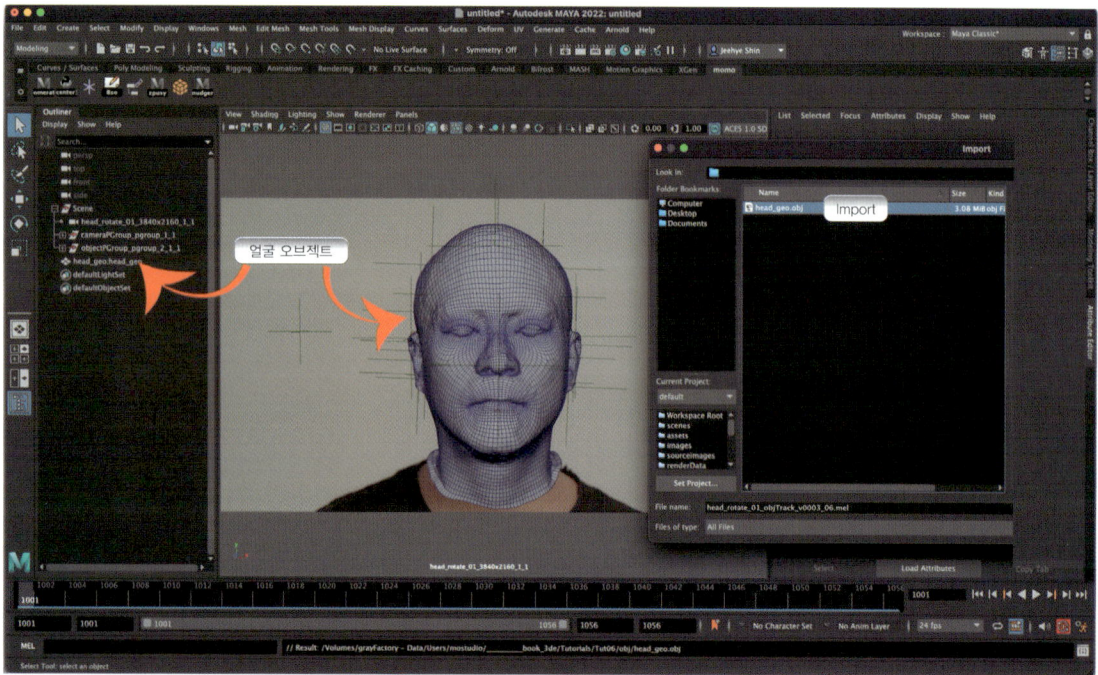

d. Import된 오브젝트를 플레이트와 같이 보려면 와이어프레임 보기로 변경한 후 Attribute Editor 〉 Shape Tab 〉 holdout을 클릭하여 와이어 프레임의 뒷편이 안 보이게 만들어준 후 뷰포트에서 Anti-Aliasing 아이콘을 활성화 시킵니다.

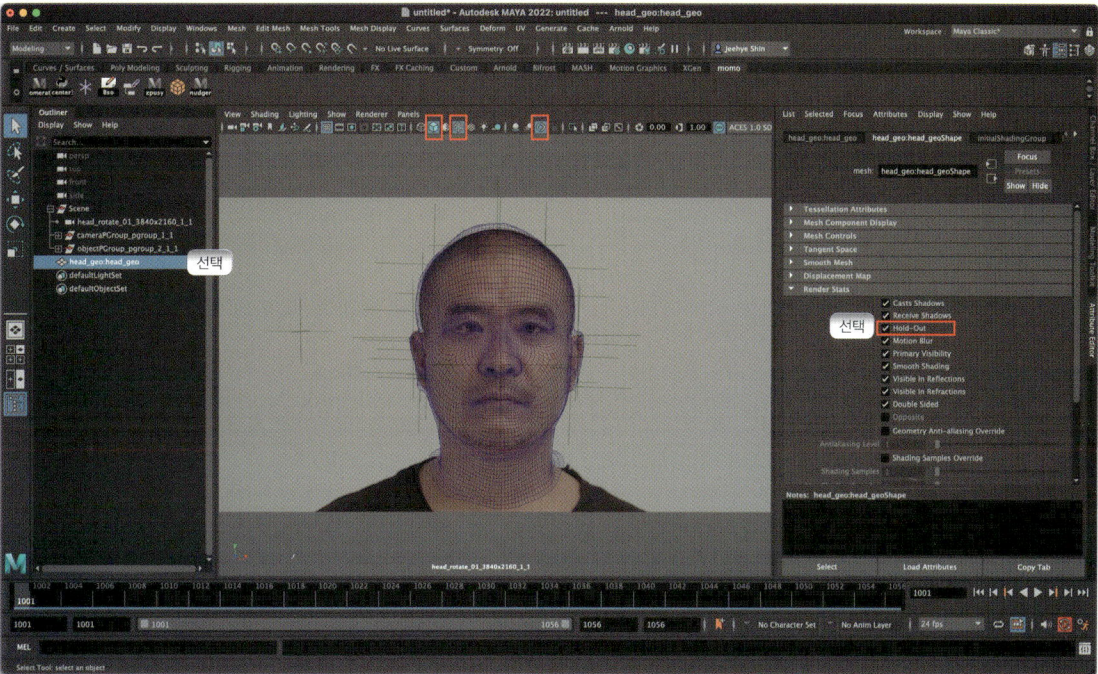

e. Import한 헤드 모델링의 피봇을 0으로 만들기 위해서 모델링을 선택하고 ctrl+G를 눌러 그룹을 만듭니다.

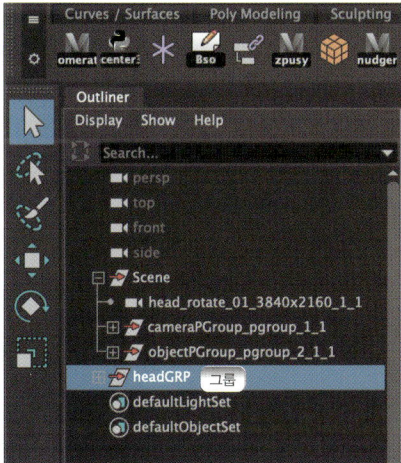

f. objectPGroup_pgroup_2_1_1을 먼저 선택하고 헤드 모델링 그룹을 다음으로 선택한 후, Constrain > Parent Constraint option box를 선택하여 설정 창에서 Maintain offset이 꺼져 있는 것을 확인한 후 Apply를 클릭합니다.

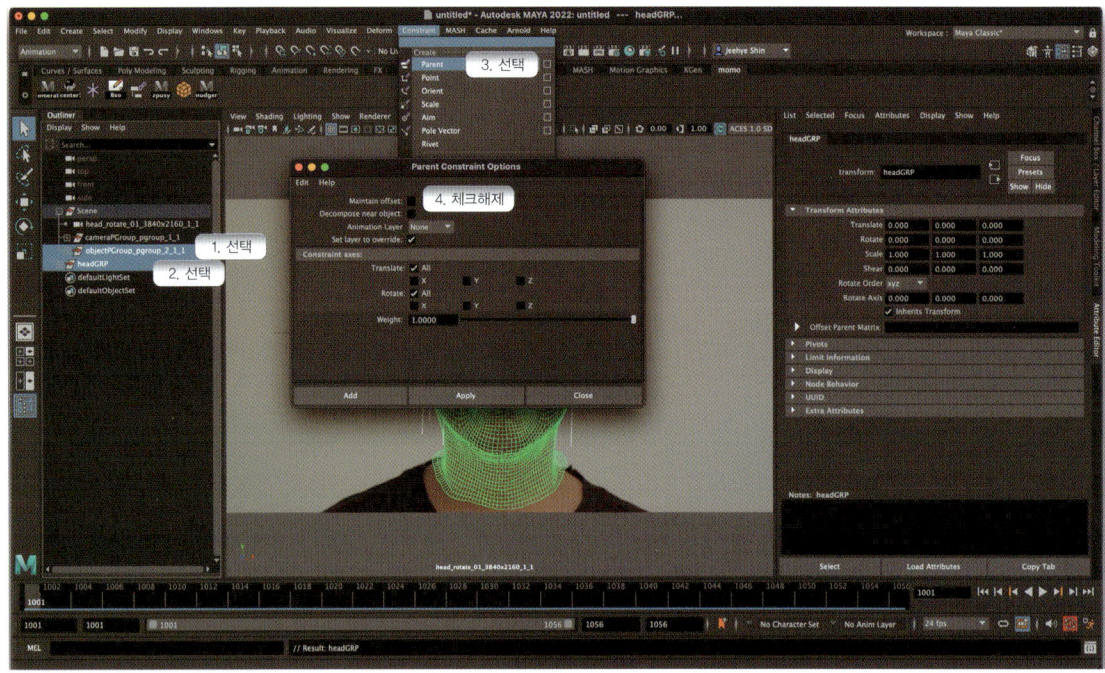

g. 마지막으로 헤드 모델링이 플레이트와 연동되어 잘 움직이고 있는지 타임라인 바를 이용하여 확인해봅니다.

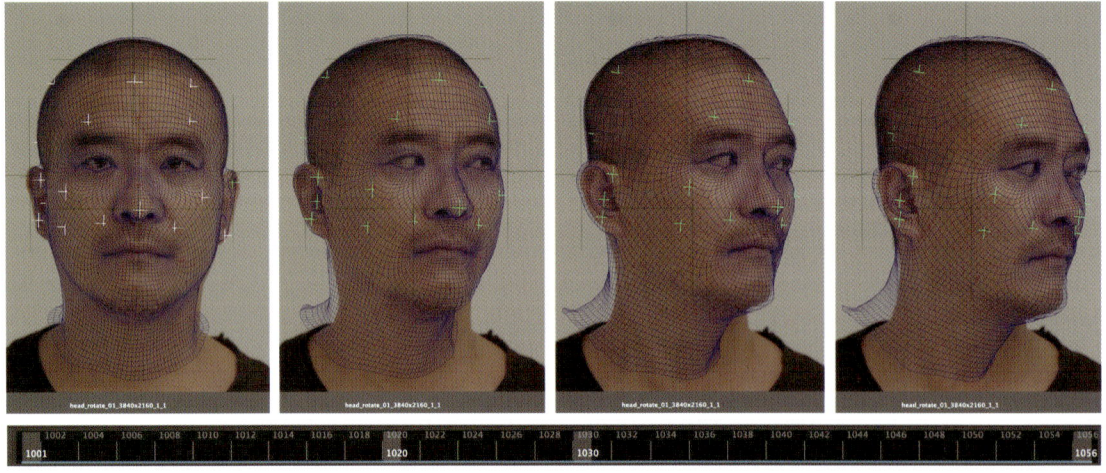

Nuke

Maya에서 3D 작업이 끝난 후에는 렌더링된 이미지와 플레이트를 합치기 위해 Nuke 같은 소프트웨어에서 합성하게 됩니다. 만약 플레이트의 왜곡값이 없다면 단순하게 CG 이미지 + 촬영 플레이트를 알파값을 이용하여 합치기만 하면 됩니다.

하지만, 만약 플레이트에 왜곡을 평평하게 편 후 플레이트의 가로세로 사이즈(레졸루션)의 변화가 일어났다면 Nuke에서 3DE가 제공하는 Distortion 노드만 연결해야 하는 것이 아니라 Reformat 노드를 이용한 작업이 조금 필요합니다. 여기에 카메라와 오브젝트도 Nuke로 가져와야 한다면 좀 더 복잡한 Nuke 노드가 만들어집니다. 스튜디오에서는 이렇게 복잡해질 수 있는 공정에서 아티스트들이 실수를 하지 않게 하기 위하여 커스텀 노드를 만들거나 자동화를 많이 해 놓고 있습니다.

이번 튜토리얼에서는 오버스캔 된 플레이트와 렌더된 이미지를 합칠 때 3DE에서 Export 한 Distortion 노드를 이용하여 어떻게 접근하면 되는지 제일 간단한 방식을 알아보겠습니다.

[3DE에서의 Export]

3DE에서 Export 해야 할 가장 중요한 노드는 Distortion 노드입니다.

a. 3DE > File > Export > Export Nuke LD_3DE4 Lens Distortion Node… 를 선택하여 디스토션 노드를 Export 합니다.

Distortion 노드에는 3DE에서 작업했던 렌즈의 모든 데이터가 동일하게 들어 있습니다.

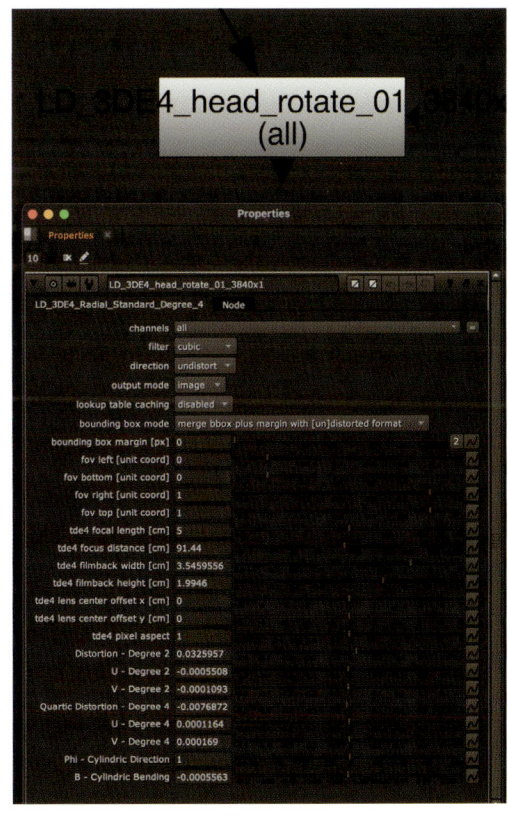

다음으로 필요한 것은 경우에 따라서 다르기는 하나 nuke 템플릿 노드입니다.
이 노드는 누크에서 카메라와 로케이터 등 2.5D 작업을 위한 기본 템플릿을 제공합니다.

b. 3DE 〉 Export Project 〉 Nuke… 를 선택하여 Nuke 템플릿을 Export 합니다.

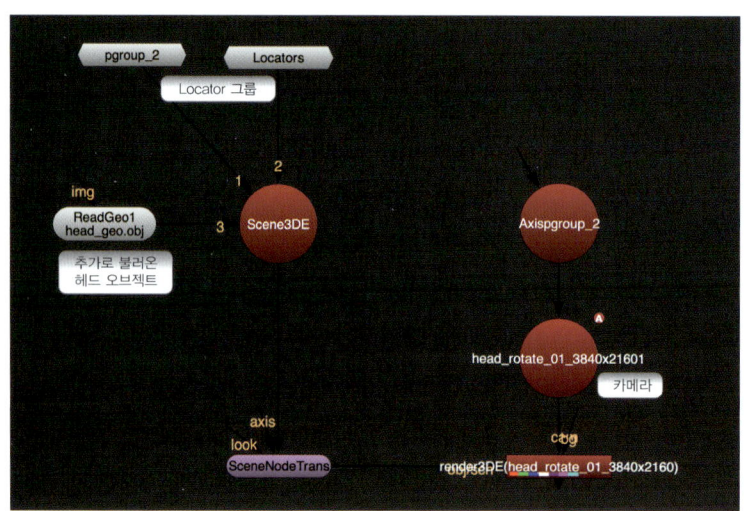

Nuke에서의 작업

Nuke에서의 작업은 사용자마다 굉장히 다양한 방법을 사용하기 때문에 어떠한 방식이 반드시 옳다고 할 수 없습니다. 여기서 제공하는 튜토리얼 방식은 그 중 한 가지 방식으로, 이론적 개념을 스스로 공부한다면 훨씬 다양하고 효율적인 방식을 찾아낼 수 있을 것입니다.

[오버스캔 언디스토트 플레이트]

Maya에서 작업할 때에는 오버스캔이 되더라도 크롭을 해서 동일한 필름백 사이즈를 사용할 수 있지만 CG를 렌더링하는 것은 오버스캔 값을 사용하게 됨으로 튜토리얼에서는 오버스캔이 적용되어 레졸루션이 커진 언디스토트 플레이트를 사용합니다. 여기에서는 4032×2268로 설정된 오버스캔 값을 사용하고 있습니다.

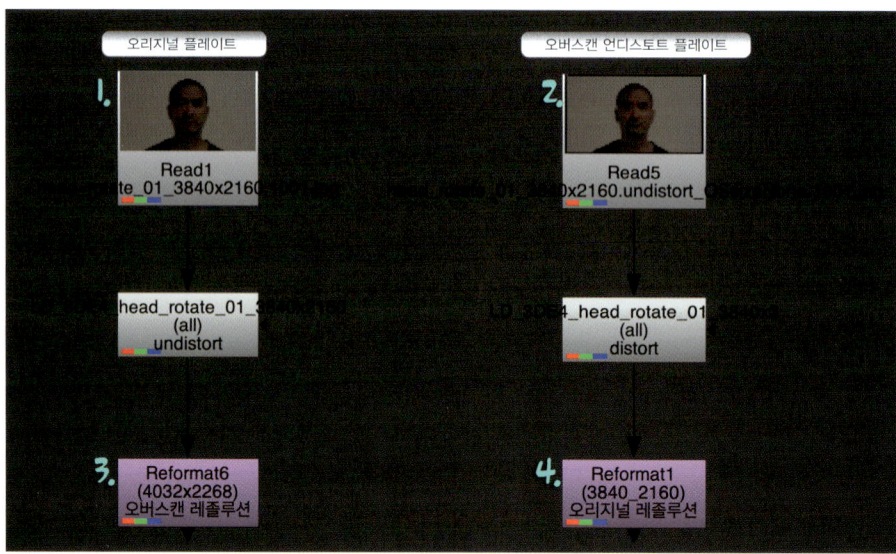

a. 3DE에서 Export 한 Distortion 노드를 불러옵니다.
b. 오리지널 플레이트와 오버스캔 된 언디스토트 플레이트를 불러옵니다.
c. 오리지널 플레이트 아래에 3DE에서 Export 한 Distortion 노드를 붙힌 후 프로퍼티스 창에서 Direction을 Undistort로 설정합니다.
d. Reformat 노드를 오리지널 플레이트 아래에 추가한 후 아래와 같이 세팅해줍니다.

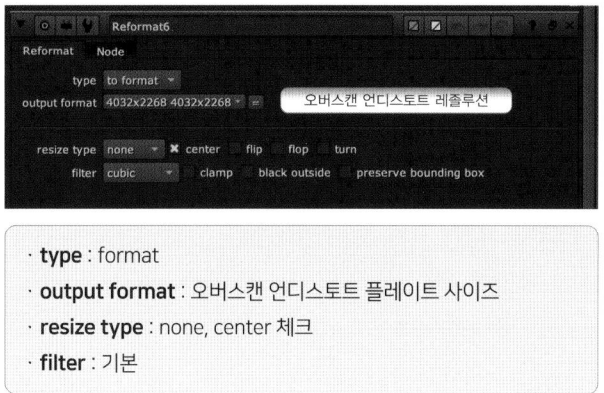

- **type** : format
- **output format** : 오버스캔 언디스토트 플레이트 사이즈
- **resize type** : none, center 체크
- **filter** : 기본

e. 오버스캔 언디스토트 플레이트 아래에 c에서 사용한 디스토션 노드를 붙여준 후 프로퍼티스 창에서 Direction을 Distort로 설정합니다. Distortion 노드 아래에 Reformat 노드를 추가한 후 아래와 같이 세팅해 줍니다.

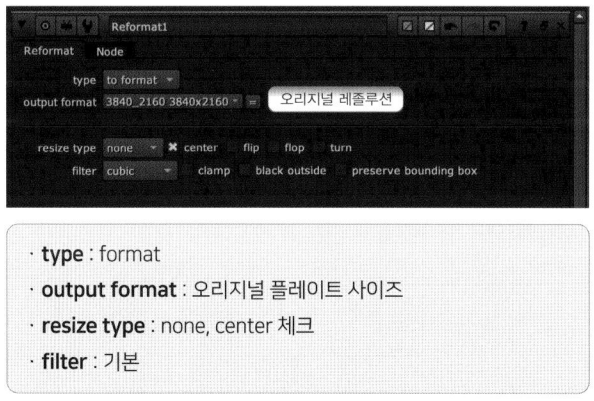

- **type** : format
- **output format** : 오리지널 플레이트 사이즈
- **resize type** : none, center 체크
- **filter** : 기본

이러한 형식은 Distortion 노드와 언디스토트 플레이트가 정확히 잘 맞는가를 확인하는 기본적인 템플릿이므로 실제 CG 렌더링 이미지들이 들어가고, 여러 가지 노드가 덧붙여진다면 훨씬 복잡한 형태로 만들어지게 됩니다.

여기서 확인할 것은 위 그림에서 볼 수 있듯이 1번 오리지널 플레이트와 4번이 같아보여야 하며, 2번 오버스캔 언디스토트 플레이트와 3번이 같아 보여야 합니다.

매치쿠브